LA JUSTICE CONGOLAISE FACE AUX CRIMES INTERNATIONAUX COMMIS EN RDC

Logiques Juridiques

Collection dirigée par Gérard Marcou

Le droit n'est pas seulement un savoir, il est d'abord un ensemble de rapports et pratiques que l'on rencontre dans presque toutes les formes de sociétés. C'est pourquoi il a toujours donné lieu à la fois à une littérature de juristes professionnels, produisant le savoir juridique, et à une littérature sur le droit, produite par des philosophes, des sociologues ou des économistes notamment.

Parce que le domaine du droit s'étend sans cesse et rend de plus en plus souvent nécessaire le recours au savoir juridique spécialisé, même dans des matières où il n'avait jadis qu'une importance secondaire, les ouvrages juridiques à caractère professionnel ou pédagogique dominent l'édition, et ils tendent à réduire la recherche en droit à sa seule dimension positive. A l'inverse de cette tendance, la collection *Logiques juridiques* des Éditions L'Harmattan est ouverte à toutes les approches du droit. Tout en publiant aussi des ouvrages à vocation professionnelle ou pédagogique, elle se fixe avant tout pour but de contribuer à la publication et à la diffusion des recherches en droit, ainsi qu'au dialogue scientifique sur le droit. Comme son nom l'indique, elle se veut plurielle.

Dernières parutions

Éric MEYNARD, *Criminalité, police et sécurité publique en République d'Irlande*, 2014.
Manuel GROS, *Droit administratif. L'angle jurisprudentiel*, 5e édition, 2014.
Sous la direction de François Xavier FORT, *Contrat et droit des collectivités territoriales,* 2014.
Sous la direction de Michael THALER et Michel VERPEAUX, *La recherche en droit constitutionnel comparé,* 2014.
Babacar NIANG, *Le « plaider coupable » en France et aux Etats-Unis au regard des principes directeurs du procès pénal*, 2014.
Sophie COMELLAS, *Les titres d'occupation du domaine public à des fins commerciales*, 2014.
Kadidiatou HAMA, *Le statut et les fonctions du juge pénal international*, 2014.
Sonia LEVERD (dir.), *Les nouveaux territoires du Droit*, 2013.
Julia SCHMITZ, *La théorie de l'institution du doyen Maurice Hauriou*, 2013.

Eugène BAKAMA BOPE

LA JUSTICE CONGOLAISE FACE AUX CRIMES INTERNATIONAUX COMMIS EN RDC

Préface
Colonel Toussaint MUNTAZINI MUKIMAPA

« La justice est l'épine dorsale d'une nation et la culture de l'impunité ouvre la voie à sa ruine ».

L'Harmattan

5-7, rue de l'École-Polytechnique, 75005 Paris

http://www.harmattan.fr
diffusion.harmattan@wanadoo.fr
harmattan1@wanadoo.fr

ISBN : 978-2-343-03799-8
EAN : 9782343037998

SOMMAIRE

PREFACE

Eugène Bakama Bope m'a fait l'honneur de préfacer son étude intitulée : « La justice congolaise face aux crimes internationaux commis en RDC ».

J'ai rencontré Eugène pour la première fois en marge de la conférence de révision du Statut de Rome tenue à Kampala au mois de Juin 2010. J'ai d'emblée été séduit par sa passion pour le Droit international pénal et singulièrement pour tous les aspects de cette branche liés à la lutte contre l'impunité. Nos liens se sont resserrés depuis à travers divers contacts...

La problématique de la lutte contre l'impunité des graves violations des droits de l'homme, trame de fond de son étude, est une question cruciale pour la crédibilité du système judiciaire congolais. On sait qu'historiquement, la compétence en cette matière a, depuis le Code de justice militaire du 25 Septembre 1972, toujours été l'apanage des juridictions militaires. Or, la publication du Rapport Mapping des Nations Unies ayant révélé l'ampleur du fossé d'impunité des crimes graves en République Démocratique du Congo, nombreux sont ceux qui soutiennent que d'autres mécanismes doivent être mis en œuvre pour que justice soit rendue aux victimes.

A ce sujet, il faut se rendre à l'évidence que ni les juridictions militaires, ni la Cour pénale internationale, ne sauraient légalement satisfaire à ces attentes nombreuses et diverses, leur compétence temporelle respective ne s'exerçant pas sur les crimes postérieurs aux instruments juridiques les ayant créés, en l'occurrence : le Code pénal militaire et le Statut de Rome. La Justice transitionnelle se révèle ainsi comme l'ultime recours grâce notamment à l'institution de chambres spécialisées.

Pour autant, il n'est pas sans intérêt de s'interroger sur la capacité de réponse des juridictions militaires à ceux des crimes tombant sous le coup de leur compétence temporelle, c'est-à-dire ceux commis après le 18/11/2002. Le nombre relativement faible des jugements rendus indique à cet effet que des efforts substantiels doivent encore être consentis. D'autre part, s'il faut saluer l'application directe des dispositions du Statut de Rome par ces juridictions, l'on ne peut s'empêcher de déplorer le caractère sélectif de cet exercice, facteur qui n'est pas sans impacter la qualité des décisions rendues.

Il est vrai que la rencontre de la justice militaire congolaise avec la Cour pénale a été une chance historique, et pour cause. La ratification du Statut de Rome dans un système moniste comme celui de la RDC a eu le mérite de mettre à nu non seulement le caractère obsolète de certaines dispositions de notre législation domestique, mais aussi les nombreux dysfonctionnements qui continuent de gangréner notre système judiciaire. La mise en œuvre de réformes innovantes et singulièrement l'adoption d'une loi de mise en œuvre du Statut de Rome ont vocation de régler ces difficultés. Mais il se trouve qu'à ce jour, le Parlement congolais a une position hésitante sur la question.

Mais cessons de nous leurrer : aucune réforme législative, quels qu'en soient par ailleurs les mérites, ne pourrait régler l'entièreté du problème, dès lors que les causes à la base du mal ne seront pas éradiquées. Pour être plus précis, il faut affirmer ici qu'aussi longtemps que les effectifs de la justice militaire seront aussi réduits, que leurs moyens de fonctionnement resteront insignifiants et qu'elles ne bénéficieront pas de la coopération des autres parties prenantes, la lutte contre l'impunité des crimes graves continuera d'en pâtir. N'est-ce pas que la plus belle fille du monde ne peut donner que ce qu'elle a?

Dans l'entretemps, nous ne saurions passer sous silence les différentes initiatives prises en vue de renforcer les capacités de la justice militaire. Il s'agit entre autres des cellules d'appui aux poursuites instituées en vue d'assurer aux acteurs de la justice militaire un appui à la fois technique et logistique. Il reste que ces initiatives doivent faire l'objet d'une appropriation nationale, condition sine qua non de leur durabilité.

C'est tout à l'honneur de l'auteur de cet ouvrage d'avoir abordé l'ensemble de ces questions et bien d'autres encore. Ce faisant, il alimente utilement le débat actuellement en vogue sur l'opportunité ou non de la mise en place de chambres spécialisées en RDC. Le style simple utilisé à cet effet facilite la compréhension du lecteur le moins averti du langage rébarbatif des juristes. L'étude est ainsi subdivisée en trois chapitres : le premier est consacré à la répression des crimes antérieurs à l'entrée en vigueur au statut de Rome ; le second traite de la répression des crimes postérieurs à l'entrée en vigueur de ce Traité, tandis que le troisième analyse la jurisprudence disponible sur la question.

Notre souhait le plus ardent est de voir le présent ouvrage contribuer à la prise de conscience de la nécessité de régler le passif des crimes graves commis avant l'avènement de la Cour pénale internationale et à l'amélioration de l'administration de la Justice au Congo.

Colonel Toussaint Muntazini Mukimapa

Premier Avocat Général des FARDC

Directeur de Cabinet de l'Auditeur Général

Dédicace

A toutes les victimes des crimes les plus graves du droit international commis en République Démocratique du Congo.

Eugène Bakama Bope
Président du Club des amis du droit du Congo (CAD)

AVANT - PROPOS

Sous d'autres cieux, un simple recours à l'opinion des experts et spécialistes de renom aurait suffi pour comprendre la portée réelle des crimes de guerre, crimes contre l'humanité ou génocide. En République Démocratique du Congo, pays où se poursuivent encore les affres d'un drame que d'aucuns ont pu qualifier de « première guerre mondiale africaine », chaque individu, instruit ou non, peut se confectionner une définition acceptable de ces crimes odieux selon qu'il en a été victime, témoin, auteur ou encore, qu'il en a été affecté directement ou indirectement.

Dans les pages qui suivent, Eugène Bakama, activiste des droits de l'homme, aidé par la riche expérience de son métier, propose une recette pratique qui va de la simple identification de ces graves crimes, à la gestion partagée de leurs conséquences entre la Cour pénale internationale et les cours et tribunaux congolais. L'exercice lui a permis, non seulement de présenter une analyse globale des mécanismes de répression des crimes commis sur le territoire congolais, mais de décrire les tendances de la jurisprudence congolaise dans l'application du Statut de Rome, face aux carences réelles ou supposées du droit congolais. Dans le premier chapitre, l'auteur met en exergue la répression des crimes commis sur le territoire congolais avant l'entrée en vigueur du Statut de la CPI, tandis qu'il dépeint le tableau des actes criminels commis postérieurement à l'entrée en force du Statut de la CPI dans le second chapitre. De l'autopsie des décisions rendues par les juridictions congolaises sur la répression des crimes internationaux, au troisième chapitre, il dégage une thérapie fondée sur le renforcement des capacités de la justice congolaise dans son ensemble. L'auteur entend susciter l'attention sur la nécessité d'une prise en charge globale du passif des crimes commis avant l'entrée en vigueur du Statut de Rome afin de s'assurer qu'aucun de ces actes ne reste impuni.

Vue dans son ensemble, l'étude décrit en même temps un devoir de mémoire que l'auteur invoque de façon persistante dans un outil scientifique dont la pertinence et la valeur ne manqueront pas de conquérir quelques lettres de noblesse auprès des praticiens, chercheurs et étudiants en droit.

Zénon Mukongo Ngay

Liste des abréviations

RDC :	République Démocratique du Congo
CPI :	Cour Pénale Internationale
TPIY :	Tribunal Pénal International pour l'ex Yougoslavie
TPIR :	Tribunal Pénal International pour le Rwanda
CIJ :	Cour Internationale de Justice
ONU :	Organisation des Nations Unies
BdP :	Bureau du Procureur de la CPI
CPM :	Code Pénal Militaire
CAD :	Club des Amis du Droit du Congo
ONG :	Organisation non gouvernementale
UPC :	Union des Patriotes Congolais
MONUC :	Mission des Nations Unies au Congo
CDI :	Commission du Droit International
CAP :	Cellules d'appui aux poursuites
FARDC :	Forces armées de la RDC
M23 :	Mouvement du 23 mars.

REMERCIEMENTS

Cette étude a bénéficié de la précieuse contribution de plusieurs personnes que nous nous faisons le devoir de remercier.

Nos remerciements vont en premier lieu au Professeur Eric DAVID pour sa précieuse contribution à travers ses commentaires critiques de l'étude.

Nos remerciements au Colonel MUNTAZINI pour sa préface et à Zénon MUKONGO pour son avant-propos.

Nous remercions également Jacques MBOKANI pour sa contribution à la rédaction de la partie jurisprudentielle. Et sans oublier Marius KAMBAJI et Elke ALLE-MEERSCH pour les corrections et la mise en page.

Nous tenons également à remercier les personnes qui ont contribué à l'enrichissement de cette étude à travers leurs commentaires et observations : Providence NGOY, Géraldine MATTIOLI, Me Adolphe MOPOTU (CAD), Me Louis TSHIYOMBO (CAD), Me André KITO.

Avocats sans Frontières (Asf) pour avoir mis en notre possession plusieurs décisions judiciaires rendues par les tribunaux militaires congolais en application du Statut de Rome.

A tous les autres dont nous saurions malheureusement reprendre les noms, qu'ils trouvent par ici l'expression de notre sincère reconnaissance à leur égard.

INTRODUCTION

La République Démocratique du Congo a été et continue d'être le théâtre des crimes les plus graves notamment dans la partie Est de son territoire. Il suffit de jeter un regard rétrospectif sur le passé pour se rendre compte de ce lourd passif caractérisé par des violations massives des droits de l'homme et la commission fréquente des crimes odieux[1], tels que les crimes commis à Mugunga[2], Tingi Tingi[3], Makobola[4], Kisangani[5], Bukavu, Ituri[6], Kiwanja [7]etc. Et récemment, des graves violations des droits de

[1] Plus de 3 millions de personnes sont tombées victimes directes ou indirectes de la guerre en RDC (International Rescue Committee, *Mortality in the Democratic Republic of Congo: Results from a Nationwide Survey* Conducted September – November 2002, http://www.reliefweb.int/library/documents/2003/irc-drc-8apr.pdf, (visité le 13 avril 2009).

[2] Voy. *Rapport de l'Equipe d'enquête du Secrétaire général des Nations Unies sur les violations graves des droits de l'homme et du droit international humanitaire en RDC(ci- après Rapport Gareton), annexé à la lettre datée du 29 juin 1998,adressée au Président du conseil de sécurité par le Secrétaire général, Doc. ONU S/1998/581, 29 juin 1998,§ 98* : Pour les crimes de Mugunga : « des témoignages montrent que de nombreux non combattants ont été systématiquement exécutée par les milices Mai Mai et les soldats de l'AFDL après la prise du camp de Mugunga le 15 novembre 1996,en violation du droit international ».

[3] De même, Tingi Tingi, un vaste camp situé à plus de 200 km au Sud Est de Kisangani a été attaqué par les rebelles qui marchaient sur Kinshasa le 28 février ou le 1er mars 1997 ; Voy. *Rapport Gareton déjà cité,§100.*

[4] Dans la nuit du 29 au 30 et 31 décembre 1998, plusieurs centaines de personnes y compris des femmes, des enfants et des vieillards ont été massacrés par les troupes rebelles du RCD et ses alliés Rwandais et burundais à Makobola, dans le Sud –Kivu. Tout à commencé le 30 décembre 1998, a la suite d'un affrontement armé ayant opposé le RCD et ses alliés à des combattants mai mai. Amnesty international : « *Les droits humains en République Démocratique du Congo, Cas d'appel 2000, civils massacrés* », document public, Londres, mai 2000, p. 4 disponible en ligne sur www.amnesty.org/fr/library/asset/AFR62 (visité le 11 novembre 2009).

[5]Comme l'expliquait un rapport de Human Rights Watch, le général Nkunda à été accusé d'avoir commis des crimes de guerre à Kisangani en mai 2002 lors d'une mutinerie au sein du RCD-Goma ; Voy. Rapport succinct de Human Rights Watch « *War crimes in Kisangani : the response of Rwandan-backed rebels to the May 2002 Mutiny,* » Vol. 14, No. 6, août 2002 p. 7.

[6] Human Rights Watch, Ituri : « Couvert de sang » Violence ciblée sur certaines ethnies dans le Nord-Est de la RDC, vol.15, no.11(a), juillet 2003, p. 1 document disponible en ligne sur http://www.hrw.org/sites/default/files/reports/drc0703fr_web.pdf (visité le 15 juillet 2009).

[7] Voy. Rapport Spécial du 7 Septembre 2009 « *Rapport consolidé sur les enquêtes conduites par le bureau conjoint des Nations Unies des droits de l'homme(BCNUDH)*

l'homme ont été commises en novembre 2012 lors des combats entre forces gouvernementales et rebelles du Mouvement du 23 mars (M23) dans la ville de Goma[8].

Afin de combattre l'impunité des crimes graves, la communauté internationale a institué le 17 juillet 1998, une juridiction pénale internationale permanente chargée de poursuivre les auteurs de ces crimes. Il s'agit de la Cour Pénale Internationale dont le statut est entré en vigueur le 1er juillet 2002.

Il est important de souligner que, le Congo a été le premier Etat partie au Statut de Rome à livrer ses nationaux pour y être jugés (Thomas Lubanga, Matthieu Ngudjolo et Germain Katanga), et le premier à faire application directe du Statut de Rome à travers des jugements et arrêts rendus par ses juridictions militaires comblant ainsi les lacunes de sa législation. Néanmoins ces juridictions militaires n'ont poursuivi qu'un nombre très réduit de crimes internationaux perpétrés en RDC au cours de ces dix dernières années[9]

---

sur les graves abus des droits de l'homme commis à Kiwanja, Nord-Kivu, en Novembre 2008. » p. 19. Après plusieurs missions d'enquêtes conduites à Kiwanja, le BCNUDH a réuni des preuves sur l'exécution sommaire de 67 personnes par le CNDP le 5 novembre 2008. L'équipe a reçu de nombreuses allégations indiquant que le nombre de victimes est plus élevé, mais il a été difficile de confirmer ce nombre élevé en raison de contraintes sécuritaires au moment des enquêtes. Voy.Human Rights Watch, *Massacres à Kiwanja L'incapacité de l'ONU à protéger les civils*, décembre 2008, p. 10 document disponible en ligne sur http://www.hrw.org/sites/default/files/reports/drc1208frweb.pdf (visité le 25 juillet 2009).

[8] Voy. « *Rapport du bureau conjoint des Nations Unies aux droits de l'homme sur les violations des droits de l'homme(BCNUDH) perpétrées par des militaires des forces armées congolaises et des combattants du M23 à Goma et à Saké, Province du Nord-Kivu ainsi qu'à Minova et dans ses environs, province du Sud-Kivu entre le 15 novembre et le 2 décembre 2012.* » *p.6* document disponible en ligne : http://www.ohchr.org/Documents/Countries/ZR/UNJHROMay2013_fr.pdf consulté le 12 mai 2013.

[9] Marcel Wetsh'okonda Koso, La Justice militaire et le respect des droits de l'homme-L'urgence du parachèvement de la réforme, une étude d'AfriMap et de l'Open society Initiative for Southern Africa, 2009, p. 15, consulté en ligne sur le site http://www.afrimap.org/english/images/report/AfriMAP-RDC Justice Militaire-FR.pdf

La complémentarité entre les juridictions nationales et internationales en matière des crimes internationaux revêt une importance capitale et donne matière à réflexion. En effet, quelle que soit sa vocation universelle, on peut craindre que la Cour pénale internationale n'ait ni le temps, ni les moyens financiers de répondre aux espoirs de toutes les victimes[10].

Par conséquent, une bonne partie des crimes graves pouvant relever du Statut de Rome pourraient rester impunis si les juridictions nationales n'entrent pas en matière.

Le rôle des juridictions nationales s'avèrent primordiale afin de répondre, d'une part à leur obligation de poursuivre les auteurs de crimes graves et d'autre part, à pallier l'impossibilité pour la CPI de poursuivre tous les criminels, dans la perspective de lutter efficacement contre l'impunité en contribuant à la « domestication » du droit international pénal voire à la « mondialisation » des juges nationaux dont l'affaire Pinochet en est devenue la référence[11].

La situation sécuritaire à l'est, la problématique de la relation entre paix et justice, le manque de volonté politique, la corruption, le manque de moyens constituent des défis que doit relever la justice congolaise avant de prendre en charge les crimes commis sur son territoire.

De ce fait, l'intervention de la Cour pénale internationale en vue de réprimer les crimes commis en RDC se limitera fort malheureusement à la période de l'entrée en vigueur du Statut de Rome et suppose un contexte d'impuissance et de dysfonctionnement du système de justice nationale s'inscrivant lui-même généralement dans une conjoncture désastreuse de violences politiques et militaires et de pau-

---

[10] HABIBU (JB), *Effectivité du statut de Rome de la CPI : référence spéciale à la situation concernant la RDC*, Bukavu, éditions de l'ACAT, décembre 2007, p. 8.

[11] CASSESSE (A) et DELMAS-MARTY (M), *Juridictions nationales et crimes internationaux*, PUF, Paris, 2002, p. 3.

vreté, c'est-à-dire dans une situation de tragédie humanitaire sans précédent (ce qui est le cas de la RDC).

Comment les juridictions congolaises réagissent-elles face à ces crimes internationaux commis de manière répétitive sur le territoire national?

Les impératifs de paix et de réconciliation doivent-ils occulter et taire les exigences de justice, de répression et de réparation (dilemme entre paix et justice) ? Sur ce point, Koffi Annan, ancien secrétaire général des Nations Unies avait d'ailleurs souligné le dilemme qui peut se poser dans les situations de conflit imposant le choix entre rétablir la paix et faire respecter la justice. Il opinait comme suit : « parfois nous devons accepter moins qu'une pleine justice (…) parfois nous devons faire courir, à court terme, un certain nombre de risques à la paix dans l'espoir qu'elle sera mieux garantie à long terme »[12]. L'impunité des crimes ne porte-t-elle pas les germes de nouvelles crises ?[13] Quels rôles les juridictions nationales, en synergie avec les juridictions internationales, peuvent-elles jouer dans le contexte de la RDC ? Quelle est l'efficacité de la Cour pénale internationale dans le cas de la RDC ?

Faudrait-il-suppléer temporairement la capacité nationale d'investigation ou de poursuites des crimes internationaux particulièrement ceux qui ont été commis avant l'avènement de la CPI (juillet 2002) à travers la mise en place des chambres mixtes ou par la création d'un tribunal pénal international *ad hoc pour la RDC* ? Faudrait-il attendre la fin du régime actuel pour espérer la mise en application des mécanismes de justice dite transitionnelle ?

---

[12] Déclaration de Koffi Annan, Secrétaire général des Nations Unies, le 24 septembre 2003 à New York devant le Conseil de sécurité des Nations Unies. Disponible sur le site www.aidh.org/justice/just_etatdroit.htm (visité le 25 aout 2009).

[13] Le cas du Congo est éloquent. Après l'intégration des miliciens dans l'armée nationale au nom de la « paix », suivi de leur impunité, force est de constater que le pays connait une nouvelle rébellion (M23) mener par ces anciens seigneurs de guerre.

Des questions délicates mais dont les réponses doivent être apportées par la RDC dans la réception du Statut de Rome et des efforts à réaliser dans le renforcement de la capacité de sa gouvernance judiciaire.

La rencontre entre la Cour pénale internationale et le système judiciaire de la RDC est une chance. La CPI a mis a nu les faiblesses et les disfonctionnements du système judiciaire congolais.

Cette étude a pour objectifs de :

- fournir une analyse des différents mécanismes pouvant permettre la répression des crimes graves antérieurs à l'entrée en vigueur du Statut de la CPI (juillet 2002) ;
- identifier les défis et les problèmes liés à l'application directe du Statut de Rome par les juridictions congolaises ;
- analyser les différentes décisions rendues par les tribunaux militaires congolais en application du Statut de Rome ;
- faire des recommandations pouvant permettre de renforcer les capacités de la justice congolaise dans la répression des crimes internationaux ;
- mettre à la disposition des opérateurs judiciaires, de la société civile, des étudiants, des pouvoirs publics et autres, un outil d'informations dans le cadre de la complémentarité.

Il nous parait nécessaire d'esquisser, dès le départ, notre approche méthodologique qui repose essentiellement sur l'analyse de l'ensemble des textes de lois congolaises, des décisions des cours et tribunaux militaires congolais (accessibles), des instruments juridiques de la CPI, instruments et décisions des tribunaux pénaux ad hoc et des tribunaux internationalisés ou chambres mixtes, les rapports des Nations Unies et des organisations nationales et internationales de défense des droits de l'homme, des ouvrages et articles publiés, des études réalisées par d'autres organisations ainsi que des articles scientifiques.

La recherche documentaire à été suivie par des entretiens avec les acteurs du terrain.

Notre étude présente un intérêt à la fois théorique et pratique.

Du point de vue théorique, il s'agit de lancer le débat sur le rôle des juridictions nationales dans la répression des crimes internationaux (la complémentarité de la CPI). Les lecteurs pourront comparer et critiquer le système congolais par rapport aux autres.

Sur le plan pratique, il sera question d'analyser l'expérience judiciaire congolaise en matière de poursuite des auteurs des crimes internationaux et de proposer des solutions afin de répondre notamment à la question de l'impunité des crimes commis avant le 1er juillet 2002.

Nous avons subdivisé cette étude en trois chapitres. Le premier est consacré à la répression des crimes antérieurs à l'entrée en vigueur du statut de la CPI (questions liées à la justice transitionnelle). L'accent est mis sur le rôle des tribunaux nationaux (§1), la compétence universelle (§2) et sur la création d'un tribunal pénal international pour la RDC (§3), le deuxième chapitre porte sur la répression des crimes postérieurs à l'entrée en vigueur du statut de la CPI, et plus précisément sur le rôle de la CPI en vertu de sa politique de poursuite (§1), les rôles des juridictions nationales (congolaises),(§2) suivi de l'examen du dispositif jurisprudentiel à travers le commentaire des décisions des juridictions congolaises en matière de répression des crimes internationaux (Chapitre 3).

CHAPITRE 1.
LA RÉPRESSION DES CRIMES ANTÉRIEURS À L'ENTRÉE EN VIGUEUR DU STATUT DE ROME

Pour les crimes commis pendant les deux guerres qu'a connues la République Démocratique du Congo tant ceux qui sont commis dans un passé récent, jusqu'à ce jour, l'impunité reste la règle et les poursuites suivies de condamnation des auteurs, l'exception[14]. Il s'avère nécessaire de régler le passé violent du pays.

L'impunité se définit précisément comme une absence, en droit ou en fait, de la mise en cause de la responsabilité pénale des auteurs de violations, ainsi que leur responsabilité civile, administrative ou disciplinaire ; en ce sens qu'ils échappent à toute enquête tendant à permettre leur mise en accusation, leur arrestation, et s'ils sont reconnus coupables, leur condamnation à des peines appropriées, y compris à réparer le préjudice subi par leurs victimes[15].

Elle est également définie comme « l'omission d'enquêter, de poursuivre et de juger les personnes physiques ou morales responsables de graves violations des droits humains et du droit international humanitaire »[16].

---

[14] L. HENKINBRANT, « lutte contre l'impunité au Congo : presque tout à faire », *in Rapport de mission en RDC du CNAPD (Coordination nationale d'action pour la paix et la démocratie)* Kinshasa 25 Octobre au 4 novembre 2004, p. 4 disponible sur le site www.cnapd.be/index.php?page -rapport-de-mission-en-RDC (visité le 26 août 2009)

[15] *Rapport de Mme Diane ORENTLICHER, experte indépendante chargée de mettre à jour l'ensemble des principes pour lutter contre l'impunité – Ensemble de principes actualisé pour la protection et la promotion des droits de l'homme par la lutte contre l'impunité,* E/CN.4/2005/102/Add. du 8 février 2005, p.6

[16] Principes de Bruxelles contre l'impunité et pour la justice internationale, adoptés par le « Groupe de Bruxelles pour la justice internationale » à la suite du colloque « Lutter contre l'impunité. Enjeux et perspectives », *in Lutter contre l'impunité, Actes du Colloque tenu à Bruxelles du 11 au 13 mars 2002.* Principe 1er p.117

Un long chemin reste à être parcouru afin que la lutte contre l'impunité ne soit plus un slogan creux en RDC mais qu'elle devienne une réalité. Comment aboutir à la répression des crimes d'aujourd'hui si ceux du passé restent encore impunis ? Qu'en est-il des poursuites en justice des personnes responsables de violations des droits de l'homme et du droit international humanitaire commises durant les deux guerres qu'a connues la RDC ?

Ces questions posent la problématique de la justice transitionnelle qui trouve ses origines dans la situation de pays post-conflit, où surgit la nécessité de recourir à des mécanismes atypiques de règlement de conflits. L'objectif est l'apurement du lourd passif des crimes graves hérités des conflits afin de contribuer à la consolidation d'un véritable Etat de droit.

Généralement la justice transitionnelle est axée sur la manière dont les sociétés en transition de la guerre à la paix ou d'un régime autoritaire à la démocratie peuvent et ont absorbé le legs des exactions massives. En théorie comme en pratique, l'objectif de la justice transitionnelle est de faire face à l'héritage d'abus qui englobe la justice pénale, la justice restauratrice, la justice sociale[17].

D'où la nécessité de vider le passif des crimes commis dans les Kivu, car une condamnation par un tribunal pénal constitue la seule voie menant à une véritable justice. Cette conviction repose sur une série d'arguments. Selon Luc HUYSE, « bien souvent, les victimes recherchent l'une ou l'autre forme de rétorsion. Leur sens de la justice peut subir un grave dommage si ce soulagement leur est refusé. Le juge pénal est également nécessaire pour rétablir la confiance en soi de ceux qui ont été préjudiciés.

[17] M. Freeman et D. Marotine, « Qu'est ce que la justice transitionnelle ? », document publié le 19 Novembre 2007, p. 2 disponible sur le site www.ictj.org/images/content/7/5/722.pdf (visité le 28/11/2009)

Mais une condamnation est également une reconnaissance publique de la douleur subie. Et plus encore, un tel verdict trace une ligne nette entre le bien et le mal. Le juge pénal libère la victime de l'animosité. Tout cela pour dire qu'aux yeux de bon nombre de personnes, la condamnation des coupables constitue un devoir moral. La population espère trouver une réponse à ses griefs, également par la voie de la justice pénale. Mais l'argument le plus connu consiste en ce que le châtiment est nécessaire comme dissuasion, comme une garantie d'un avenir avec moins de violence et moins de répression. Cet argument se situe au cœur de l'appel à la poursuite et à la condamnation selon d'innombrables documents des Nations unies et autant opinions d'Amnesty international et de Human Rights Watch[18].

Il existe différentes voies judiciaires envisageables pour gérer un passé violent, parmi lesquelles figurent les tribunaux nationaux, les modèles de tribunaux pénaux internationaux (Yougoslavie et Rwanda), les tribunaux hybrides (Sierra Leone, Cambodge) ainsi que la compétence universelle exercée par les tribunaux nationaux. Pour la répression des crimes commis en RDC, il est important de passer en revue ces différentes voies judiciaires afin d'en évaluer les forces et les faiblesses dans l'optique d'une application en RDC.

§1. LE RÔLE DES TRIBUNAUX NATIONAUX

La sanction infligée par un pays à ses propres ressortissants coupables de crimes graves est une manière évidente de procéder afin de tourner la page d'une période douloureuse de son histoire. Au regard des crimes commis en RDC avant l'avènement du Statut de Rome, la question

[18] L. HUYSE, *Tout passe sauf le passé*, publié par AWEPA, 2009, p. 76.

pendante est la gestion du passif de la guerre avec les vertus de la justice et de promouvoir en même temps une paix durable et une réconciliation nationale.

En raison du principe de territorialité, les tribunaux congolais se doivent d'assumer en premier la charge de lutter contre l'impunité des crimes commis en RDC. La justice congolaise a le devoir de mobiliser ses propres tribunaux afin de poursuivre les auteurs des crimes antérieurs à la Cour pénale internationale. Mais les difficultés d'un pays ravagé de mener une telle opération avec succès sont évidentes.

En RDC, le problème de la légalité ne se pose pas au regard du principe de droit international constaté par le tribunal de Nuremberg. Ce dernier stipule que le fait que le droit interne ne punisse pas un acte qui constituait un crime en droit interne ne dégage pas la responsabilité en droit international de celui qu'il a commis.[19] Il est également important de prendre en considération la crise que traverse l'appareil judiciaire congolais qui tient à son fonctionnement et à son organisation. Une crise, dont les sources sont multiples, nuisent à une lutte efficace contre l'impunité. Voici quelques maux de l'appareil judiciaire congolais (il s'agit d'obstacles qui sont de nature à empêcher la RDC d'exercer de manière effective et équitable la poursuite des crimes internationaux commis sur son territoire) :

- le cadre législatif inapproprié : certains codes, notamment le code pénal, nécessitent une réforme pour être conforme à la constitution et aux instruments internationaux ratifiés par la RDC ;

[19] Principe de droit international constaté par le statut du tribunal de Nuremberg et dans le jugement de ce tribunal. Genève 29 juillet 1995. (Principes de Nuremberg adoptés par l'Assemblée des Nations unies, Principe 2).

- l'absence d'indépendance réelle des juges : en dépit des dispositions constitutionnelles (article 151 de la Constitution) consacrant l'indépendance de la magistrature et la séparation des pouvoirs, la réalité sur le terrain prouve le contraire[20] ;
- le manque d'expertise de certains opérateurs judiciaires congolais en matière de poursuite des crimes internationaux : sans remettre en cause la compétence des magistrats congolais, le constat est que la poursuite de ces crimes exige une formation adéquate qui permettrait aux magistrats d'enquêter sur des crimes complexes. Il serait nécessaire d'organiser des formations spécialisées, des stages et des recyclages sur les questions liées à la poursuite des crimes internationaux non seulement pour les magistrats mais également l'ensemble du corps judiciaire ;
- le manque d'équipements et de moyens : l'absence d'équipements pour une bonne administration de la justice est la conséquence du faible budget alloué à la justice[21] ;
- la tradition de l'impunité des crimes régnant en RDC : le manque d'assimilation des esprits à se soumettre à la sanction pénale quel que soit le rang et la fonction de la personne qui aurait commis des crimes graves

---

[20] J. KINWANI et J. MANGO, « Problématique de la garantie de l'indépendance du pouvoir judiciaire par le conseil supérieur de la magistrature en RDC », *in Bulletin RCN Justice et démocratie* n° 28 deuxième trimestre 2009, Justice et séparation du pouvoir, p. 18

[21] Le niveau du budget de la justice est passé de 0,22% à 1%. Le taux reste certes insignifiant par rapport aux besoins. Cela ne marque pas une réelle prise de conscience de la nécessité de réhabiliter la justice. Il faut noter que la part du pouvoir judiciaire est de 0,6% et celle du ministère est de 0,4%. Pour la première fois, on a pu inscrire dans le budget les postes de la réhabilitation et de la réfection d'ouvrages, de construction d'édifices, entretien et réparation de mobilier. Les montants retenus sont faibles : 3.400.000 FC pour la réhabilitation et la réfection d'ouvrages et de 3.800.000 FC pour la construction d'édifices. (Éléments d'informations obtenus suite à une interview avec le conseiller juridique du ministère de la justice en janvier 2010).

sur son territoire[22]. Le constat est que parmi les anciens « présumés » bourreaux, certains obtiennent des mandats politiques ou des postes dans l'armée (le cas de Bosco Ntanganda).

- la paralysie des victimes devant les juridictions militaires.

§2. Les tribunaux nationaux étrangers (La compétence universelle)

A. Définition et contenu

La compétence universelle en matière pénale est l'affirmation par un Etat de sa compétence pour juger d'infractions pénales qui auraient été commises sur le territoire d'un autre Etat par des ressortissants d'un autre Etat contre des ressortissants d'un autre Etat, lorsque l'infraction alléguée ne constitue pas une menace directe pour les intérêts vitaux de l'Etat qui affirme sa compétence. En d'autres termes, la compétence universelle équivaut à la revendication, par un Etat, du droit d'engager des poursuites dans des circonstances où aucun des liens traditionnels que constituent la territorialité, la nationalité, la personnalité passive ou le principe de compétence réelle (ou de protection), n'est présent au moment où l'infraction alléguée est commise[23].

Par le biais de certaines conventions internationales qui autorisent, dans certains cas exigent, que les Etats, au tra-

[22] M. CIFENDE KACIKO, « La répression pénale des violations graves du droit international humanitaire : le cas de la République Démocratique du Congo » *in Annales de Droit de Louvain*, Vol.61, 2001, n°4 p. 487.

[23] *Rapport du groupe d'experts de l'Union africaine et l'Union européenne sur le principe de compétence universelle*, §8, p. 7, Bruxelles, 16 avril 2009, consulté en ligne sur le site ec.europa.eu/development/icenter/repository/troike_ua_ue_rapport_competence_universelle_FR.pdf

vers de leurs juridictions nationales, exercent leur compétence à l'égard des personnes soupçonnées de crimes graves au regard du droit international[24] en dépit du lieu de la perpétration des crimes et de la nationalité des suspects ou des victimes et de surcroît même si ces crimes ne menacent pas directement leurs intérêts de sécurité.

Il s'agit simplement d'une compétence territoriale pour des faits commis à l'étranger. Cette coutume naissante est la compétence universelle[25].

D'après Anne Muxart, le principe de compétence universelle a pour objectif de lutter contre l'impunité des grands criminels d'Etats qui, malgré les exactions commises, ont réussi à échapper à leur justice nationale grâce à des lois d'amnisties générales ou par la terreur qu'ils suscitent encore[26]. Donnedieu de Vabres souligne que «dans sa notion élémentaire et son expression absolue, le système de la répression universelle, ou de l'universalité de droit de punir est celui qui attribue vocation aux tribunaux répressifs de tous les Etats pour connaître d'un crime

---

[24] Convention contre la torture et autres peines ou traitement cruels, inhumains ou dégradants, adopté le 10 décembre 1984 par l'Assemblé générale des Nations unies dans sa résolution 39/46 en son article 4 points 2 et 3 ; Conventions de Genève pour l'amélioration du sort des blessés et des malades des forces armées en campagne, 75 UNTS 31, entrée en vigueur le 21 octobre 1950, art. 49 ; Convention de Genève pour l'amélioration du sort des blessés, des malades et des naufragés des forces armés sur mer, 75 UNTS 85, entrée en vigueur le 21 octobre 1950 art. 49 ; Conventions de Genève relative au traitement des prisonniers de guerre, 75 UNTS 135, entrée en vigueur le 21 octobre 1950, art. 129 ; Conventions de Genève relative à la protection des personnes civiles en temps de guerre, 75 UNTS 287, art. 146.

[25] Ainsi l'article 4 de la convention contre la torture de 1984 exige aux Etats parties d'intégrer la torture et d'autres peines ou traitements cruels, inhumains ou dégradants dans la nomenclature des infractions pénales et d'établir leur compétence. (Article 5) Afin de connaître les infractions de tortures dans plusieurs cas, dont celui où l'auteur présumé de torture se trouve sur un territoire sous sa juridiction et si ce dernier ne l'extrade pas. L'objectif de cette convention étant de briser l'impunité en instaurant le principe « *aut dedare aut punire* », soit vous l'extradez, soit vous le punissez. Malheureusement, le manque d'harmonisation des législations nationales constitue un obstacle à la réalisation de cet objectif.

[26] A. Muxart, «Immunité de l'ex-chef d'Etat et la compétence universelle : quelques réflexions à propos de l'affaire Pinochet » *in Revue d'analyse juridique et d'actualité internationale*, Paris, 1998, p. 6.

commis par un individu quelconque, en quelque pays que ce soit[27].

La philosophie du principe de la compétence universelle semble être à l'origine de l'œuvre d'Hugo Grotius dans son œuvre « le droit de la guerre et de la paix » en 1625. Il s'agit d'un droit précurseur de la compétence universelle en ce sens qu'il viole le principe de la souveraineté des Etats. Cet auteur le considère comme « un droit accordé à la société humaine pour intervenir dans le cas où un tyran ferait subir à ses sujets un traitement que nul n'est autorisé à faire »[28]. L'exercice de cette compétence ne peut donc se faire sans avoir un impact sur les rapports internationaux dont les citoyens sont poursuivis et du pays poursuivant.

Luc REYDAMS, quant à lui, souligne qu'elle fait référence à la compétence d'une cour nationale à juger une personne soupçonnée d'avoir commis un grave crime international même si ni la victime ni le suspect ne sont ressortissants du pays où est située la cour (Etat forum) et si le crime a été commis hors de ce pays[29].

Selon le principe 13 de Bruxelles contre l'impunité, la compétence universelle est[30] :

- le droit de l'Etat de poursuivre et de juger l'auteur présumé d'une infraction quel que soit le lieu de

---

[27] H. Donnedieu de Vabres, *Les principes modernes du droit international pénal*, Paris, 1920, p. 125.

[28] Hugo Grotius, *le droit de la guerre et de la paix*, traduit par P. Pradier-Fodéré, édité par D. Alland et S. Goyard-Fabre (collection Léviathan) PUF, Paris 1999 IV cité par Douglas Stuart, « concilier le principe de non-intervention et les droits de l'homme » *in chroniques de l'ONU*, Numéro 2, pp 2-3

[29] L. REYDAMS, Universal jurisdiction : International and Municipal Legal Perspectives (Oxford, 2003) p. 3 et Mitsue Inazumi, Universal jurisdiction *in modern international Law* : *expansion of national jurisdiction* cité dans le rapport de Human Right Watch de juin 2006, volume 18 n° 5 (D), p. 2

[30] Principes de Bruxelles contre l'impunité et la justice internationale, op. cit. p. 6 (Principes 13)

l'infraction, de la nationalité ou de la résidence de son auteur présumé ou de la victime ;

- cette compétence doit s'exercer dans le respect des règles du « procès équitable », aussi bien dans le cas où l'auteur présumé serait présent sur le territoire de l'Etat du for que s'il en est absent ;
- si le droit interne de l'Etat du for ne prévoit pas explicitement la compétence universelle, la justice de cet Etat peut l'exercer dans la mesure où la coutume internationale fait partie du droit interne de cet Etat.

Le droit international oblige tout Etat à exercer la compétence universelle à l'égard de l'auteur présumé d'un crime grave dès lors que cet auteur est présent sur le territoire de cet Etat. La coutume internationale, cristallisée par plusieurs dispositions de conventions internationales[31], accepte l'idée de la compétence universelle reconnue à tous les Etats « Parties » à certaines conventions[32]. Cependant, le droit international n'oblige pas l'Etat à exercer la compétence universelle dans l'hypothèse où l'auteur présumé d'un crime grave n'est pas présent sur son territoire (la compétence universelle par défaut)[33].

B. *Les pratiques nationales des Etats concernant la compétence universelle*

L'étude des approches législatives de la compétence universelle dans les législations nationales des Etats montre que la compétence à l'égard des crimes graves de portée internationale est exercée en vertu du droit international coutumier ou des traités internationaux auxquels ils

[31] Conventions de Genève du 12 août 1949 et des protocoles I et II du 8 juin 1977 additionnels à ces conventions ; voir article 49 chapitre X de la convention I de Genève, article 50 chapitre VIII de la convention II de Genève, article 129 de la convention III de Genève et article 146 de la convention IV de Genève.

[32] P.M DUPUY, *Droit international public*, 4ième édition Paris, Dalloz, 1998, pp 524-525

[33] Principes de Bruxelles contre l'impunité et la justice internationale, op. cit. p. 7

sont parties. Il convient de noter l'existence de limitations légales à l'exercice de la compétence universelle dans la pratique des Etats membres de l'Union africaine. On peut notamment citer les exigences suivantes :

- le suspect doit impérativement, au moment où la procédure est engagée, se trouver sur le territoire de l'Etat qui mène les poursuites (par exemple RDC, Sénégal ; Ethiopie) ;
- les poursuites doivent impérativement être engagées par le Procureur général (Kenya, Botswana) ;
- certaines juridictions de niveau inférieurs ne sont pas habilitées à juger des infractions relevant de la compétence universelle ;
- l'immunité de poursuites pénales dont jouissent les personnalités publiques en vertu du droit international doit être respectée[34].

Il n'existe aucun cas connu d'Etat africain ayant exercé de manière effective la compétence universelle. Au Sénégal, l'ancien Chef d'Etat Tchadien Hyssène Habré sera jugé sur base de la compétence universelle après plusieurs années d'impunité.

En dehors de ces restrictions légales, l'exercice de la compétence universelle connait aussi certaines limitations pratiques. La première réside dans la difficulté de rassembler les preuves concernant des infractions commises à l'étranger, en particulier lorsque l'Etat où elles sont présumées avoir été commises refuse de coopérer. Les problèmes de preuves constituent l'une des principales raisons pour lesquelles peu de procureurs d'Etats membres de l'Union européenne ont à ce jour engagé des poursuites sur la base de la compétence universelle. Une deuxième

---

[34] *Rapport du groupe d'experts de l'Union africaine et l'Union européenne sur le principe de compétence universelle*, op. cit §18, p.15

limitation pratique tient au fait que les autorités chargée des poursuites sont généralement bien conscientes des sensibilités politiques qu'éveille la mise en cause d'une personnalité publique en fonction(voire lorsque la personne n'est plus en fonction) [35].

C. Préoccupations de l'Union africaine sur la compétence universelle

Les Etats africains se disent favorables au principe de la compétence universelle et ont la volonté de lutter contre l'impunité. Cependant, il existe des contraintes légales et constitutionnelles sur le plan national qui pèsent sur la capacité de nombreux Etats africains de s'attaquer à ces crimes et de poursuivre leurs auteurs. Il conviendrait de réfléchir au renforcement de la capacité juridique des Etats africains à l'échelle nationale pour combattre le génocide, les crimes contre l'humanité, les crimes de guerre et la torture[36]. La prétention des juridictions nationales à exercer la compétence universelle a conduit à des malentendus et à l'aggravation des tensions interétatiques et a été perçue comme une utilisation abusive de ce principe fondée sur des motifs politiques ou autres. Les Etats africains estiment qu'ils ont singulièrement été la cible de procédure consistant à mettre en accusation et à arrêter leurs responsables et que l'exercice de la compétence universelle par les Etats européens est politiquement sélectif à leur détriment. Ceci fait naître la crainte de voir appliquer une politique de deux poids, deux mesures, craintes amplifiées par les multiples mises en accusation de responsables d'Etats africains dans différents Etats européens[37].

---

[35] Idem, §25, p. 26

[36] Idem, §33, p.35

[37] *Rapport du groupe d'experts de l'Union africaine et l'Union européenne sur le principe de compétence universelle*, op cit. §34 , p.35

En réponse, les experts de l'Union européenne, comprennent les préoccupations exprimées par les Etats membres de l'Union africaine. Pour ces experts, ces préoccupations ne doivent cependant pas être exagérées. Les poursuites pénales engagées à l'encontre de responsables d'Etats africains sur la base de la compétence universelle ne représentent qu'une fraction du nombre total de procédures dans lesquelles les Etats membres de l'Union européenne exercent cette compétence. Des poursuites ont été engagées ou des plaintes déposées à l'encontre de ressortissants qu'il s'agisse de personnalités publiques ou non, d'Etats de la plupart des autres régions du monde. En outre, les poursuites qui ont conduit à une mise en accusation effective, et a fortiori à un procès et à une condamnation demeurent, l'exception.

Dans des nombreuses affaires, la procédure a été suspendue en raison des immunités accordées par le droit international aux personnalités publiques. Qu'à cela ne tienne, toute mesure qui pourrait être proposée pour apaiser les craintes des Etats membres de l'Union africaine concernant l'exercice de la compétence universelle par les Etats membres de l'Union européenne doit prendre en compte le caractère intangible du principe constitutionnel de l'indépendance de la justice[38].

Voyons à présent quelques affaires dans lesquelles la compétence universelle a été exercée par les tribunaux nationaux.

D. Quelques cas de Compétence universelle

Nous allons examiner rapidement quelques cas de compétence universelle :

[38] Rapport du groupe d'experts de l'Union africaine et Union europénne.., op cit. §40, p.37

- l'affaire Yerodia en Belgique ;
- l'affaire Eichmann devant la Cour suprême israélienne ;
- l'affaire Niyonteze devant les tribunaux militaires suisses ;
- l'affaire Munyaneza devant la justice canadienne ;
- l'affaire Pinochet (Chili, Espagne, Angleterre).

1. L'affaire Yerodia en Belgique

L'affaire trouve son origine dans des propos prononcés en août 1998 par M. Abdulaye Yerodia Ndombasi, alors directeur du cabinet de M. le Président Laurent-Désiré Kabila, à l'encontre des milices rwandaises qui envahissaient l'est du Congo. M. Yerodia avait demandé aux forces armées congolaises de procéder à l'éradication de la "vermine" des envahisseurs rwandais. Suite à ces propos, des soulèvements avaient éclaté, faisant un certain nombre de victimes parmi les tutsis au Congo. En novembre 1998, plusieurs plaintes avaient été déposées auprès de M. Damien Vandermeersch, juge d'instruction près le tribunal de première instance de Bruxelles, au titre de la loi du 16 juin 1993 relative à la répression des violations graves du droit international humanitaire[39]. La Belgique grâce à cette loi , telle que modifiée à ce jour relative à la répression des violations graves du droit international humanitaire avait délivré un mandat d'arrêt international à l'encontre d'un ministre congolais des affaires étrangères (Mr Yerodia) en

[39] *Moniteur belge* du 5 août 1993, p. 17751. Pour un commentaire, voy. A. ANDRIES, E. DAVID, C. VAN DEN WIJNGAERT et J. VERHAEGEN, "Commentaire de la loi du 16 juin 1993", *Revue de droit pénal et de criminologie* 1994, pp. 1114-1184. Sur la première modification de la loi, en 1999 (*Moniteur belge* du 23 mars 1999, p. 9286), voy. P. d'ARGENT, "La loi du 10 février 1999 relative à la répression des violations graves du droit international humanitaire", *Journal des Tribunaux* 1999, pp. 549-555. Elle a été abrogée et incorporée dans le code pénal par la loi du 5 août 2003 (cf. *infra*).

tant qu'auteur ou co-auteur de crimes constituant des infractions graves aux Conventions de Genève de 1949 et aux protocoles additionnels à ces Conventions, et de crimes contre l'humanité".

Cette affaire pose deux problèmes juridiques relatifs aux immunités d'un ministre des affaires étrangères et à la légalité de la loi belge sur la compétence universelle au droit international.

Dans son arrêt du 14 février 2002, la Cour internationale de justice a condamné le mandat d'arrêt émis par le juge belge pour non respect du principe des immunités consacré par le droit international sans aborder la question liée à la légalité de cette loi belge au droit international.

2. L'affaire Eichmann devant la cour suprême Israélienne

Cet ancien colonel nazi fut jugé en Israël en 1961 sur le fondement d'une loi israélienne de 1950. Cette loi de nature extraterritoriale permettait à Israël de punir un individu étranger pour des actes perpétrés par celui-ci à l'étranger et contre des personnes étrangères. Eichmann mit en cause la légalité de cette loi au regard du droit international. La cour suprême de l'Etat hébreu rejeta cette objection et considéra le crime contre l'humanité (pris dans son acception large) comme appelant la compétence universelle de tout Etat à s'appliquer[40]. Pour la cour, ces crimes ne sont pas seulement commis en l'encontre de l'Etat d'Israël mais contre le droit international (delicta juris gentium)[41]. Le 15 décembre 1961, le tribunal recon-

[40] A. MUXART « Immunité de l'ex-Chef d'Etat et compétence universelle : quelques réflexions à propos de l'affaire Pinochet. » op.cit p. 7.

[41] Dans l'affaire Eischmann la cour suprême israélienne affirma également ce qui suit : « the abhorrent crimes defined in this law are not crimes under Israël law alone. These crimes which struck at the whole of mankind and shocked the conscience of nations, are

nut l'accusé coupable de crimes de guerre et de crimes contre l'humanité contre le peuple juif.

3. L'affaire Niyonteze devant les tribunaux militaires Suisse

L'affaire Niyonteze s'est déroulée devant le tribunal militaire de Lausanne en 1999. La Suisse était un des premiers et rares pays à avoir appliqué le principe de l'universalité des poursuites. Fulgence Niyonteze a été arrêté en Suisse le 28 aout 1996. C'est la première procédure à la suite du génocide rwandais par un tribunal étranger qui se conclut par une condamnation. L'accusé Niyonteze devait se justifier devant la justice militaire suisse pour les crimes de guerre. Les chefs d'accusations de génocide et de crime contre l'humanité ont été écartés par le tribunal au début du procès, car à cette date le droit pénal suisse ne reconnaissait pas (encore) les deux (infractions)[42]. L'accusé a été condamné à la peine de réclusion de 14 ans[43].

---

graves offenses against the law of nations itself (delicta juris gentium). Therefore, so far from international law negating of limiting the jurisdiction of countries with respect to such crimes, international law is, in the absence of an international court, in need of the judicial and legislative organs of every country to give effect to its criminal interdictions and to bring the criminals to trial. The jurisdiction to try crimes under international law is universal". Voy. Attorney-general of the government of Israel V. Eischmann, (1961), 36 ILR 5, 12.

[42] Affaire Niyonteze devant les tribunaux militaires Suisse, document disponible sur le site de l'ONG TRIAL http://www.trial-ch.org/fr/trial-watch/profil/db/legal-procedures/fulgence_niyonteze_115.html (visité le 20 aout 2009).

[43] Voy. Arrêt du Tribunal militaire de cassation du 27 avril 2001 après condamnation par le tribunal militaire de division 2 30 avril 1999), réformée par le tribunal d'appel 1 A (26 mai 2000). Selon le tribunal militaire de cassation « Il en résulte clairement, d'une part , que le lien entre les infractions commises au Mont Mushibabi ainsi qu'à Kabgayi, et le conflit armé est suffisant, et d'autre part qu'en raison de ses attributions et de la manière dont il a exercé ses fonctions de bourgmestre, l'accusé remplissait les conditions requises pour tomber, comme auteur des infractions , sous les coups de l'art 3 commun aux quatre conventions de Genève et des normes du Protocole II. Le grief tiré d'une violation de l'art 109 CPM est en conséquence mal fondé ». (27 avril 2001, Niyonteze et auditeur c. Tribunal Militaire d'Appel 1 A), Point 9, p. 25. Jugement en ligne

4. *L'affaire Munyaneza devant la justice canadienne*

Désiré Munyaneza a été arrêté au Canada pour sa participation présumée au génocide de 1994 au Rwanda. Il a été inculpé de deux chefs d'accusations pour génocide, deux chefs pour crimes contre l'humanité et trois chefs d'accusations pour crimes de guerre. Les accusations ont été portées en vertu de la loi canadienne sur les crimes contre l'humanité et les crimes de guerre. Cette loi permet au Canada de poursuivre ces infractions peu importe le lieu où elles ont été commises pourvu que l'auteur soit physiquement au Canada. Munyaneza a été reconnu coupable de tous les chefs d'accusation contre lui.[44] La Cour supérieure du Québec affirma dans son arrêt du 22 mai 2009 que l'accusé avait intentionnellement tué les Tutsi[45].

5. *L'affaire Pinochet (1998- 2006)*

Une affaire avec plusieurs rebondissements. Le 16 Octobre 1998 : alors qu'il se trouvait à Londres pour raisons médicales, le général Pinochet est placé en état d'arrestation à la demande du juge espagnol Baltasar Garzon. Celui-ci a entamé une procédure d'extradition concernant les crimes perpétrés par la junte chilienne à l'époque où Pinochet était chef de l'Etat (1973-1990).

---

http://www.vbs.admin.ch/internet/vbs/fr/home/documentation/oa009/oa009n.parsys.0004.downloadList.00041.DownloadFile.tmp/entscheid021.pdf (visité le 25 février 2010).

[44] Les informations complémentaires sur l'affaire Munyaneza sont disponibles sur le site www.ccij.ca/programs/cases/munyaneza-q-r-fr.pdf (visité le 25 septembre 2009)

[45] Voy. Arrêt de la Cour supérieure du Québec, 22 mai 2009, No 500-73-002500-05, §7.8, (2083), p. 199. Désiré Munyaneza specifically intended to destroy the Tutsi ethnic group in Butare and in the surrounding communes. To that end, he intentionally killed Tutsi, seriously wounded others, caused them serious physical and mental harm, sexually assaulted many Tutsi women and generally treated Tutsi inhumanely and degradingly.

La justice britannique autorise l'extradition d'Augusto Pinochet vers l'Espagne en retenant l'ensemble des accusations de tortures lancées contre lui par le juge espagnol Baltazar Garzon. Cette procédure d'extradition fut arrêtée en raison de l'état de santé de l'ancien dictateur chilien. Aussitôt libéré, il rentre au chili. Un juge chilien demande la levée de son immunité parlementaire pour d'autres plaintes déposées contre lui au Chili. Après avoir perdu son immunité, Pinochet échappera tout de même à la justice pénale par sa mort.

6. L'affaire Murwanashaska et Musoni en Allemagne.

La police fédérale allemande avait arrêté deux dirigeants des FDLR, Ignace Murwanashaka et Straton Musoni, le 17 novembre 2009, soupçonnées d'avoir exercé une « influence importante » sur les FDLR qui ont tué des civils en RDC. Le 04 mai 2011, les juges d'un tribunal allemand de Stutgart ont entendu les éléments de preuve à charge de deux dirigeants rebelles rwandais du FDLR (Forces démocratiques pour la libération du Rwanda). Ils sont accusés de crimes de guerre et contre l'humanité perpétrés en RDC. Ce procès est le premier à être intenté en Allemagne en vertu de son code sur les crimes violant le droit international, adopté en juin 2002. Le dit code intègre dans le droit pénal allemand les crimes relevant du Statut de la CPI et autorise les tribunaux allemand à ouvrir des enquêtes sur ces crimes et à les réprimer quelque soit l'endroit où ils ont été commis dans le monde, en raison de leur extrême gravité[46].

---

[46] Human Rights Watch, Allemagne :questions-réponses sur le début du procès de deux dirigeants rebelles rwandais à Stuttgart, Allemagne, voir http://www.hrw.org/de/news/2011/05/02/allemagne-questions-r-ponses-sur-le-d-du-proc-s-de-deux-dirigeants-rebelles-rwandais, consulté le 20 novembre 2011.

La Cour pénale internationale dans le cadre de la complémentarité apporte sa coopération à l'Allemagne à travers son unité d'enquête après avoir examiner les conditions liées à la protection des témoins et des victimes. Un échange d'informations entre une juridiction nationale et la CPI qui doit servir d'exemples et de modèle.

E. Forces et faiblesses de la compétence universelle

La compétence universelle peut être une arme puissante, et une certaine circonspection dans sa manipulation n'est pas superflue ; à défaut de quoi, elle risque d'être banalisée et vidée de sa substance. Le champ d'expérimentation de la Belgique l'a démontré de manière convaincante[47].

L'autre difficulté est la question des immunités des éventuels suspects, dont l'affaire Yerodia en est une illustration. Dans celle-ci la Cour de justice internationale constate qu'aucun instrument invoqué par la Belgique ne laisse entendre qu'une exception à l'immunité dont bénéficient les ministres des affaires étrangères pourrait exister lorsqu'ils sont poursuivis devant des juridictions nationales[48]. Mais la cour précise qu'un ministre des affaires étrangères ou un ancien ministre des affaires étrangères peut faire l'objet de poursuites pénales devant certaines juridictions pénales internationales[49] dès lors que celles-ci sont compétentes[50]. En revanche toute poursuite devant des juridictions nationales est impossible tant que dure l'immunité.

---

[47] L. Huyse, *Tout passé sauf le passé* op. cit., par. 103

[48] *CIJ, Affaire relative au mandat d'arrêt du 11 avril 2000 (République démocratique du Congo c. Belgique),* Arrêt du 14 février 2002, arrêt, Recueil 2002, par. 58

[49] La CIJ cite l'exemple du tribunal pénal international pour l'ex-Yougoslavie, pour le Rwanda et la Cour pénale internationale

[50] *Affaire relative au mandat d'arrêt du 11 avril 2000*, par. 61

Mais de façon plus profonde, la difficulté de l'application de la compétence universelle est la conduite de l'enquête, la réunion et la sécurisation des preuves, des témoins, et des victimes et le procès à distance.

La compétence universelle est une voie pouvant contribuer à la lutte contre l'impunité des crimes les plus graves. Elle a contribué au développement de ce qu'on appelle aujourd'hui, « le droit pénal sans frontière ».

Cependant, un procès au nom de la compétence universelle est de toute façon une intervention dans un pays lointain du lieu où les crimes ont été commis. Sûrement pour des raisons politiques, plusieurs Etats hésitent encore à s'engager sur la voie de l'exercice de la compétence universelle, surtout lorsque les actions envisagées tendent à atteindre des personnalités politiques encore en fonction[51].

En définitive, le constat reste que beaucoup de législations conditionnent l'application de la compétence universelle à certains critères de rattachement et que cela est de nature à restreindre leur impact dans la répression de crimes commis en RDC, d'où la nécessité d'un tribunal spécial pénal pour la RDC.

§3. Le rôle des tribunaux internationaux

La justice pénale internationale a plusieurs mérites par rapport aux tribunaux nationaux.

Dans le cadre de la lutte contre les crimes graves commis en RDC, les juges internationaux à la différence des juges nationaux auront la facilité d'enquêter, la liberté d'agir en toute impartialité, mais le plus important est la neutralisation des immunités s'attachant traditionnelle-

[51] P. Dallier et A. Pellet, *Droit International Public*, 7ième édition, Paris, L.G.D.J, 2002, p. 717.

ment aux chefs d'Etat, ministres, diplomates[52]. Ainsi les tribunaux internationaux apparaissent comme une alternative pour combler l'inaction des Etats vis-à-vis de leurs obligations internationales contenues dans les conventions de Genève qui consistent à la poursuite et la traduction en justice des personnes présumées responsables de crimes graves.

Les dysfonctionnements de l'appareil judiciaire congolais et son impuissance à rendre en matière de crimes internationaux une justice conforme aux garanties judiciaires reconnues par le droit international suffisent à établir la nécessité d'une intervention judiciaire internationale destinée à suppléer les lacunes du système national.

1° Formule des tribunaux ad hoc (Modèle TPI)

Faut-il créer un tribunal pénal international ad hoc pour la RDC, qui serait chargé de juger les personnes présumées auteurs et responsables de crimes de droit humanitaire international commis sur le territoire congolais relevant de la Cour pénale internationale mais échappant à sa compétence « ratione temporis », comme l'avait préconisé le Dialogue Inter congolais ?

Eu égard à l'ampleur des atrocités humanitaires et à la rupture de la paix et de la sécurité en RDC et dans l'ensemble de la région des grands lacs, la formule du tribunal ad hoc serait l'idéal. Toutefois l'examen des difficultés auxquelles ont dû faire face les deux tribunaux pénaux ad hoc (La Haye et Arusha) à leurs débuts[53] pourraient dissuader les tenants de cette approche : manque de

---

[52] Voy. Article 27 Statut de la Cour pénale internationale.

[53] Voy. Les premiers rapports des présidents de ces juridictions à l'Assemblée générale des Nations Unies.

moyens matériels et humains dû à l'absence de volonté politique des Etats ou de la communauté internationale[54].

Au regard des enjeux actuels, il n'est pas certain que la RDC dispose de moyens politiques et diplomatiques suffisants pour amener le Conseil de sécurité des Nations Unies, agissant en vertu du Chapitre VII de la Charte, à adopter une résolution créant un tribunal pénal international ad hoc pour la RDC[55].

- ***Forces et faiblesses du modèle TPI***

Les deux tribunaux fonctionnent à présent depuis respectivement seize (TPIY) et quinze (TPIR) ans. Leur tâche n'est pas encore achevée. Il est difficile donc de tirer des conséquences à long terme. Néanmoins, soulignons qu'ils ont été mis à mal sur la place publique quant à certains de leur choix et de leur efficacité.

Parmi les acquis des tribunaux pénaux internationaux à retenir, c'est notamment, le legs laissé aux institutions pénales internationales actuelles et futures tant en matière de droit procédural ou sur le plan institutionnel[56]. Une conférence a d'ailleurs été organisée à la Haye du 15 au 16 novembre 2011 sur l'héritage global des tribunaux pénaux

---

[54] Voy. P. Hazan, *la justice face à la guerre, De Nuremberg à la Haye*, Paris, Stock, 2000, pp. 55 et s.

[55] Interrogé sur cette question, le ministre de la justice de la RDC a déclaré le 24 mai 2010 à Radio Okapi ce qui suit « un tribunal pénal international pour la RDC, l'idée est bonne mais je crois que la démarche est légèrement dépassée (…)». Le ministre LUZOLO estime qu'il convient plutôt de trouver des mécanismes de responsabiliser les juridictions congolaises dans la poursuite de ces crimes. Par ailleurs, le parlement congolais devra selon lui se prononcer sur d'éventuelles poursuites de ces crimes par la CPI. Voir interview du ministre de la justice à Radio Okapi sur http://radiookapi.net/actualite/2010/05/24/un-tribunal-penal-international-pour-la-rdc-idee-%c2%ab-depassee-%c2%bb-pour-luzolo-bambi/ (visité le 24 mai 2010) . Le CAD pense que l'obstacle lié à la compétence temporelle de la CPI empêche cette dernière de poursuivre les auteurs de ces crimes.

[56] *Rapport des présidents et procureurs des TPIY et TPIR au Conseil de sécurité des Nations unies, document de l'information du 10/12/2007*, Conseil de sécurité CS/9192 p. 2.

internationaux. Cette conférence a rassemblé les acteurs internationaux afin d'explorer l'incidence des travaux du TPIY sur le droit international humanitaire et la procédure pénale internationale, de même que la contribution de sa jurisprudence à l'avenir de la justice internationale et à l'avancement des droits de l'homme[57].

A la Haye et à Arusha, les juges ont ouvert la voie à des interprétations plus progressistes des prescriptions des lois pénales internationales. Une réponse a également été apportée à des questions complexes, telles que celle de savoir si les épurations ethniques constituent une forme de génocide. Les règles qui doivent garantir un déroulement équitable des procès internationaux pénaux ont été conçues et appliquées, alors que celles-ci ne figuraient pas comme priorités à Nuremberg. L'histoire a également littéralement écrite, des dizaines de milliers de documents et de témoignages ont coloré beaucoup de tâches aveugles sur la carte de l'ignominie[58].

En général, un tribunal qui opère sous couvert du Conseil de sécurité des Nations Unies est en principe plus dangereux pour les présumés coupables qu'un tribunal national. Il est difficile d'y échapper, tous les pays ayant l'obligation d'extrader les présumés coupables[59]. De même, il y a une prise de conscience au niveau national du fait qu'une interprétation modeste des missions de tels tribunaux est souhaitable, d'où la nécessité de renvoie d'affaires[60].

---

[57] *Rapport du Président et du Procureur du TPIY du 23 mai 2012, au Conseil de sécurité des Nations Unies*, S/2012/354, par.87 disponible sur le site http://www.icty.org/x/file/About/Reports%20and%20Publications/CompletionStrategy/completion_strategy_23may2012_fr.pdf

[58] L. Huyse, *Tout passe sauf le passé*, op. cit. p. 91.

[59] Idem p. 92. Voir aussi les dispositions de l'article 25 combinées aux prescrits de l'art.103 de la charte des Nations unies.

[60] Le tribunal d'Arusha a transféré quinze dossiers à un tribunal rwandais, celui de la Haye onze (fin 2008) en Bosnie et en Croatie ; Ibidem p. 93.

Cependant de nombreuses critiques, non dépourvues de pertinence, sont formulées à l'endroit des tribunaux pénaux internationaux[61] :

- leur éloignement par rapport au lieu de la commission de la perpétration des crimes. Les exemples des tribunaux pénaux internationaux pour l'ex-Yougoslavie – la Haye et le Rwanda – Arusha, sont éloquents ;
- le manque d'impact des TPI sur le système judiciaire national ; l'éloignement de ces tribunaux ne renforçant pas les systèmes judiciaires nationaux ;
- la place des victimes dans les procédures devant les TPI ; contrairement au Statut de Rome sur la Cour pénale internationale, les victimes sont considérées seulement comme témoins devant les TPI ;
- le coût exorbitant engendré pour le fonctionnement de ces TPI avec un résultat peu efficace[62].

Il faut noter que les présidents et procureurs de ces tribunaux ont, dans leurs rapports au Conseil de sécurité des Nations unies, identifié les problèmes susceptibles de retarder l'achèvement de leurs tâches. Ils ont également fait état des progrès enregistrés par leurs juridictions respectives mais aussi des problèmes qui pourraient compromettre l'achèvement des taches de ceux-ci d'ici fin 2010. Parmi ces problèmes figurent la capacité des juridictions nationales à prendre en charge les affaires renvoyés, le manque de personnel et l'arrestation des fugitifs. En effet la question du renforcement des juridictions nationales a

---

[61] Rapport du séminaire atelier organisé par la coalition congolaise pour la justice transitionnelle (CCJT) à Kinshasa, du 07 au 09 juin 2005 p. 3.

[62] A titre illustratif, le budget du TPIR pour l'exercice 2002-2003 était de 124,6 millions de dollars US.

été placée au cœur des questions liées à l'héritage des TPI à savoir « les fonctions résiduelles »[63].

Dans le cadre de la RDC, il appartient à ses dirigeants politiques de joindre l'acte à la parole et de faire une demande explicite au Conseil de sécurité des Nations Unies pour la création d'un tribunal international pénal pour juger les crimes commis avant l'avènement de la CPI[64].

Récemment, une initiative citoyenne a été engagée par un avocat congolais, Me Rety Hamuli[65] qui par une déclaration signée par 52 personnalités féminines parmi lesquels les ex-ministres françaises et universitaires sollicite la création d'un tribunal pénal international ad hoc pour juger les crimes commis en République démocratique du Congo, notamment les viols. Pour Me Rety Hamuli, il est indispensable pour le Conseil de sécurité des Nations Unies de créer rapidement un tribunal pénal international pour la RDC. « C'est l'un des moyens le plus efficace de soustraire ces femmes des griffes de leurs bourreaux et de mettre effectivement fin à l'impunité de ceux qui ont utilisé et continuent d'utiliser le viol comme arme de guerre. Ne pas le faire, serait une discrimination à l'égard de la femme congolaise, un déni de justice internationale ainsi qu'un encouragement à commettre le 'gynocide' ou 'fémicide' ». Dans une interview sur Jeune Afrique, le Profes-

---

[63] Rapport des présidents et procureurs des TPIY et TPIR au Conseil de sécurité des Nations unies, op. cit. p. 2

[64] Dans une interview à Radio Okapi, le ministre de la justice de la RDC souligne que la récolte des signatures par la NSCC (Nouvelle société civile congolaise) pour faire pression afin que soient poursuivis les auteurs de nombreux crimes commis en RDC à partir de 1994 peut laisser croire qu'il n'y a pas de volonté du gouvernement d'élucider ces différents crimes. « Il n'en est rien » soutient –il. Alors que la réalité démontre réellement l'absence de cette volonté politique. Voir interview du ministre Luzolo à Radio Okapi, le 24 mai 2010. op.cit.

[65] Voir la pétition « Stop au viol comme arme de guerre : Pour un tribunal pénal international pour la RDC » en ligne sur le site http://www.change.org/fr/p%C3%A9titions/stop-au-viol-comme-arme-de-guerre-pour-un-tribunal-p%C3%A9nal-international-pour-la-r%C3%A9publique-d%C3%A9mocratique-du-congo consulté le 20 janvier 2014.

seur Delmas Marty estime qu'il est « urgent » de créer un tribunal ad hoc pour la RDC afin de lutter contre l'impunité et de prévenir autant que possible la récidive car en RDC, la quantité de crimes est telle que 'la CPI serait submergée si elle devait tous les juger ». Dans l'analyse du Prof Delmas Marty, il s'agit donc, des « graves crimes commis en RDC notamment contre les femmes » entre 1993 et 2003, révélés dans le « rapport mapping » des Nations Unies[66]. Quid alors des crimes commis après cette période ?

A défaut d'un tribunal pénal ad hoc, il existe d'autres formules envisageables.

2° Formule des juridictions internationalisées ou mixtes

Pour suppléer temporairement à la capacité nationale d'investigations ou de poursuites de crimes internationaux, l'apport extérieur peut prendre la forme de chambres mixtes ou de tribunaux internationalisés.

Dans le cadre de la RDC, les chambres mixtes seraient chargées de juger les personnes présumées auteurs ou responsables d'actes de génocide, de crimes contre l'humanité et de guerre ou de toute autre violation grave de droits de l'homme et de droit international humanitaire. Elles auraient également comme objectifs de contribuer au redressement de la justice, de renforcer les capacités de la justice congolaise dans la lutte contre l'impunité, de redorer l'image de la justice auprès des populations, de rétablir la paix sociale à travers une justice pour tous.

---

[66] Interview du Prof Delmas Marty sur Jeune Afrique, le 13/01/2014, consulté sur le site de Jeune Afrique http://www.jeuneafrique.com/Article/ARTJAWEB20140113105827/?fb_action_ids=748398621837565&fb_action_types=og.recommends&fb_ref=.UtVfIJJmUKN.like&fb_source=aggregation&fb_aggregation_id=288381481237582

La répression des crimes internationaux requiert une expérience considérable en matière d'enquêtes et de stratégies de poursuite. La participation d'experts internationaux, connaissant la gestion d'enquêtes, de poursuites et de procès criminels complexes, peut se révéler capitale là où l'exposition à ce type d'affaires et l'expérience qu'elles exigent sont plus limitées au niveau national, comme c'est le cas en RDC.

La capacité d'organisation des procédures judiciaires apportant des garanties en matière de procès équitable – sans ingérence politique – ainsi que celle de protection des témoins, des victimes et du personnel judiciaire sont aussi cruciales[67].

La mise en place d'une chambre mixte (ou d'une Cour spécialisée) au sein du système judiciaire congolais avec le soutien d'experts internationaux – inspirée principalement du modèle de la chambre pour les crimes de guerre de Bosnie-Herzégovine ou du modèle cambodgien – pourrait procurer à celui-ci l'élan dont il a besoin pour s'attaquer à l'impunité endémique qui règne en RDC tant sur les crimes graves que sur les délits pénaux « normaux ». Cette participation internationale serait temporaire et se focaliserait sur le soutient à apporter pendant la phase de transition tandis que l'appareil judiciaire congolais passerait par une période de reforme.

La création de chambres mixtes nécessite un certain nombre de préalable. Le premier concerne la base juridique de création de ces chambres.

---

[67] Human Rights Watch, Une « chambre mixte pour le Congo ? Document de réflexion, Septembre 2009, p.3 disponible en ligne sur le lien http://www.hrw.org/sites/default/files/related_material/DRC%20-%20A%20Mixed%20Chamber%20for%20Congo%201009%20FR%20HRW%20Format.pdf (visité le 22 décembre 2009)

Deux voies sont possibles : soit par le biais d'une loi nationale par l'intégration de ces chambres mixtes dans le système judiciaire, soit par la conclusion d'un accord avec les Nations unies.

Dans le cas de la loi nationale, il appartient au législateur de préciser la composition des chambres mixtes ainsi que leur mode fonctionnement. Toutefois, une coopération régionale et internationale s'avère importante pour permettre l'extradition de ressortissants nationaux ou étrangers soupçonnés d'avoir commis des crimes relevant de la compétence de ces chambres.

Dans le cas de l'accord avec les Nations unies, les chambres mixtes obtiennent un financement et une certaine visibilité sur la scène internationale mais ces dernières fonctionnent en marge du système nationale.

Concernant la localisation de ces chambres, elle dépend du mode de création. Si elles découlent d'une loi nationale, il appartient au législateur d'en déterminer la localisation au sein de son appareil judiciaire. Dans le cas de l'accord avec les Nations unies, la localisation est déterminée dans celui-ci.

S'agissant des compétences matérielle et temporelle, elles porteraient essentiellement sur les crimes internationaux (crimes contre l'humanité, de guerre et de génocide) commis avant l'avènement de la CPI. L'élargissement de cette compétence pour les crimes actuels – notamment avec la recrudescence des violences sexuelles à l'endroit des femmes et enfants à l'est de la RDC – pourrait faire l'objet d'un débat.

Elles exerceraient le droit de poursuite sur toute personne – y compris les ressortissants étrangers – soupçonnée d'avoir commis un crime grave en RDC.

La RDC ne sera pas le premier pays à tenter l'expérience des chambres mixtes. En effet le Cambodge, le Timor Orientale, la Bosnie-Herzégovine, le Sierra Leone, le Kosovo les ont connues. Leur nature mixte est leur trait commun. Ces chambres mixtes sont le résultat d'une hybridation entre éléments nationaux et internationaux à tous les niveaux – constitutif, organique, matériel et formel. Ces organes judiciaires sont composés de juges locaux et étrangers[68].

De ces différentes expériences, il ressort deux modèles : le modèle des tribunaux internationalisés – la Sierra Leone et le modèle des tribunaux nationaux internationalisés – le Cambodge.

a) Juridictions nationales internationalisées – modèle Cambodge.

Mise en place par l'article 2 de la loi cambodgienne du 27 octobre 2004 modifiant la loi du 10 aout 2001, les chambres extraordinaire du Cambodge se caractérisent par :

1° En première instance, elles sont composées de trois juges cambodgiens et deux juges internationaux et la chambre de la cour suprême est composée de quatre juges cambodgiens et trois juges internationaux. Le président de chaque chambre est cambodgien.

2° Le conseil supérieur de la magistrature en raison d'une disposition constitutionnelle choisit l'ensemble du personnel judiciaire étranger – juges, procureurs et juges d'instruction

3° L'articulation entre les chambres extraordinaires et les tribunaux cambodgiens n'est pas explicite dans l'accord bilatéral, ni dans la législation cambodgienne. Néan-

[68] A.C Martineau , *Les juridictions pénales internationalisées : un nouveau modèle de justice hybride ?* Ed. Pedone, Paris 2007, p. 3

moins, la primauté des chambres semble aller de soi étant donné que leur compétence porte sur des crimes qui remonte à plus de vingt ans et que leur compétence « ratione personae» limitée à celle des hauts dirigeants et principaux responsables des Khmers Rouges. Tandis que sa compétence « ratione materiae » s'étend aux crimes contre l'humanité, le génocide, les infractions graves aux conventions de Genève du 12 aout 1949 et certains crimes relevant du droit cambodgien[69].

4° Les chambres mixtes du Cambodge ne jouissent pas des mêmes garanties financières que les tribunaux internationaux ad hoc, elles sont financées au moyen de contributions volontaires des Etats.

5° Les chambres mixtes du Cambodge sont intégrées au système judiciaire cambodgien et ne possèdent pas de personnalité juridique internationale. Elles ne peuvent pas conclure directement des accords avec les Etats, mais elles peuvent se servir des accords de coopération judiciaire conclus entre le Cambodge et les Etats voisins.

6° La loi cambodgienne sur leur création ne prévoit pas de disposition relative à la coopération des Etats tiers. Cette absence d'une obligation de coopération des Etats tiers handicape le travail de ces chambres notamment dans l'arrestation et la remise des suspects dans le cas où ces derniers sont hors du Cambodge.

7° le caractère nationalisé de ces chambres tend à réapproprier le processus de la justice aux autorités et au peuple. La solution cambodgienne est le fruit de compromis dont les facteurs temporels, politiques, culturels et juridiques sont spécifiques au Cambodge.

---

[69] Articles 5, 6 et 7 de la loi spéciale de Cambodge de 2004

b) Juridiction internationale nationalisée – modèle Sierra Leone

La détermination de la nature du tribunal spécial pour le Sierra Leone est plus complexe. Affaiblie par dix ans de guerre civile dont les origines sont étroitement liées au conflit du Liberia et de la succession de coups d'état, le tribunal spécial a été crée par voie d'un accord international entre les Nations unies et la Sierra Leone dont le processus d'établissement a été initié par ce dernier par la sollicitation des Nations unies afin de mettre en œuvre une répression pénale. Cet acte conclu tend à internationaliser la source d'autorité du tribunal puisqu'en quelque sorte c'est « en leur nom » qu'il rend ses jugements[70]. Mais ce tribunal n'a pas été établie sur base d'une Résolution du Conseil de sécurité des Nations unies, il n'est donc pas un organe subsidiaire des Nations Unies[71].

Le tribunal spécial pour la Sierra Leone se caractérise par :

1° deux éléments dérogatoires au modèle international ; la mixité de la composition des organes de jugement et plus généralement la présence de personnel local au sein des trois organes du tribunal et la préférence accordée à certaines nationalités[72]. Une présence de juges nationaux qui trouve sa justification non seulement dans l'expertise de ces derniers dans l'application du droit sierra léonais mais également dans le fondement bilatéral de ce tribunal.

Il a pour base juridique exclusive le traité international qui le crée et évolue en dehors de l'ordre juridique in-

[70] A.C Martineau, *Les juridictions pénales internationalisées, un modèle de justice hybride ?*, op. cit. p. 114

[71] Le Secrétaire général des Nations unies conclut que le tribunal spécial est « sui generis », Rapport du secrétaire général sur l'établissement du tribunal spécial §9

[72] La préférence accordée aux nationalités anglo-saxonnes est inscrite à l'article 2 de l'accord bilatéral

terne. Ainsi ces rapports avec le système judiciaire sierra léonais ont dû être précisés dans un accord de siège conclu avec les autorités nationales et dans son règlement de preuve et de procédure[73].

2° Chacune des deux chambres de première instance est composée de trois juges dont deux sont nommés par le Secrétaire général des Nations Unies et un par le gouvernement. Pour la chambre d'appel, elle est composée de cinq juges dont trois sont nommés par le Secrétaire général des Nations unies et deux par le gouvernement.

Une composition mixte à dominance étrangère a été également prévue pour l'organe de poursuite.

3° Il a compétence pour juger des crimes de guerre et des crimes contre l'humanité. Cette compétence s'étend aux crimes internationaux considérés comme spécifique à l'expérience du pays et même pour les crimes commis à l'encontre de la législation nationale.

4° Les Nations Unies est le principal contributeur aux trois composantes – ressources humaine, logistique et financière – des trois juridictions et de leurs organes connexes, une prise en charge totale. Prévue initialement pour une durée de trois ans, les dépenses sont financées par les contributions volontaires de la communauté internationale. Une participation qui varie. Sur une trentaine de contributeurs, trois d'entre interviennent sur deux tiers du budget[74].

5° Le tribunal spécial possède une compétence concurrente avec les juridictions nationales et a une reconnais-

---

[73] Article 8 du règlement de preuve et de procédure du tribunal spécial pour la Sierra Leone

[74] USA : 26% ; Pays-Bas : 20% et Royaume-Uni : 16% source : International crisis group, « the special court for Sierra Leone : promises Pitfalls of a new model », Freetown/Bruxelles, Africa Briefing, august 4th 2003, p. 15

sance de primauté sur ces dernières par voie de demande de dessaisissement en sa faveur.

c) *Forces et faiblesses des tribunaux mixtes*

L'indépendance des chambres est matérialisée par la présence de juges, de procureurs, de greffiers et d'enquêteurs étranger. Cela constitue un dispositif suffisamment dissuasif pour freiner l'ingérence dans la sphère judiciaire des « pressions » voire des « ordres » émanant de l'exécutif ou du législatif. La proximité avec les lieux des crimes rapproche non seulement la justice des justiciables contrairement aux TPI. Mais également sur le point de vue financier, les chambres mixtes exigent moins d'apports que les TPI. Le renforcement de la capacité et de l'expertise des juges, procureurs, greffiers et enquêteurs nationaux.

Partant de l'analyse des deux modèles (Cambodge et Sierra Leone), la création de ces tribunaux s'oriente vers le renforcement de l'Etat. Sur le plan local, le choix de leur emplacement sur le territoire hôte, de même que la participation des acteurs nationaux, permet une appropriation de la justice pénale par la population. Le mécanisme hybride mis en place répond aux lacunes des TPI qui ont été critiqués en raison de leur éloignement des réalités locales et de leur faible contribution à la reconstruction sociale des pays concernés[75].

Ces deux modèles (Cambodge et Sierra Leone) participent à la consolidation du droit international pénal en reprenant les définitions déjà admises.

Cependant il faut reconnaître que les tribunaux mixtes ne constituent pas un modèle parfait dans la lutte contre

---

[75] MEHEDI, la contribution des Nations Unies à la démocratisation de l'Etat, Paris, Ed Pedone, rencontres internationales d'Aix-en-Provence, 2002, p. 38

l'impunité des crimes graves en ce que l'absence d'une obligation de coopération des Etats tiers peuvent handicaper le travail de ces tribunaux notamment dans l'exécution des mandats d'arrêt internationaux. La viabilité et l'efficacité de ces tribunaux dépendent également de la bonne volonté politique des parties à l'accord de création et des autres de membres de la communauté internationale qui reconnaitront leurs compétences.

Dans un rapport de Human Rights Watch consacré aux poursuites des crimes de guerre en Bosnie, certains problèmes que connaissent les tribunaux mixtes y sont relevés.

Ainsi, Human Rights Watch, constate que « les procureurs et les juges locaux se montrent de plus en plus proactifs dans l'instruction et la poursuite des crimes de guerre, mais ils continuent d'être gênés dans leur travail par la faiblesse de la protection des témoins, le manque de fonds et le soutien limité de la part des hommes politiques et public ». Et Human Rights Watch de renchérir,

> si les poursuites domestiques sont essentielles pour combler ce fossé de l'impunité, les systèmes judiciaires des pays comme la Bosnie, la Croatie et la Serbie ont des ressources limitées, ce qui peut compromettre leur capacité à rendre une justice équitable et efficace. Si certains tribunaux spécialisés ont reçu une aide internationale, un soutien supplémentaire est nécessaire dans tout le système judiciaire pour relever ces défis et promouvoir des procès équitables dans la région[76].

[76] Human Rights Watch, Le procès de Radovan Karadzic devant le tribunal pénal international pour l'ex-Yougoslavie (TPIY), Rapport du 23 octobre 2009, p. 2 disponible sur le lien : http://www.hrw.org/fr/news/2009/10/23/le-proc-s-de-radovan-karadzic-devant-le-tribunal-p-nal-international-pour-l-ex-yougo#_Toc244078228 (consulté le 12 décembre 2009)

Dans le contexte de la RDC, le ministre de la justice[77] était favorable à l'idée des chambres mixtes et avait souligné qu'il était impérieux, concernant la mise en œuvre de l'un ou l'autre mécanisme de justice transitionnelle, qu'un large débat impliquant tous les segments de la société congolaise soit organisé afin de dégager un consensus national sur la question. Et reconnaît que l'avènement d'un véritable état de droit en RDC passe par la résorption du lourd passif des crimes de masse qui ont émaillé son histoire. Sans oublier que pareille démarche aura le mérite de rappeler la prééminence du système judiciaire national dans la lutte contre l'impunité des crimes graves.

A Kampala (Conférence de révision du Statut de Rome), le ministre de la justice du Congo, avait plaidé en faveur des chambres spécialisées au sein des juridictions congolaises à travers la loi de mise en œuvre de la CPI sans préciser les modalités pratiques. En effet, ces chambres spécialisées présentent des attraits importants au niveau de la réduction des coûts et des délais, de la formation théorique et pratique substantielle du personnel de justice congolais et de crédibilité accordée au processus. Cependant, cette option implique que la communauté internationale soit prête à envoyer des auxiliaires de justice et à contribuer économiquement à la rétribution des auxiliaires locaux afin d'éviter un traitement différentiel de ces derniers comme professionnels de second niveau[78].

Mais il faut dépasser l'étape des déclarations. En Cambodge et en Sierra Leone, l'initiative est venu des gouvernants qui ont rédigés des projets et les ont soumis aux Na-

---

[77] Discours du Ministre Luzolo Bambi Lessa, lors de conférence de consultation sur la justice internationale, New-York, du 9 au 11 Septembre 2009. (Voir le site http://www.internationalcriminaljustice.net/papers/Session7.pdf).

[78] Felices-Luna Martiza, *La Justice en République Démocratique du Congo : Transformation ou continuité ?* p. 5 (consulté le 17 aout 2010 sur le site www.champpenal.revues.org/7827)

tions unies en donnant leur part de contributions. Il revient au gouvernement de la RDC de rédiger un projet et de faire une demande formelle d'assistance des Nations Unies dans la création d'un tribunal pénal internationalisé ou de chambres mixtes ou encore chambres spécialisées. Un projet de loi portant création d'une Cour spécialisée a été élaboré au niveau de la Commission permanente de réforme du droit congolais, adopté en conseil des Ministres puis soumis au parlement qui l'a rejeté[79].

Voyons rapidement l'économie générale de ce projet de loi portant création d'une Cour spécialisée en RDC.

Examen du projet de loi portant création, organisation et fonctionnement de la Cour spécialisée en République démocratique du Congo.

A. Economie générale du Projet de loi sur la Cour spécialisée

Ce projet de loi a pour objet la création en République démocratique du Congo d'une « Cour spécialisée » chargée de la répression des violations graves du droit international [80] Il entend formaliser l'initiative prise par le gouvernement congolais à la suite du rapport du « Projet Mapping » concernant les violations les plus grave des droits de l'homme et du droit international humanitaire commises entre mars 1993 et juin 2003 dans notre pays [81].

Ce texte est le fruit des travaux de la commission permanente de réforme du droit congolais et des observations

---

[79] Dans son discours devant les deux chambres en congrès, le 23 octobre 2013, le Président Kabila a souligné « qu'au plan interne, il est important de rappeler que depuis quelques décennies, le peuple congolais est victime de la perpétration de nombreux crimes internationaux par les insurgés. Il mérite que justice lui soit rendu nonobstant les compétences de la CPI, il est judicieux d'instituer, au sein de nos juridictions, des chambres spécialisées dans la répression des dits crimes [...] »

[80] E. Bakama Bope, Une Cour spécialisée pour la répression des crimes internationaux commis en RDC ? Bruxelles, Ed. CAD mars 2012, p.98

[81] Note de présentation de l'avant-projet de loi portant création des chambres spécialisées mixtes, op cit p.2

des ONG contenue dans la position commune de l'atelier organisé par Human Rights Watch à Goma du 07 au 08 avril 2011.

Le projet contient 74 articles répartis en six chapitres traitant respectivement :

- de la création, de la composition et de l'organisation de la cour spécialisée ;
- des sources de la légalité criminelle et du droit applicable ;
- de la compétence de la Cour (compétences matérielle, temporelle, territoriale et personnelle, universelle) ;
- de la procédure applicable devant la Cour (droits de l'accusé, organisation des droits de la défense et de l'assistance des parties civiles, voies de recours) ;
- de la coopération avec la Cour ;
- des dispositions finales

Il est précédé d'un exposé des motifs qui explique le contexte de l'initiative gouvernementale pour la création d'une Cour spécialisée et décrit l'économie générale du projet.

Les éléments essentiels qui ressortent de l'économie de ce texte sont :

- l'intitulé du projet : alors que le texte déposé précédemment à l'assemblée nationale proposait les chambres spécialisées au sein des juridictions congolaises, les amendements apportaient par la commission permanente de réforme du droit recommande que : le « projet de loi organique portant création, organisation et fonctionnement d'une cour spécialisée » soit prise en charge par le parlement national pour répondre aux attentes des justiciables congolais ;

- reconnaissance à la Cour d'une compétence principale et non exclusive en matière de crimes graves du droit international. Ceci lui donne notamment la possibilité de décider de la répartition avec les autres juridictions des matières qu'elle juge comme peu graves et de poursuivre à son niveau les personnes portant la plus grave responsabilité ;
- la Cour spécialisée sera établi à Kinshasa et son ressort est tout le territoire de la république. Elle a une chambre de première instance et une chambre d'appel et siège avec des conseillers et des conseillers ad litem étrangers et congolais ;
- adéquation avec les objectifs du programme de réforme judiciaire en cours d'exécution et ancrage au cadre législatif en gestation (cohérence avec le projet de loi organique portant code de l'organisation et des compétences des juridictions de l'ordre judiciaire et de l'avant-projet du nouveau code pénal congolais ; etc.) ;
- une compétence temporelle à partir de 1990;
- la garantie de la présence des juges étrangers en première instance comme en appel ;
- la création d'une unité spécialisée pour les témoins et victimes et d'une unité d'enquête et de poursuite (UNEP);
- la création d'un fond au profit des victimes ;
- les garanties des droits de la défense.

La responsabilité des personnes morales impliquées dans le conflit en RDC : Sur ce dernier point, il faut reconnaitre que des grandes sociétés opèrent dans des zones de conflits à la recherche des minerais et autres ressources. Elles sont souvent en relation avec des intermédiaires pour l'exploitation de ces minerais. Pour le cas du Congo, on ne peut plus dire qu'on ne savait pas ces minerais alimente des guerres à l'Est du Congo. Le Statut de Rome n'a pas de compétence pour les personnes morales (sociétés commerciales). Le projet de loi portant création d'une Cour spécialisée en RDC rend possible de poursuites à l'endroit des personnes morales dans le souci de mettre fin à l'impunité dont elles jouissent.

Cependant, ce texte comporte quelques zones d'ombres et insuffisances :

- absence d'harmonisation entre le texte de la « cour spécialisée mixte » et la « proposition de loi de mise œuvre du Statut de Rome sur la Cour pénale internationale ;
- la présence de personnel international n'est pas garantie au niveau du Parquet ;
- la question de la compétence de cette cour à l'égard des membres de Forces armées et de la Police qui sont justiciables de cours et tribunaux militaires conformément à l'art 156 de la Constitution congolaise ;
- la question de la peine de mort.

Examinons à présent, le projet de loi sur les chambres spécialisées en RDC soumis au conseil des Ministres le 27 mars 2014.

B.1 Economie générale du projet de loi sur les chambres spécialisées en RDC

Après le rejet du projet de loi portant création d'une « Cour spécialisée mixte », le gouvernement congolais à travers le ministère de la justice a pris l'initiative de proposer un projet de loi modifiant et complétant la loi organique N°13/011-B du 11 avril 2013 portant organisation, fonctionnement et compétence des juridictions de l'ordre judiciaire en matière de répression des crimes de génocide, des crimes contre l'humanité et des crimes de guerre.

Dans l'exposé des motifs de ce projet, il est souligné que

> l'Etat congolais avait opté il y a quelques années pour un système « pas de justice sans paix » mais la situation à l'Est du pays l'oblige à compléter ces termes pour considérer qu'il ne peut pas y avoir de « paix sans justice »[82].

Selon les rédacteurs de ce projet, le choix des chambres spécialisées est le fruit de l'évaluation des expériences tentées jusqu'à présent. Cela conforte, la RDC à organiser une prise en charge nationale des crimes internationaux qui dévastent son territoire[83].

Les points essentiels à retenir dans ce projet de loi sont :

- L'intitulé du projet [84] : Avec ce texte, on revient à l'idée des chambres spécialisées au sein des juridictions congolaises. Ces chambres ne peuvent pas être considérées comme des juridictions internationalisées ;
- Trois chambres spécialisées de premier degré au sein des Cours d'appels de Goma, Lubumbashi et Mbandaka) et une chambre spécialisée d'appel au niveau de la Cour de cassation à Kinshasa sont crées afin de trouver l'équilibre entre l'effectivité de la répression des crimes et la proximité avec les justiciables ;

---

[82] Exposé des motifs du projet de loi modifiant et complétant la loi organique n°13/011-B du 11 avril 2013 portant organisation, fonctionnement et compétence des juridictions de l'ordre judiciaire en matière de répression des crimes de génocide, des crimes contre l'humanité et des crimes de guerre, page 1.

[83] Idem, p.1

[84] La Ministre de la justice Wivine Mumba avait d'ailleurs commis l'erreur de proposer aux députés deux intitulés du projet de loi modifiant et complétant la loi organique n°13/011-B du 11 avril 2013 susmentionné.

- La compétence matérielle des chambres spécialisées porte sur les crimes de génocide, crimes contre l'humanité, crimes de guerre et crime d'agression ;
- Une compétence temporelle à partir de 1993 ;
- La possibilité d'une présence (temporaire) des juges et enquêteurs étrangers qui ne peuvent pas être des ressortissants des pays frontaliers de la RDC ;
- La création d'une unité d'enquête et de poursuite (UNEP) et d'une unité de protection des victimes et témoins (UNIPROVIT) ;
- Deux innovations : la responsabilité des personnes morales et les droits de la victime ;
- Absence d'immunité pour les crimes relevant de la compétence des chambres spécialisées ;
- Les décisions rendues par les chambres spécialisées de première instance sont susceptibles d'opposition ;
- Les membres des FARDC (Forces armées de la RDC) ou de la police nationale sont en temps de paix justiciables des chambres spécialisées. Dans ce cas, au moins deux magistrats militaires de carrière feront partie du siège en première instance et en appel. En temps de guerre, les juridictions militaires demeurent compétentes pour connaitre de ces crimes.

Il y a lieu cependant, de souligner quelques inquiétudes, questionnements et insuffisances sur la forme et le fond :

- L'intitulé même du projet pose un problème parce qu'il s'agit d'une loi ordinaire qui modifie une loi organique ;
- Les Chambres spécialisées, si elles ont la chance de voir le jour risquent de suivre les sors des autres juri-

dictions qui attendent encore dans les tiroirs (Cour constitutionnelle, conseil d'Etat, Cour de cassation etc.) 8 ans qu'on attend ;

- Ces Chambres auront sans doute du mal à juger les plus hauts responsables ainsi que les voisins ;
- Qu'arrive-t-il si les pays voisins ne coopèrent pas avec ces chambres ?
- En quoi une Chambre à l'Equateur rapproche-t-il les victimes de Bandundu et du Bas-Congo de la structure judiciaire ?
- Peut-on croire en l'efficacité de ces unités de protection des victimes ou d'enquêtes à la congolaise ?
- Suffit-il de calquer le modèle sur les Statuts des TPIY et de la CPI pour en assurer l'efficience ?
- La présence des juges et procureurs internationaux n'est pas garantie ;
- Il n'était pas nécessaire d'indiquer dans le projet de loi que les juges étrangers ne peuvent pas être ressortissants des pays frontaliers de la RDC parce que les conseillers étrangers sont désignés par le Premier ministre sur proposition du Ministre ayant la justice dans ses attributions ;
- Afin de permettre aux chambres spécialisées d'utiliser la définition du crime d'agression telle que retenue à la conférence de révision de Kampala, le Congo doit au préalable ratifier les amendements de Kampala sur le crime d'agression ;
- S'agissant de la compétence des juridictions militaires en temps de guerre, il faut regretter le fait que les autorités congolaises ne décrètent pas l'Etat d'urgence au préalable comme l'exige la Constitution de 2006.

B.2 Commentaires concernant le projet de loi sur l'établissement de chambres spécialisées en RDC[85]

Il est important de rappeler que toute initiative en vue de lutter contre l'impunité et de poursuivre les auteurs des crimes les plus graves du droit international humanitaire est bien entendu encouragée. La présence d'un corps international permettant éventuellement d'éviter certaines pressions politiques et la volonté d'assurer l'indépendance de ces cours via cet apport d'éléments d'extranéité sont également positives. Aussi, la mise en place d'une unité de protection des victimes et des témoins est saluée. Notons enfin que les complexités attenantes à ce projet de loi, étant indéniablement le résultat de compromis politiques de longue haleine, sont également prises en compte dans cette réflexion.

Toutes fois, si la volonté qui sous-tend de cette loi est d'établir un système de juridiction mixte en vue de renforcer les capacités nationales et d'établir un système efficace de poursuites, alors certaines clauses provisoires suscitent la réflexion.

De ce fait, ce commentaire va premièrement énumérer certaines remarques ou questionnements face à ce projet de loi, et deuxièmement illustrer et justifier ces commentaires en prenant appui sur l'expérience de la chambre spéciale des crimes de guerre au sein de la Cour d'Etat de Bosnie –Herzégovine.

a) Remarques ou questionnements

Il convient d'emblée de mentionner que ce projet ne prend de sens que si la « Loi modifiant et complétant cer-

---

[85] Ces commentaires ont été enrichis par le mémorandum sur les chambres spécialisées en RDC rédigé par Gabrielle Wellemans et Dounia Ridane à l'attention du Club des amis du droit du Congo, CAD , avril 2014, inédit.

taines dispositions du code pénal, du code judiciaire et de la compétence judiciaire, du code pénal militaire et du code judiciaire militaire en application du Statut de la Cour pénale internationale » est votée. C'est effectivement dans cette loi que les principes intrinsèques liés aux poursuites internationales sont consacrés, principes tels que celui de la responsabilité pénale individuelle, les règles de procédures liées à la preuve et celles garantissant les droits de la défense. (Pour les crimes commis après l'avènement de la CPI).

Il parait également essentiel que le projet de loi concernant les chambres spécialisées reste cohérent et suive le projet de loi appliquant le Statut de Rome (voyez par exemple la consécration de la compétence des chambres pour le crime d'agression dans l'exposé des motifs et dans l'article 4 du projet de loi des Chambres spécialisées qui n'est pas consacré dans le projet de loi appliquant le Statut de Rome).

Ensuite, peut-être n'est-il pas idéal de garder une distinction entre les juridictions civiles et militaires, et d'appliquer certaines clauses aux temps de paix ou de guerre (article 4 du projet de loi). Dans cet esprit, une plus grande confiance, un meilleur suivi et une plus grande cohérence pourraient être préservés si les chambres spécialisées demeuraient compétentes pour juger toute personne ayant commis les violations les plus graves du droit international humanitaire sur le territoire de la RDC indépendamment de ces catégories.

Enfin, et surtout, l'exposé des motifs explicite la *possibilité* d'intégrer du personnel international au niveau des poursuites et des magistrats internationaux au sein des Chambres spécialisées. Plusieurs commentaires doivent être soulevés face à cette partie de l'exposé des motifs qui est consacrée aux articles 3 et 4 du projet de loi.

(i) D'abord, il ressort de l'expérience liée à la mise en place de poursuites efficaces et du bon fonctionnement des juridictions, acquise par le Tribunal pénal international pour l'Ex-Yougoslavie (TPIY) et la Chambre spéciale des crimes de guerre au sein de la Cour d'Etat de Bosnie-Herzégovine, que la collaboration avec du personnel international pour ce type de juridiction comporte de nombreux avantages. Une telle expérience illustre également le besoin d'une garantie dans la loi de l'inclusion de la présence internationale, et ce, en vue de remplir les objectifs liés à la création de ces Chambres. Pour mener à bien les enquêtes, poursuites et jugements, il semble être plus adéquat de permettre un échange et un partage de savoir-faire et de l'expérience du corps juridique national et international. Cette participation peut prendre différentes formes, peut être dégressive ou soumise à certaines conditions, mais elle doit exister.

(ii) Deuxièmement, cette participation n'est actuellement prévue qu'au niveau de l'Unité d'Enquête et de Poursuite (UNEP) intégrant des enquêteurs internationaux (article 3 du projet de loi), et de la Chambre spécialisée d'appel près de la Cour de Cassation comprenant trois conseillers internationaux (article 4 du projet de loi).

Notons donc que, d'une part, il n'est nullement fait mention de la présence de procureurs internationaux. Or leur expérience peut constituer un apport précieux pour mener à bien les enquêtes et poursuites des violations les plus graves du droit international humanitaire. La seule présence d'enquêteurs internationaux sous la direction de procureurs nationaux peut se révéler contradictoire, ou du moins est susceptible de limiter les effets de l'apport externe en pratique. En effet, l'expérience et le savoir-faire d'un procureur international en matière d'investigations et poursuites ne sont pas à négliger. Cette participation peut également apporter un élément d'extranéité favorisant l'indépendance des enquêtes et poursuites. À nouveau, la volonté d'une présence internationale est motivée par le partage de bonnes pratiques, et il semble indispensable d'insérer une composante internationale à ce niveau.

D'autre part, la présence de magistrats internationaux seulement au stade de la Chambre d'appel (article 4 du projet de loi) est susceptible de constituer un autre sujet de préoccupation.

En effet, il serait sans doute plus adéquat et plus cohérent d'intégrer une participation de magistrats auprès des Chambres spécialisées de première instance. Ce faisant, les effets de l'expérience internationale en matière de droit international pénal et humanitaire associée à l'expertise des magistrats appliquant le droit national se feraient ressentir dès la première instance et pourraient comporter de nombreux avantages. Ceci à nouveau dans l'optique d'un soutien international pour mener à bien les poursuites, interpréter les règles de droit international pénal et humanitaire telles qu'appliquées par le législateur national. Cela assurerait également une cohérence entre les différentes instances. À nouveau, cette présence pourrait être dégressive au fur et à mesure des années.

Comme mentionné en introduction, la volonté de garder une juridiction nationale et non internationalisée est prise en compte dans cet avis. Cependant, l'apport positif d'une juridiction mixte est limité si les éléments internationaux sont absents des phases clés de la procédure et des poursuites. Or, en l'état actuel du projet de loi, c'est bel et bien une approche minimaliste de l'apport international qui est favorisée. L'expérience des juridictions mixtes atteste des avantages découlant de l'intégration de personnel international en matière de capacités de poursuites. Ceci est illustré par le deuxième point.

b) **L'expérience de la Bosnie-Herzégovine**

La création d'une Chambre spéciale des crimes de guerre au sein de la Cour d'État de Bosnie-Herzégo-vine est le résultat d'une initiative conjointe du TPIY et du Bureau du Haut Représentant pour la Bosnie-Herzégovine[86]. Ladite initiative a ultérieurement été avalisée par le Conseil de Sécurité des Nations Unies[87]. La Chambre spéciale est entrée en fonction à partir du 9 mars 2005.

(i) La stratégie d'achèvement des travaux du TPIY (renvoi des accusés de rang intermédiaire ou subalterne devant la Chambre spéciale)

(ii) (ii) et la contribution au renforcement de l'état de droit et au processus de réconciliation en Bosnie-Herzégovine ont constitué l'impulsion nécessaire à la création d'une Chambre spéciale des crimes de guerre.

Ladite Chambre spéciale a été mandatée pour poursuivre les responsables des violations du droit international humanitaire (génocide, crimes de guerre, crimes contre l'humanité et lois et coutumes de la guerre[88]) et autres violations graves des droits de l'homme commises durant le conflit en Bosnie-Herzégovine. Elle a compétence pour

---

[86] « Conclusions préliminaires conjointes de la Conférence des experts du Bureau du Haut Représentantet du TPIY sur la portée des poursuites pour crimes de guerre en Bosnie-Herzégovine »,
http://www.icty.org/sid/8312.

[87] S/RES/1503(2003).

[88] Law on the Amendments to the Law on the Court of BiH, Official Gazette of BiH, No.61/04, Article 3.

connaître des affaires déférées par le TPIY ainsi que des affaires les plus sensibles initiées au niveau national[89].

Comme mentionné en première partie de la présente note, le fait que la présence de personnel international (juges, procureurs et autres) ne soit qu'une possibilité suscite certaines interrogations. L'expérience de la Bosnie-Herzégovine est, à cet égard, éclairante.

Les autorités de Bosnie-Herzégovine et la communauté internationale ont opté pour l'élaboration d'une Chambre mixte : en plus des juges nationaux, des juges internationaux ont également été intégrés durant la période transitoire (cinq ans)[90].

Il est à mentionner qu'en dépit de cette structure mixte, dès l'origine, la Chambre spéciale a été conçue comme une juridiction nationale opérant dans le respect du droit national bosniaque. Dans ce contexte, la présence de juges internationaux tant au niveau des Chambres de première instance que des Chambres d'appel, et de procureurs internationaux au sein du Département spécial des crimes de guerre, poursuivait deux objectifs ;

- Un objectif de crédibilité en ce sens que les juges et procureurs internationaux sont généralement perçus comme étant impartiaux et indépendants. Dans une société en proie à des divisions ethniques hautement politisées, comme cela était le cas en Bosnie- Herzégovine, la présence de juges et procureurs internationaux aurait tendance à conférer une crédibilité aux

---

[89] « Conclusions préliminaires conjointes de la Conférence des experts du Bureau du Haut Représentant et du TPIY sur la portée des poursuites pour crimes de guerre en Bosnie-Herzégovine »,http://www.icty.org/sid/8312.

[90] Law on the Amendments to the Law on the Court of BiH, Official Gazette of BiH, No.61/04, Article 17.

travaux des Chambres[91] et du Bureau du procureur[92] aux yeux de l'opinion publique notamment.

- Un objectif de renforcement des capacités nationales et de transfert/échange de savoirs/connaissances/expertise dans la mesure où les compétences des juges internationaux peuvent s'avérer être utiles aux juges nationaux. Par exemple, dans le contexte bosniaque, l'expérience démontre que les juges internationaux ont joué un rôle précieux dans la mise en application de concepts complexes faisant partie intégrante du droit international coutumier, tels que l'entreprise criminelle commune ou la responsabilité du supérieur hiérarchique[93]. De même, le renforcement des capacités nationales aurait également constitué l'un des motifs sous-tendant la présence de procureurs internationaux. Il s'agissait surtout d'un échange de savoir-faire en matière de système accusatoire, de techniques d'enquêtes et de certains aspects du droit[94].

Plus spécifiquement, il a été convenu que la Cham-bre spéciale se composerait de quatre à six Chambres de première instance ainsi que d'une Chambre d'ap-pel[95]. C'est en outre une approche dégressive qui a été privilégiée selon un plan de transition en trois phases ;

---

[91] Submitted on behalf of ICLS by TOLBERT, David ; KONTIĆ, Aleksandar, "Final Report of the International Criminal Law Services Experts on the Sustainable Transition of the Registry and International Donor Support to the Court of Bosnia and Herzegovina and the Prosecutor's Office of Bosnia and Herzegovina in 2009", 15 December 2008, para.97.

[92] TOLBERT, David ; KONTIĆ, Aleksandar, para.104.

[93] TOLBERT, David ; KONTIĆ, Aleksandar, para.98.

[94] TOLBERT, David ; KONTIĆ, Aleksandar, para.105.

[95] Office of the High Representative, "Project Implementation Plan Registry Progress Report", 20 October
2004, p.6. *See also* Appendix II.1.1.

- Au stade initial, chacune des Chambres était composée de deux juges internationaux et d'un juge national.
- La composition a ensuite été inversée avec une majorité de juges nationaux ;
- La dernière phase de la période transitoire, initialement prévue pour le 14 décembre 2009, prévoyait une évacuation complète des juges internationaux.

Une approche similaire a été poursuivie dans la composition du Département spécial des crimes de guerre au sein du Bureau du Procureur puisqu'en plus des procureurs locaux, des procureurs internationaux ont également été intégrés[96]. Au terme de la période initialement prévue de cinq ans, le Département devait évoluer vers une composition exclusivement nationale.

Il est à noter qu'en dépit des succès enregistrés par la Cour d'État et le Bureau du Procureur de Bosnie-Herzégovine,[97] l'évacuation complète du personnel international en 2009 a été fortement déconseillée au vu des risques qu'elle comportait du point de vue de la crédibilité[98], du soutien aux témoins[99], etc. Malgré les nombreuses controverses, les autorités bosniaques ont finalement opté pour une extension jusqu'au 31 décembre 2012[100]. Toutefois, au vu des difficultés engendrées par ladite extension, il semblerait qu'il soit plus aisé de prévoir, dès le départ, une approche dégressive certes, mais pragmatique qui

[96] Law on the Amendments to the Law on the Prosecutor's Office of BiH, Official Gazette of BiH,
No.61/04, Article 9.
[97] TOLBERT, David ; KONTIĆ, Aleksandar, para.118.
[98] TOLBERT, David ; KONTIĆ, Aleksandar, paras.125-129; 143-145.
[99] TOLBERT, David ; KONTIĆ, Aleksandar, para.134.
[100] Law on the Amendments to the Law on the Court of BiH, Official Gazette of BiH, No.97/09; Law on the
Amendments to the Law on the Prosecutor's Office of BiH, Official Gazette of BiH, No.97/09, Article 3.

permettrait certaines flexibilités au regard de l'avancement des travaux des Chambres et du Bureau du Procureur.

Au regard de l'expérience de la Bosnie-Herzégovine, il apparaît que la présence de juges et de procureurs internationaux s'est avérée être très utile et que les objectifs initialement fixés ont été atteints (voir paragraphe 21)[101]. La combinaison de magistrats nationaux et d'une présence internationale appliquant le droit national au regard du droit international a permis la mise en place d'un système juridique stable et cohérent.

Concernant les procureurs internationaux, une initiative mise en avant est l'organisation de formations par ceux-ci à destination de leurs homologues bosniaques ce qui ce serait révélé être une initiative utile[102].

Il convient cependant d'insister que seul un système cohérent de renforcement des capacités et de transfert de connaissances soit en mesure de fournir les résultats escomptés. Dans le contexte bosniaque par exemple, l'adoption d'une approche systématique visant à favoriser le renforcement des compétences et le transfert de connaissances (former les juges et procureurs internationaux aux bonnes pratiques en la matière ; manuels, guides, etc.) a été recommandée[103].

En d'autres termes, la seule présence de juges et procureurs internationaux ne garantit nullement le renforcement des capacités ou le transfert de savoirs. Encore faut-il que des procédures efficaces allant dans ce sens soient mises en œuvre.

---

[101] TOLBERT, David ; KONTIĆ, Aleksandar, paras.124-129.
[102] TOLBERT, David ; KONTIĆ, Aleksandar, para.105.
[103] TOLBERT, David ; KONTIĆ, Aleksandar, paras.98; 110.

C. Relation entre CPI et la Cour spécialisée mixte ou les chambres spécialisées

Dès le départ, on a senti une certaine méfiance du Bdp contre l'idée de la Cour spécialisée en RDC. Peut être par peur de voir cette Cour spécialisée ravir les affaires à la CPI. Beaucoup pensent d'ailleurs qu'on n'a pas besoin de la Cour spécialisée parce que la CPI est compétente.

Pour eux, cette Cour serait une excuse pour la RDC de ne pas exécuté les mandats d'arrêts de la CPI. Ce qui n'est pas exacte, les leaders du M23 comme Makenga ne font pas l'objet du mandat de la CPI. Le Bdp voulait que la cour spécialisée puisse exister jusque 2002. Il y a là un risque de créer un flou ; parce que Kinshasa pense que la CPI va agir alors qu'eux ne veulent pas le faire et ils ne le disent pas. On peut souligner le cas de Nkunda qui ne fait pas l'objet d'un mandat de la CPI malgré les nombreuses accusations à son encontre. Une chose est vraie, la CPI ne dispose pas d'assez de moyens pour effectuer de nouvelles enquêtes sur terrain en RDC ; Ce qui rendrait son rôle dissuasif inefficace.

En ce qui concerne, la relation entre les chambres spécialisées et la Cour pénale internationale, le projet de loi reste muet à ce sujet. Le parlement devra voter une loi de mise en œuvre du Statut de Rome en droit congolais. Ça fait plus de 10 ans qu'on attend cette loi.

Le jeudi 8 mai 2014, les députés ont rejetés 3 projets de loi présentés à l'Assemblée nationale par la ministre de la justice et des droits humains, Mme Wivine Mumba. Il s'agit notamment du projet de loi modifiant et complétant la loi organique n°13/011-B du 11 avril 2013 portant organisation, fonctionnement et compétences des juridictions de l'ordre judiciaire en matière de répression des crimes de génocide, des crimes l'humanité et des crimes de guerre que nous avons examiné ci haut. Le député national Henri Lokondo avait démontré le caractère anticonstitutionnel dudit projet au cours de la séance plénière en soulignant qu'une loi ordinaire ne peut pas modifier une loi organique. C'est la deuxième fois que le parlement rejette un projet de loi tendant à mettre en place un mécanisme de répression des crimes internationaux antérieurs à l'avènement de la CPI.

§4. Les possibles apports de la Justice transitionnelle

Il n'existe pas une définition unanime autour du concept de justice transitionnelle que d'aucuns appellent justice de transition, justice post conflit ou post dictature. Aborder la question de la justice transitionnelle, c'est tenter de fournir des réponses aux préoccupations découlant des conflits armés, des dictatures ou des vicissitudes d'une transition politique.

Pour Mark Freeman, la justice transitionnelle est axée essentiellement sur la manière dont les sociétés qui sont en transition de la guerre à la paix ou d'un régime autoritaire à la démocratie abordent leur passé[104]. Les objectifs de la justice transitionnelle peuvent être énoncés de la manière suivante :

- promouvoir les dynamiques de réforme et réconciliation au sein des sociétés sortant des conflits armés ou d'une période marquée par des crimes commis à grande échelle
- contribuer à la prévention de nouveaux conflits, à la consolidation de la démocratie, au rétablissement de l'État de droit sur de nouvelles bases consensuelles

---

[104] M. Freeman, Qu'est ce que la Justice transitionnelle, Bruxelles, Centre international pour la Justice transitionnelle, Haut commissariat aux droits de l'homme, 2003, p1.

- la justice transitionnelle rend aux victimes leur dignité grâce à des mesures de justice, de vérité et de réparation pour les tors qu'elles ont subis

Pour le Cas de la RDC, le Rapport Mapping qui fait l'inventaire de différentes violations des droits de l'homme commises au Congo entre 1993 et 2003 détermine les mécanismes de justice transitionnelle.

Quelques points à examiner dans ce paragraphe:

Les enjeux du traitement du passé (I), le cadre conceptuel ou les dimensions de la justice transitionnelle (II), et les mécanismes de la justice transitionnelle (III) et enfin, la problématique de la mise en place des juridictions pour la justice transitionnelle (IV)

1. Les enjeux du traitement du passé

Il apparait que tout processus du traitement du passé doit s'accompagner de la volonté de restaurer une culture de la responsabilité associé avec une mise en œuvre des processus de transformations profondes au-delà des initiatives de négociations et de résolutions des conflits. Tout ceci, dans le but d'éviter un retour à la violence (aspect préventif).

Devant l'existence des différents paradigmes (droits, justice et paix), la justice transitionnelle doit privilégier les éléments ci-après :

- favoriser l'établissement des faits (la vérité historique) ;
- travailler à l'établissement de la culpabilité individuelle plutôt que la culpabilité collective.

En outre, il est important d'instaurer une réelle culture de la responsabilité et du respect de la loi à travers la consolidation d'un véritable Etat de droit.

2. Le cadre conceptuel ou les dimensions de la justice transitionnelle

La justice transitionnelle a 4 domaines clés :

- *le droit de savoir* et *le droit de vérité* : il est au cœur de la justice transitionnelle ; C'est à la fois un droit collectif et individuel de connaitre ce qui est arrivé, de connaitre la vérité sur les évènements du passé, sur les circonstances qui ont engendré la violation des droits de l'homme. dans la recherche de la vérité, on doit aboutir à la réconciliation parce que le droit de savoir conduit à la réconciliation possible ;
- *le droit à la justice* (enquêtes et les poursuites) : pas de réparation et réconciliation sans poursuites ;
- *le droit à la réparation* : parmi des mesures de réparations il y a la restitution (où on veut rétablir la victime dans sa situation antérieure ; les compensations des dommages physiques, la réhabilitation (soins médicaux), des mesures collectives de réparations qui impliquent des actes symboliques (par exemple hommages rendus aux victimes comme monuments, ou on peut construire des écoles etc…) ;
- *les garanties de non-répétition avec les institutions* solides : les reformes institutionnelles et le vetting ou le filtrage institutionnel (reforme de la sécurité ou reforme du système de la justice, abrogation de certaines lois d'exceptions, licencier les personnes impliquées dans les violations graves des DH).

3. Les mécanismes de justice transitionnelle

Il faut faire la distinction entre les mécanismes judiciaires et les mécanismes extra judiciaires.

a) Les mécanismes judiciaires

Parmi les mécanismes judiciaires, il y a lieu de mentionner entre autres la justice nationale qui en principe à l'obligation de mener des enquêtes et poursuivre les crimes commis, les tribunaux étrangers qui interviennent dans le cadre de la compétence universelle et enfin la justice pénale internationale à l'exemple de la CPI qui intervient comme juridiction subsidiaire dans le cas où la justice nationale est dans l'incapacité matérielle ou n'a pas la volonté de réprimer les crimes. On peut aussi recourir les tribunaux mixtes qui apparaissent comme une alternative crédibles aux tribunaux pénaux ad hoc, offrant une justice à la fois plus proche du lieu des faits et moins coûteuse.

b) Les mécanismes extrajudiciaires

A coter des mécanismes judiciaires, il existe des mécanismes extra judiciaires qui consistent à privilégier le dialogue et la réconciliation après un passé douloureux. On peut citer notamment la commission vérité et réconciliation qui est un organe officiel et temporel chargé d'enquêter sur les violations graves des droits de l'homme commises dans le passé. Elle permet donc à un peuple d'affronter sa vérité historique pour arriver à une réconciliation nationale. Il s'agit d'un cadre de rencontre entre les victimes et leurs bourreaux en vue de resserrer le lien sociétal.

Cependant, les recherches de la paix ou de la réconciliation nationale peuvent amener que les anciens coupables soient amnistiés de certains crimes. Il n'est pas aussi interdit de mettre en place des institutions d'appui à la démocratie pour favoriser la réconciliation, c'est le cas de commission éthique, de l'observatoire des droits de l'homme en RDC, la haute autorité des médias etc.

De même, la création d'un fond national au profit des victimes, des reformes institutionnelles, le recours à la mémoire sont des mécanismes extra judiciaire de la justice transitionnelle.

c) Problématique de la mise en place de juridictions pour la justice transitionnelle

Quant à la problématique récurrente de savoir si la justice transitionnelle est un droit du passé, du présent ou de l'avenir ? La réponse n'est pas aisée. Pour certains, il faut attendre la reforme institutionnelle pour rendre justice, pour d'autres il faut y aller dès maintenant. Et c'est à ce niveau que se pose le dilemme PAIX-JUSTICE. Que doit-on privilégier ? Faut –il mettre en avant la justice pour que les victimes soient remises dans leurs droits ? Ou il faut d'abord privilégier la paix sans laquelle il n'y aurait aucune justice ? Les débats restent ouverts mais une chose reste vraie, il n'y a pas de paix sans justice.

En ce qui concerne, l'opportunité des mécanismes de justice transitionnelle, il n'y a pas de doute sur l'importance de ces mécanismes pour le Congo, un pays qui a et continue de connaître des violations graves des droits de l'homme sur son territoire. Cependant, ces mécanismes se heurtent au manque de volonté de dirigeants actuels dont certains ont participé à la commission des crimes internationaux en RDC. Faudrait-il alors attendre un changement de régime pour espérer l'application des mécanismes de justice transitionnelle ? L'histoire nous enseigne à cet égard que certains pays comme le Chili, l'Afrique du Sud ont tenté l'expérience après la chute du régime en place.

Il est plus facile de proposer des mécanismes de justice transitionnelle que de les établir, et il est plus facile de les établir que d'en assurer le fonctionnement effectif[105]. La RDC avait crée une commission vérité réconciliation qui n'a jamais fonctionné de manière effective.

Voyons à présent la gestion des crimes internationaux postérieurs à l'avènement de la CPI.

[105] E. Gonzalez Cueva « Commissions de vérité : Mythes et leçons apprises » in La Justice transitionnelle dans le monde francophone : état des lieux, conférence paper 2/2007, p.23 consulté en ligne le 16 juin 2013 sur le site http://fr.slideshare.net/marcedkadha/la-justice-transitionnelle-dans-le-monde-francophone-tat-des-lieux-conference-paper-22007

CHAPITRE 2.
LA RÉPRESSION DES CRIMES POSTÉRIEURS AU STATUT DE ROME

SECTION 1.
LE RÔLE DE LA CPI EN VERTU DE SA POLITIQUE DE POURSUITE

L'avènement de la Cour pénale internationale est un pas important dans l'évolution du droit international pénal[106]. En effet, la CPI est la première juridiction pénale internationale permanente chargée de réprimer les crimes les plus graves et de reconnaître et garantir le droit des victimes à participer, à être représentées et à recevoir réparation.

A ce titre, elle constitue l'une des réponses aux crimes internationaux commis en RDC, après le 1er juillet 2002, date d'entrée en vigueur de son statut. Il s'entend logiquement donc que la CPI n'est pas compétente à l'égard des crimes commis en RDC avant l'entrée en vigueur de son statut. Précisions également que même pour la période où elle est compétente, la CPI ne pourra pas poursuivre tous les crimes commis en RDC pour les raisons suivantes :

- la CPI n'a pas pour vocation de juger tout le monde : d'où le risque de laisser échapper les auteurs de crimes de rang inférieur, car elle ne juge que les hauts responsables ;

[106] Selon Robert Kolb, Le droit international pénal est constitué par l'ensemble des infractions pénales définies par le droit international dans des traités ou par la coutume, et potentiellement punissables, de ce fait même, devant un tribunal international. Tandis que le terme « droit pénal international » est plus large, plus englobant que le terme « droit international pénal ». Ce dernier fait partie du premier comme une province fait partie d'un Etat. Voy. R. Kolb, droit international pénal, collection de droit international public, Ed. Bruylant, Bruxelles, p. 13

- le caractère de juridiction complémentaire de la CPI constitue l'une de ses principales particularités. En effet, l'article 1er de son Statut souligne qu'elle est complémentaire des juridictions nationales ;
- les ressources limitées de la cour ; obligent le Bureau du procureur – organe chargé de mener des enquêtes et des poursuites – à sélectionner les situations et les affaires[107].

Pour la CPI, le problème qui se posera n'est pas celui de la sélectivité de la justice internationale mais celui des critères de sélection de la CPI (compétence et recevabilité (§1) – politique de poursuite (§2) – que nous allons examiner avant de s'étendre sur l'action de la CPI en RDC (§3).

§1. *La Compétence et recevabilité*

L'art 19-1 du Statut est ainsi libellé : « la Cour s'assure qu'elle est compétente pour connaître de toute affaire portée devant elle. Elle peut d'office se prononcer sur la recevabilité de l'affaire conformément à l'article 17 ».

La Chambre préliminaire II de la CPI estime, indépendamment de la formulation de l'article 19-1 du Statut qui oblige expressément la Cour de déterminer si elle est compétente pour connaitre de l'affaire dont elle est saisie, tout organe judiciaire a le pouvoir de juger de sa propre compétence, même en l'absence de référence explicite à cet effet. C'est là un élément de l'exercice des fonctions de tout organe judiciaire, qui découle du principe reconnu

---

107 J. MBOKANI, « L'impact de la stratégie de poursuite du procureur de la CPI sur la lutte contre l'impunité et la prévention des crimes de droit international, » in *Annales de Droit de Louvain,* (ADL) N° 69, Vol 3, 2009.

de la « compétence de la compétence »[108]. L'expression « s'assure qu'elle est compétente » signifie également que la Cour doit « acquérir la certitude » que sont remplies les conditions relatives à la compétence fixées dans le Statut [109]

Dans son arrêt du 14 décembre 2006, la Chambre d'appel, estime que pour qu'un crime relève de la compétence de la Cour, les conditions suivantes doivent être remplies :

a) Le crime doit rentrer dans la catégorie des crimes visés à l'article 5 et définis aux articles 6,7 et 8 du Statut (compétence ratione materiae) ;
b) Il doit remplir les critères temporels spécifiés à l'article 11 du Statut (compétence ratione temporis) et
c) Il doit satisfaire à l'une des deux exigences visées à l'article 12 du Statut (compétence ratione loci ou compétence ratione personae).

Ces dernières emportent comme condition que le crime doit avoir eu lieu sur le territoire d'un Etat partie au Statut ou d'un Etat qui a déposé une déclaration conformément à l'article 12-3 du Statut, ou qu'il doit avoir été commis par un ressortissant de l'un de ces Etats. [110]

Ainsi, pour le cas de la RDC, la CPI se devait de déterminer si elle est compétente pour connaître l'affaire concernant Lubanga, Ngundjolo, Katanga et Ntanganda avant de pouvoir examiner les requêtes du Procureur et de

---

[108] Chambre préliminaire II, Décision rendue en application des alinéas a),et b) de l'article 61-7 du Statut de Rome relativement aux charges portées par le Procureur à l'encontre de Jean Pierre Bemba Gombo, ICC-01/05-1/08-424-tFRA, §23
[109] Idem, §24.
[110] Chambre d'appel, Arrêt relatif à l'appel interjeté par Lubanga contre la décision du 03 octobre 2006 relative à l'exception d'incompétence de la cour soulevée par la défense en vertu de l'article 19-2-a du Statut, par 21 et 22

décider de leur lancer ou non des mandats d'arrêts. C'est ce qui a été fait.

La question de la recevabilité concerne principalement les circonstances ou les cas de figure dans lesquels la Cour devrait s'abstenir d'exercer la compétence qui lui est reconnue à l'égard d'une situation ou d'une affaire donnée. La Chambre fait observer que l'article 53-1-b du Statut parle de la recevabilité d'une « affaire » au regard de l'article 17[111].

L'examen de la question de la recevabilité ne peut avoir lieu qu'à partir du moment où une situation est déférée par un Etat partie (article 13-a et 14-1 du Statut) ou par le Conseil de sécurité (article 13-b du Statut) ou lorsque le Procureur agit de sa propre initiative (article 15 du Statut). Dans ce dernier cas, le Procureur doit procéder à une évaluation initiale de la recevabilité pour déterminer s'il y a une « base raisonnable pour poursuivre » et ouvrir une enquête (art 53-1-b et Règle 48 du Règlement). La recevabilité nécessite d'étudier la question de savoir si le ou les Etats concernés mènent ou ont mené des procédures au niveau national en relation avec les groupes de personnes et les crimes qui auraient été commis durant les événements en cause et qui seraient susceptibles de faire l'objet d'enquête par la Cour. Si la réponse est négative « l'affaire serait recevable », si tant que les faits sont graves[112].

Dans la situation en RDC, la défense de Katanga a soulevé le 10 février 2009, une exception d'irrecevabilité de l'affaire, en vertu de l'article 19-2-a du Statut. Elle invoque à cette fin deux arguments principaux. Elle conteste tout d'abord le critère actuellement retenu par la Cour pour déterminer la recevabilité de l'affaire et propose

[111] Idem, par 41.
[112] Ibidem, par 52

d'autres critères. Elle soulève ensuite un certain nombre de questions relatives à l'interprétation et à l'application, en l'espèce, des expressions « n'ait pas la volonté » et « soit dans l'incapacité » figurant à l'article 17 du Statut[113]. Elle avance par ailleurs que, dans son appréciation de la recevabilité, la Chambre devrait prendre en considération le moment de la délivrance du mandat d'arrêt.

Selon la défense de Katanga, les crimes contre l'humanité commis en Ituri faisaient l'objet d'une enquête en RDC qui concernait Germain Katanga.

Rappelons que dans sa décision concernant la délivrance du mandat d'arrêt à l'encontre de Katanga, la chambre préliminaire avait constaté qu'aucune action n'avait été entreprise par les autorités de la RDC dans l'affaire concernant l'accusé.

On pouvait au préalable se demander si le Statut de Rome permet à une partie de soulever une exception d'irrecevabilité après la confirmation des charges et, dans l'affirmative, pour quels motifs ? Le paragraphe 4 de l'article 19 du Statut dispose que l'exception doit être déposée avant ou après l'ouverture du procès. Selon la Chambre, seules les exceptions fondées sur l'article 17-1-c sont autorisées, Toute autre exception d'irrecevabilité qu'elle ait pour fondement la protection du droit souverain des Etats de mener des enquêtes et des poursuites dans des affaires portant sur des crimes commis par leur ressortissants ou sur leur territoires, ou le caractère suffisant de la gravité de l'affaire, doit être soulevée avant la confirmation des charges. Autrement dit, toute exception d'irrecevabilité reposant sur les alinéas a), b) ou d) de l'article 17-1 du Statut doit impérativement être soulevée

[113] Chambre de première instance II, Motifs de la décision orale relative à l'exception d'irrecevabilité de l'affaire Katanga (Article 19 du Statut), ICC-01/04-01/07, 16 juin 2009, par 6.

avant la clôture de la phase préliminaire[114]. L'exception d'irrecevabilité de Katanga devrait normalement être déclarée irrecevable. Toute fois, la Chambre considère qu'il y a lieu de se prononcer sur cette exception.

Au vu des observations faites par les autorités congolaises, la Chambre ne peut que prendre acte de la manifestation claire et explicite du manque de volonté de la RDC d'exercer des poursuites dans cette affaire. Elle rappelle que cet Etat n'a pas contesté la recevabilité de cette dernière lorsqu'il a reçu communication du mandat d'arrêt et que, dès la levée des scellés du dit mandat, le transfèrement de Katanga à La Haye a été ordonné. La Chambre en conclut que la RDC entend sans équivoque laisser à la Cour le soin d'exercer des poursuites contre Katanga et de juger ce dernier pour les faits commis le 24 février 2003 à Bogoro [115].

Dans la situation du Kenya, c'est le gouvernement Kenyan qui conteste la recevabilité de l'affaire devant la CPI. La Cour reconnaît le souhait du Kenya d'enquêter ou de poursuivre. Cependant comme le souligne la chambre " the remaining question is whether this case is ***being investigated*** or ***prosecuted*** by the state within the meaning of article 17-1-a of the Statute" (la question restante est celle de savoir si cette affaire fait l'objet d'une enquête ou des poursuites par l'Etat en vertu de l'article 17-1-a (traduit de l'anglais)[116]. Pour sa part, le Kenya a apporté quelques réformes au sein de son système pénal en 2008 et a pris le soin d'informer la Cour de son intention de faire des en-

---

[114] Idem, §47

[115] Chambre de première instance II, Motifs de la décision orale relative à l'exception d'irrecevabilité de l'affaire Katanga (Article 19 du Statut), ICC-01/04-01/07, 16 juin 2009, par 95.

[116] Chambre préliminaire II, Décision relative à la demande d'autorisation d'ouvrir une enquête dans le cadre de la situation au Kenya rendu en application de l'article 15 du Statut de Rome, ICC-01/09-19-Corr-tFRA, 31 mars 2010, par 184, p. 72

quêtes. Or, l'intention de poursuivre ne suffit pas. On peut lire ceci :

> *A cet égard, l'examen par la Chambre des renseignements disponibles ne va pas à l'encontre de la conclusion du Procureur constatant l'absence de poursuites devant les juridictions nationales de la République du Kenya ou d'un Etat tiers pour les éléments principaux qui pourraient définir la ou les affaires potentielles portées devant la Cour* [117]

On analyse la recevabilité comme une condition de compétence à juste titre, car c'est bien le manquement de l'Etat à assurer l'effectivité des poursuites qui justifie que l'affaire soit déclarée, par la Cour elle-même, recevable. Ce qui justifie donc que la CPI est compétente pour en connaître de l'affaire. Le schéma ci-dessus démontre les conditions de la compétence et de la recevabilité devant la CPI[118].

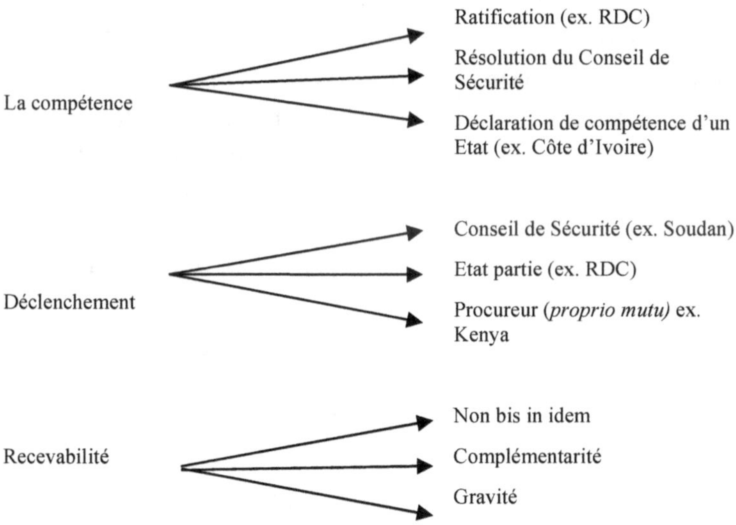

---

[117] Idem par 185, p.73

[118] Schéma fait par le Professeur W. Schabas dans son exposé sur la CPI aux cours intensifs sur les droits de l'homme et le droit international pénal, organisé par le Club des amis du droit du Congo à Kinshasa, le 5 août 2013.

§2. POLITIQUE DES POURSUITES DU BDP *ET SES FAIBLESSES*[119].

Conformément à la Norme 14 du Règlement du Bdp, il y a eu plusieurs documents de politiques générales et de stratégies au sein du Bureau du Procureur ces dernières années, en l'absence d'une approche globale (d'ensemble).[120]

A. Politique générale du Bdp 2006-2009

A la lecture de l'avant-projet de document de politique générale du Bureau du procureur, il ressort quatre principes qui guident le BdP dans la sélection pouvant conduire à l'ouverture d'une enquête. Il s'agit de : l'indépendance, l'impartialité, l'objectivité et la non-discrimination[121].

L'indépendance impliquerait non seulement de s'assurer que le processus n'est pas été influencé par les souhaits présumés d'une source extérieure particulière, ni par l'importance de la coopération d'une partie déterminée, ni par la qualité de la coopération fournie[122]. Mais cette indépendance s'exprime également par le pouvoir du BdP d'ouvrir une enquête de sa propre initiative (la situa-

---

[119] Le contenu de ce paragraphe s'inspire de l'article de J. Mbokani portant sur « l'impact de la stratégie de poursuite du procureur de la Cour pénale internationale sur la lutte contre l'impunité et la prévention des crimes de droit international, déjà cité et de l'article du Professeur Kai Ambos sur « *Prosecuting international crimes at the international criminal court : is there a coherent and comprehensive prosecution strategy ?* »

[120] Pour le Professeur Kai Ambos, « la pratique actuelle d'établissement de stratégies pour des périodes d'approximativement trois ans ne correspond donc pas aux termes de la norme 14 du Règlement du Bdp » *in Prosecuting international crimes at the international criminal court : is there a coherent and comprehensive prosecution strategy ?* published online, 9 september 2012, p. 392

[121] Avant-projet de document de politique générale du Bdp, pp1-2 cité par Human Rights Watch, *une Cour pour l'histoire. Les premières années de la Cour pénale Internationale à l'examen*, juillet 2008, p. 43.

[122] Avant projet de politique générale du BdP, op.cit., pp. 1-2.

tion du Kenya). Toutefois le BdP applique une politique qui encourage et favorise des renvois volontaires des Etats parties dans ce qui constitue la première application de la compétence de la CPI[123]. Reste à savoir si la politique d'encouragement du renvoi volontaire est conforme aux exigences du principe d'indépendance du BdP. La réponse à cette question dépendra du choix des incidents ainsi que des personnes qui feront l'objet de poursuites.

Force est de constater dans le sillage de Human Rights Watch, que les «mandats d'arrêt délivrés à ce jour dans les situations liées à un renvoi volontaire visent uniquement des dirigeants rebelles »[124]. Quoi de plus normal qu'un régime ne renvoie à la CPI que ses adversaires et qu'il se montre très coopératif dans les poursuites intentées contre eux. Dans ces conditions, la politique d'encourager les renvois volontaires conduirait inéluctablement à des poursuites discriminatoires fondées sur l'appartenance politique. Elle serait en violation de principe de non-discrimination[125].

L'impartialité et l'objectivité se mesurent non seulement dans la capacité du BdP à respecter et à faire respecter le principe de la présomption d'innocence des personnes poursuivies et celle de résister à la pression de l'opinion publique, des médias, des victimes et même des ONG mais aussi dans sa capacité à mener une instruction à décharge, comme l'exige le Statut de Rome[126].

---

[123] BdP, rapport sur les activités mise en œuvre au cours des trois premières années (juin 2003-juin 2006), 12 septembre 2006, p.7 document en ligne sur http:/www.icc-cpi.int/NR/rdonlyres/D76A5D89-FB64-47A9-9821-french.pdf (visité le 24 octobre 2009).

[124] Human Rights Watch, *Une Cour pour l'histoire…*, op. cit p. 46. Précision que le seul cas où le renvoie volontaire vise des dirigeants au pouvoir est la Côte d'Ivoire (Mandat d'arrêt contre Laurent Gbagbo après les élections contestées de 2010).

[125] J. Mbokani, « l'impact de la stratégie de poursuite du procureur…. », op cit p. 8.

[126] C'est l'esprit de l'article 54-1-a du Statut de la CPI

Sur la question de la présomption d'innocence, le Bdp a encore des efforts à faire en évitant par exemple certains propos devant les médias qui porteraient atteinte à la présomption d'innocence[127].

Trois critères guident l'ouverture d'une enquête par le BdP : l'existence d'une base légale, la recevabilité et l'intérêt de la justice. La recevabilité comprend deux critères : la complémentarité – art.17 et la gravité – art.17-1-d.

Le critère de gravité est un critère statutaire de la recevabilité[128]. Ce critère est difficile à évaluer et se prête facilement à des interprétations subjectives. L'incertitude sur le contenu de la notion de la gravité est perceptible dans les différentes prises de positions du BdP, positions parfois contradictoires, dans au moins quatre cas, à savoir l'affaire Bosco Ntanganda, la situation en Irak, et enfin la requête du procureur du 20 novembre 2008 aux fins d'obtenir un mandat d'arrêt contre trois chefs rebelles au Darfour.[129]

Dans l'affaire Bosco Ntanganda dans les procédures relatives à la demande du mandat d'arrêt, la Chambre préliminaire avait conclu au rejet de la demande du mandat d'arrêt contre Bosco Ntanganda aux motifs que les faits n'atteignaient pas le seuil de gravité requis, tel que la chambre venait de le circonscrire. La chambre préliminaire a estimé qu'une affaire était grave lorsqu'une réponse affirmative était donnée aux questions suivantes :

- la conduite qui est l'objet de la présente affaire est-elle systématique ou à grande échelle – en prenant en

[127] Cfr l'une des déclarations du Procureur Moreno citées par Me Nkwebe (défense de Bemba) : « je n'ai jamais perdu un procès et je ne pense même pas comment je perdrai celui-ci ». Voy. L'art 34 du règlement de procédure et de preuve.

[128] Art. 17-1-d du Statut de la CPI.

[129] Jacques MBOKANI, « L'impact de la stratégie de poursuite du procureur… » op.cit p. 18.

considération la réaction sociale causée à la communauté internationale par ce genre de conduite ?

- la question du rang de la personne poursuivie dans l'organisation, l'entité étatique ou l'Etat ainsi que le rôle joué par la personne dans l'organisation. Mais aussi le rôle joué par l'organisation, l'entité étatique ou l'Etat dans la commission globale des crimes de la compétence de la Cour dans la situation pertinente[130].

La Chambre d'appel a balayé ces critères les estimant erronés, sans pour autant donner ses critères propres pour déterminer le seuil de gravité requis pour qu'une affaire soit recevable. Le problème demeure donc entier[131]. Il est donc permis de dire que la condition de l'article 17-1-d, est une condition d'application compliquée. En outre cette condition comporte le risque d'entraîner une perception négative et dangereuse consistant à banaliser les crimes ou incidents qui n'ont pas été sélectionnés par le procureur pour les enquêtes et les poursuites. Les choses iraient beaucoup mieux sans cette condition floue du critère de la gravité tant en ce qui concerne les questions relatives à la recevabilité que celles de la politique de poursuite du procureur[132].

Dans la situation du Kenya, la Chambre rappelle que tous les crimes relevant de la compétence de la Cour sont des crimes graves et que, par conséquent, la référence au seuil

---

[130] Décision du 10 février 2006, Voy la note de bas de page n° 24 du document ICC-02/05, Décision on application Under Rule 103(sur la situation au Darfour), du 4 février 2009, disponible en ligne sur htt://www.icc-cpi.int/iccdocs/doc/doc627395.pdf (visité le 25 Octobre 2009), citant le paragraphe 63 de la décision du 10 février 2006, dans l'affaire Thomas Lubanga.

[131] Décision de la chambre d'appel, décision du 13 juillet 2006, arrêt relatif à l'appel interjeté par le procureur contre la décision de la chambre préliminaire I intitulé « décision relative à la requête du procureur aux fins de délivrance de mandats d'arrêt en vertu de l'article 58 », §82, disponible en ligne sur http:/www.icc-cpi.int/iccdocs/doc256714.pdf (visité le 25 octobre 2009).

[132] Jacques MBOKANI, « L'impact de la stratégie de poursuite du procureur ... » op. Cit. p. 23.

de gravité requis n'est qu'une garantie supplémentaire qui épargnera à la cour d'enquêter, d'engager des poursuites et de juger des affaires d'importance secondaires[133]. L'évaluation de la gravité des faits est un élément obligatoire pour statuer sur la question de la recevabilité. Pour la Chambre, la gravité des crimes sera examinée en tenant compte de leur *modus operandi*. Une autre chambre avait considéré que l'examen de la gravité des crimes pouvait être mené selon une approche tant quantitative que qualitative[134]. Sur le plan qualitatif, ce n'est pas le nombre de victimes qui importe, mais plutôt l'existence de certains facteurs aggravants ou qualitatifs liés à la commission des crimes qui font qu'ils sont graves[135]. Lorsque l'on évalue la gravité d'un crime, plusieurs facteurs déterminants pour la fixation de la peine, dont il est question aux règles 145-1-c et 145-2-b du Règlement, peuvent fournir des indications utiles à cet effet. Ces facteurs peuvent se résumer comme suit :

- l'ampleur des crimes allégués(en évaluant aussi leur intensité sur les plans géographiques et temporels) ;
- la nature du comportement illicite ou des crimes allégués ;
- les moyens employés pour l'exécution des crimes (c'est-à-dire la façon dont ils ont été commis) et ;
- l'impact des crimes et le préjudice causé aux victimes et à leurs familles. A cet égard, les observations des

---

[133] Chambre préliminaire II, Décision relative à la demande d'autorisation d'ouvrir une enquête dans le cadre de la situation au Kenya, rendu en application de l'article 15, ICC-01/09-19-corr-tFRA, du 31 mars 2010, op cit. par 56.

[134] Chambre préliminaire I, Décision relative à la confirmation des charges, ICC-02/05-02/09-243-Red-tFRA, par 31

[135] Voir W.A. Schabas « Prosecutorial discretion and gravity » in C. stahn et G. Shuiter(Dir.pub) the Emerging practice of the international criminal court(Leiden, Boston): Mortinus Nijhoff publishers, 2009) p.245 et 246.

victimes s'avéreront très utiles pour l'examen auquel doit procéder la chambre.

Le seuil de gravité de l'affaire déterminera la recevabilité de celle-ci devant la Cour, de même que sa compétence. Dans sa stratégie en matière de poursuite, le Bdp(Bureau du Procureur) évalue la complémentarité et la gravité eu égard aux crimes les plus graves présumés commis par les personnes qui semblent porter la responsabilité la plus lourde [136].

L'intérêt de la justice – art 53-1-c - est composé de trois éléments ; le caractère exceptionnel du recours aux intérêts de la justice comme fondement d'une décision de ne pas poursuivre ; l'interprétation de l'article 53 doit être faite en conformité avec les buts et les objectifs du Statut de Rome; les intérêts de la justice ne doivent être confondus avec les intérêts de la paix ni à ceux des victimes.

Les poursuites sont dirigées contre les individus bien déterminés à l'issue de l'enquête, et constituent l'acte d'ouverture d'une affaire. Les ressources limitées de la CPI ne permettent pas au procureur de poursuivre tous les criminels. Il est opéré une double sélection : en premier lieu, choisir les personnes qui seront poursuivies – la compétence personnelle de la Cour s'exerce sur les personnes pour les crimes les plus graves ayant une portée internationale - et ensuite choisir les crimes qui leur sont imputés. Il faudra également choisir entre une procédure confidentielle et une procédure publique. Le choix des affaires et celui des incriminations sont normalement soumis au contrôle juridictionnel de la chambre préliminaire.

Par ailleurs, les critiques à l'égard de la Cour concernent, son mode de fonctionnement. La CPI ne serait, pour

---

[136] Situation du Kenya, Décision relative à la demande d'autorisation d'ouvrir une enquête dans le cadre de la situation au Kenya, rendue en application de l'art 15 du Statut, ICC-01/09-19-corr/fra, op cit. par 50.

certains, qu'un outil de la puissance occidentale, laquelle après avoir imposé sa force diplomatique et économique, a achevait sa domination par un raffinement juridictionnel. Il est faux de soutenir cet argument. En effet, l'Afrique constitue, par son poids numérique, le plus grand bloc régional des Etats parties au Statut de la CPI avec ses 34 Etats parties sur un total de 123 Etats que compte le Statut de la CPI. La Cour est également mis en cause pour pratiquer le double standard et n'être qu'une « une cour pour l'Afrique ». S'il est exact que les cinq procédures dont est saisie la Cour concernent l'Afrique, cette critique n'est pas fondée. D'abord, dans trois dossiers (Ouganda, RDC et RCA), ce sont les Etats eux-mêmes qui ont donné compétence à la Cour. Ensuite, dans l'affaire du Darfour, la procédure a été engagée à l'initiative du Conseil de sécurité contre le Soudan, qui n'est pas partie au traité de Rome. Le « double standard » n'est pas le fait de la Cour puisque dans les autres cas, les Etats dont question, sur les territoires duquel il est possible de conclure que les faits qui s'y déroulent relèvent de la compétence de la Cour, ne sont pas parties au Statut de Rome. Le reproche du double standard devrait donc s'adresser plutôt au Conseil de sécurité qui a saisi la Cour sur la situation au Soudan mais qui s'abstient de toute démarche à l'encontre d'Israël, de la Syrie et d'autres cas. Toujours est-il qu'il est difficile de faire le reproche à la CPI de ne pas enquêter sur les faits de Gaza, si on ne lui donne pas tous les éléments permettant d'ouvrir l'enquête[137]. Mettre en cause l'indépendance de la Cour pénale internationale relève du procès d'intention.

[137] Gilles Devers, « Gaza : la Procédure devant la Cour Pénale Internationale », article publié le 1er juin 2009 sur le site http://www.mondialisation.ca/index.php?context=va&aid=13891 (consulté le 18 aout 2010). p.11.

B. Stratégie de sélection au Bdp (2009-2012)

Dans un récent article, le Professeur Kai Ambos et Ignaz Stegmille évaluent de manière critique les quatre principes fondamentaux qui résident au cœur de la stratégie de sélection des situations et affaires au niveau du Bdp à savoir : enquêtes ciblées, complémentarité positive, intérêts des victimes et impact des activités du Bdp[138].

B.1. Enquêtes ciblées

C'est l'un des principes directeurs du Bdp qui consiste à se concentrer sur les crimes les plus graves et sur « ceux portant le plus haut niveau de responsabilité ». Alors que cette dernière terminologie autorise une certaine flexibilité, le Procureur de la CPI sélectionne principalement les personnes se trouvant au sommet de la hiérarchie (de l'Etat) pour ses affaires[139]. Les autres affaires sont laissées aux systèmes pénaux nationaux, encourageant les Etats territoriaux et les Etats tiers à prendre des mesures contre ces auteurs de violations et à lutter contre l'impunité.

Sur ce point, il y a lieu de rappeler qu'en Ituri (RDC) le Bdp avait recueillis plusieurs éléments de preuve dans ses enquêtes à l'encontre de tous les groupes armés actifs à l'époque et ces éléments pouvaient permettre aux procureurs nationaux d'ouvrir des poursuites sur le plan national, le Bdp a invoqué à raison l'absence d'une législation nationale protégeant les témoins et les victimes pour justifier son refus de coopération. C'est ici que peut intervenir la complémentarité positive.

---

[138] Kai Ambos et Ignaz Stegmiller, Prosecuting international crimes at the international criminal court : Is there a coherent and comprehensice prosecution strategy ?, Published online, 9 september 2012, p.392, disponible at www.springerlink.com, crime law soc. Charge (2012)
[139] Idem, p.394

Suivant l'approche ciblée, le Bdp a adopté au départ une approche séquentielle, enquêtant sur des affaires au sein des situations l'une après l'autre et les sélectionnant en fonction de leur gravité[140]. Récemment, le Bdp a été plus flexible dans son approche et, par exemple dans les procédures relatives au Kenya, a effectué des enquêtes simultanées, amenant deux affaires pour effectuer des poursuites en même temps (l'affaire le Procureur v. William Samoei Ruto, Henry Kipromo Kosgey et Joshua Arap Sang et l'affaire le Procureur V. Francis Kirimi Muthaura, Uhuru Muingai Kenyatta et Mohammed Hussein Ali). L'approche séquentielle n'est plus explicitement contenue dans la stratégie 2009-2012[141].

B.2. Complémentarité positive

Une approche axée sur la coopération avec les juridictions nationales et renforçant leur capacités de poursuite propre. Le Professeur Kai Ambos souligne que la coopération entre le Bdp et l'Allemagne dans la poursuite des dirigeants du FDLR en est un bon exemple. Seule une interaction aussi proche avec les juridictions nationales devrait permettre à la CPI de contribuer à combler le fossé de l'impunité. On peut regretter que pour le cas de la RDC, l'approche de la complémentarité positive reste encore théorique. Bien que la CPI ne soit pas une agence de développement, on peut reprocher au Bdp de n'avoir pas apporté sa coopération à la RDC pour combler le fossé de l'impunité. Le Congo est le premier pays à avoir coopérer avec la CPI dans la remise de ses nationaux et le premier à avoir appliquer le Statut de Rome à travers les tribunaux

---

[140] Rapport sur la stratégie en matière de poursuites, 2006, p.5 cités par Kai Ambos dans son article sur « Prosecuting international crimes at the international criminal court : Is there a chorent and comprnhensive prosecution strategy ? » op cit , p.395

[141] Kai Ambos etIgnaz Stegmiller op cit , p. 395

militaires. Il y a donc des efforts à fournir sur cette approche de complémentarité positive.

B.3. Intérêt des victimes.

Le troisième principe veut que le Bureau du Procureur examine les intérêts des victimes de façon systématique dans le cadre de ses activités, en sollicitant leurs avis dès le début, avant l'ouverture d'une enquête, et qu'il continue à évaluer leurs intérêts en permanence. Lors de la phase d'analyse préliminaire et d'enquête relative à une situation, les victimes peuvent envoyer des renseignements se rapportant aux crimes allégués (renseignements appelés « communication ») et adresser au Procureur des représentations écrites ayant trait aux enquêtes et à leurs intérêts[142].

D'après l'article 15 du Statut, le Bdp prend l'initiative de surveiller et d'examiner des informations publiques émanant de groupes de victimes, ainsi que des communications présentées par des ONG [143] et des personnes. Le Bdp évalue également les intérêts des victimes au moment de déterminer les intérêts de la justice au regard de l'art 53. Etant l'organe chargé des enquêtes, le Bdp entretient des échanges systématiques avec les victimes de manière à aborder autant que possible tout le spectre de la criminalité. Enfin, les intérêts des victimes sont également à la base de la participation de ces dernières devant la phase judiciaire comme le prévoit le Statut[144]. Les juges dans l'affaire Lubanga souligne qu'en vertu de l'article 68-3 du Statut, des victimes ont participé au procès, notamment en demandant le versement de pièces au dossier, en interro-

---

[142] Stratégie en matière de poursuites du Bdp 2009-2012, 1er février 2010, p.7, §22.

[143] Durant ces dernières années, la FIDH et d'autres organisations (REDRESS, HRW), ont transmis des communications et informations au Bdp concernant des crimes de la compétence de la Cour.

[144] Stratégie en matière de poursuites du Bdp, op cit. p7, §22.

geant des témoins et en présentant des conclusions écrites et orales (sur autorisation de la chambre), avec l'assistance de leur représentants légaux. La nécessité de tenir compte des intérêts des victimes à toutes les étapes de la procédure est un principe qui s'inscrit dans le cadre de la stratégie de la cour en ce qui concerne les victimes.

B.4. Optimalisation de l'impact

Le quatrième principe directeur de la stratégie en matière de poursuites vise à optimaliser l'impact des activités du Bureau du Procureur. Ce dernier se doit de rendre d'optimale chacune de ses activités depuis la phase d'analyse préliminaire jusqu'à l'éventuelle condamnation en passant par l'enquête et le procès[145]. Le plus souvent, les crimes relevant du Statut sont commis par des grands groupes d'individus ou par des organisations et nécessitent une planification minutieuse. La simple annonce des activités menées par la CPI peut, dans ce contexte, avoir un effet dissuasif. Ainsi, la surveillance d'une situation peut prévenir la commission de nouveaux crimes, puisque cela augmente le risque de sanction avant même le début d'éventuels procès. Cet effet ne se limite pas à la situation faisant l'objet d'une enquête, mais s'applique à tous les États parties et se fait sentir de par le monde[146].

C. PROJET PLAN STRATÉGIQUE DU BUREAU DU PROCUREUR POUR 2013-2015

Après son élection, Mme Fatou Bensouda, Procureure de la CPI a élaborée 6 objectifs stratégiques de son Bureau

---

[145] Stratégie en matière des poursuites du Bureau du Procureur 2009-2012, §23, p. 7.
[146] Stratégie en matière de poursuites 2009-2012, op cit p. 8

pour la période 2013-2015. Ce projet de plan stratégique s'articule autour des objectifs ci-après[147] :

1. Mener des examens préliminaires, des enquêtes et des poursuites efficaces et de qualité en toute impartialité et en toute sécurité.

2. Continuer d'améliorer la qualité et l'efficacité :

- des examens préliminaires en clarifiant le processus, en s'efforçant d'en augmenter l'impact et en identifiant et appliquant les enseignements tirés de bonnes pratiques ;

- des enquêtes en évaluant les stratégies et les méthodes appliquées, en continuant d'élaborer des systèmes de contrôle de la qualité, en mettant en place et en appliquant des normes internationalement reconnues et en continuant de réduire les risques pour les personnes qui interagissent avec le Bureau ;

- des poursuites en continuant d'examiner les stratégies y afférentes, en renforçant la qualité des écritures et des interventions à l'audience, et e, identifiant et en appliquant les enseignements tirés des bonnes pratiques.

3. Continuer de concentrer l'action du Bureau sur les crimes sexuels et à caractère sexiste ainsi que sur les crimes commis à l'encontre des enfants.

4. Renforcer la coopération et le système mis en place par le traité de Rome en soutenant les efforts déployés par la CPI et les systèmes nationaux dans le cadre de situations faisant l'objet dune examen préliminaire ou d'une enquête.

---

[147] Projet Plan stratégique du Bureau du Procureur pour la période 2013-2015, élaboré en Avril 2013.

5. Maintenir le niveau professionnel du Bureau en s'attachant particulièrement à :

- la parité et la juste répartition géographique ;
- la qualification et la motivation des membres du personnel ;
- la gestion et l'évaluation des performances.

6. S'assurer de la bonne gouvernance, de l'obligation du Bureau de rendre des comptes et de la transparence de son action.

Ces objectifs s'appuient sur cinq principes essentiels :

- mise en œuvre d'enquêtes et de poursuites ciblées de qualité ;
- volonté d'encourager la complémentarité ;
- prise en compte des intérêts des victimes ;
- maximisation de l'effet préventif ;
- prévisibilité et transparence au travers de ses politiques et des normes.

Examinons rapidement les différents objectifs contenus dans ce plan stratégique 2013-2015

C.1. Mener des enquêtes préliminaires, des enquêtes et poursuites efficaces et de qualité

Les examens préliminaires constituent la première étape des activités de base du Bureau. A ce stade, celui-ci cherche à compiler et à analyser tous les renseignements pertinents afin de déterminer s'il existe une base raisonnable permettant d'ouvrir une enquête. C'est également à ce stade qu'il encourage les autorités du pays en cause à mener de véritables procédures à l'échelle nationale- ce qui pourrait éviter à la Cour d'intervenir- et collabore avec elles à cet égard[148]. Afin de déterminer s'il existe de véritables procédures pertinentes engagées à l'échelon national, il faut analyser si un Etat a la volonté ou la capacité de le faire, ce qui prend du temps. Il y a cependant à se demander pourquoi les examens préliminaires ont pris 7 années en Côte d'ivoire. D'où la nécessité d'améliorer la qualité des examens préliminaires en réduisant leur durée et en mettant l'accent sur une bonne communication au sein du Bdp.

C.2. Continuer d'améliorer la qualité et l'efficacité des enquêtes et des poursuites

Le Bureau du Procureur a élaboré un manuel des opérations du Bureau qui, entre autres, définit ses normes en matière d'enquête et analyse les décisions de la Cour portant sur ses pratiques en matière d'enquête afin de déterminer s'il est nécessaire d'opérer des changements dans les stratégies ou les règles qu'il applique à cet égard[149].

La qualité des enquêtes est un problème qui a été soulevé avec virulence par les juges de la CPI notamment dans l'affaire Lubanga et Ngudjolo où les juges avaient remis en question la qualité des enquêtes du Bureau du Procureur[150]. Il s'avère important pour le Bdp d'améliorer la qualité et l'efficacité de ses enquêtes. Cela nécessite des ressources et une bonne gestion. Afin de réduire les coûts, on peut par exemple éviter d'envoyer des enquêteurs anglophones pour mener des enquêtes dans les pays francophones avec des traducteurs (cas de l'affaire Katanga). Le

[148] Projet Plan stratégique du Bureau du Bdp pour 2013-2015, op cit, p.7
[149] Idem, p. 8
[150] C'est le cas lorsque la chambre dans l'affaire Lubanga dit que « L'Accusation n'aurait pas du délégué ses pouvoirs d'enquêtes aux intermédiaires malgré les sérieux problèmes de sécurité existants », ICC-01/04-01/06-2842, par. 482

procureur est censé bien connaitre les faits à travers une enquête approfondie et présenter à la Chambre des éléments de preuves, ce qui permettra aux juges de poser des questions utiles au bon moment.

En ce qui concerne les poursuites, il faut dire qu'elles nécessitent des bonnes enquêtes. Dans l'affaire Gbagbo, la Chambre a estimé que « l'ensemble des preuves du Procureur, bien qu'apparemment insuffisantes, ne semblent pas manquer de pertinence et de valeur probante ». Les juges ne peuvent donc pas directement décider d'abandonner les poursuites contre Gbagbo. Le Procureur est une nouvelle fois pointé pour la faiblesse de ses dossiers et de ses enquêtes[151].

C.3 Continuer de concentrer l'action du Bureau sur les crimes sexuels.

Le Bureau du Procureur a placé ces crimes en têtes des priorités en leur accordant une attention particulière dès le stade de l'examen préliminaire et jusqu'à la sélection des affaires. La nature de ces crimes est prise en considération dans la détermination de la gravité[152]. Le Bureau a également accordé une attention spéciale à ses contacts avec les victimes de tels crimes en formant ses enquêteurs à la conduite d'entretiens, spécifiquement avec des victimes de violences sexuelles et à caractère sexiste, et en effectuant des évaluations psychosociales afin de déterminer si le témoin est suscep-

[151] S. Maupas, « Faute de preuves, la CPI reporte le procès Laurent Gbagbo », article publié sur le site de France 24, consulté le 10 juillet 2013, http://www.france24.com/fr/20130603-justice-proces-laurent-gbagbo-devant-cpi-reporte-cote-ivoire-crimes.

[152] Projet Plan stratégiques du Bureau du Procureur 2013-2015, p. 12.

tible d'être interrogé sans risque d'être à nouveau traumatisé [153].

C.4 Renforcer la Coopération

La coopération est un élément crucial pour pouvoir mener à bien les activités du Bureau.

L'appui aux enquêtes et aux poursuites peut prendre bien des formes et émaner de bon nombre de partenaires. Il s'agit notamment de l'appui logistique pour permettre au Bureau d'opérer dans le monde entier. De cet appui dépend l'obtention des éléments de preuve nécessaires[154]. La coopération est également essentielle pour soutenir la complémentarité dans le cadre de situations faisant l'objet d'un examen préliminaire ou d'une enquête. Il est autant important de soutenir les juridictions nationales dans la poursuite des crimes internationaux (le cas de la RDC). La coopération reste à ce jour le maillon faible de la Cour. Cette coopération dépend fortement de la volonté politique. La non exécution des mandats sapent la crédibilité et affaiblie la dissuasion. Le Tchad, Nigeria, Kenya … autant des pays. La Cour se sent assiégée et les soldats qui sont censé l'aidé (les Etats parties) ne le font pas malgré l'obligation qu'ils ont de défendre la Cour. Deux questions essentielles à ce niveau : Comment les Etats parties peuvent aider la Cour ? Et que pouvons-nous (société civile, activistes et organes de la Cour) faire ensemble pour améliorer la coopération des Etats ?

[153] Idem, p.12.
[154] Projet Plan stratégique du Procureur op cit, p.13.

C.5 Maintenir le niveau professionnel du Bureau du Procureur

Le maintien du niveau professionnel du Bureau consiste notamment par la mise en place des tests d'évaluations de la capacité des membres, des réunions de mise au point, des formations continues etc. Par ailleurs, le Bureau du Procureur considère que le respect de la parité et de la juste répartition géographique est une garantie importante de sa sensibilité face à la diversité, laquelle est en soi cruciale pour le bon fonctionnement du Bureau[155].

§3. L'ACTION DE LA CPI EN RDC

Pour palier l'insuffisance de son appareil judiciaire à poursuivre les crimes commis sur son territoire, la RDC - par le biais d'une lettre du président Joseph Kabila adressé à la CPI - a autorisé la CPI à se saisir des affaires de violations du droit international commises « sur l'ensemble du pays depuis le 1er juillet 2002.

> En raison de la situation de la situation particulière que connait mon pays, les autorités compétentes ne sont malheureusement pas en mesure de mener des enquêtes sur les crimes [...] ni d'engager les poursuites nécessaires sans la participation de la CPI. Cependant, les autorités de mon pays sont prêtes à coopérer avec cette dernière dans tout ce qu'elle entreprendra à la suite de la présente requête[156].

Trois affaires sont en cours d'examen par la CPI, il s'agit de :

a) le procureur c Thomas Lubanga Dyilo (Jugement de condamnation rendu le 14 mars 2012) ;

---

155 Projet plan stratégique du Bdp 2013-2015, op cit.12

156 Requête de la RDC pour l'ouverture d'une enquête de la CPI en RDC signée par le président Kabila, (lettre du 3 mars 2004).

b) le procureur c Germain Katanga et Mathieu Ngudjolo (condamnation pour Katanga et acquittement de Ngundjolo) ;

c) le procureur c Bosco Ntanganda (qui vient de se rendre à la CPI récemment)[157].

Par ces affaires, la CPI contribue à la lutte contre l'impunité des crimes graves en RDC. Néanmoins, certaines préoccupations subsistent entre autres sur l'absence de poursuite après les enquêtes sur les crimes de Bukavu[158] et sur le renforcement des capacités de la justice interne dans le cadre de la « complémentarité positive ». L'appréciation de l'efficacité des actions de la CPI en RDC nous ramène à la question de bilan qui est à notre avis mitigé. Les espoirs des victimes n'ont pas étaient rencontrés notamment dans l'affaire Lubanga où les vraies victimes ont été délaissées, celles agrées (les enfants soldats) avaient aussi commis des crimes. Pour ces vraies victimes la CPI n'a rien fait.

Voyons à présent l'impact de l'action de la CPI en RDC.

---

[157] Sur la question de l'exécution du mandat d'arrêt de Bosco Ntanganda, le ministre de la justice de la RDC, lors d'une interview accordée à Radio Okapi, souligne la volonté affichée par la RDC par rapport à d'autres pays africains de lutter contre l'impunité en transférant à la CPI ses nationaux accusés de crimes graves. Et pour des raisons de paix, le gouvernement a décidé de privilégier la paix pour le cas de Bosco Ntanganda. « *interview du ministre de la justice, Luzolo Bambi Lessa à l'émission Dialogue entre congolais du 29 octobre 2009 à Radio Okapi – disponible en ligne sur le site* www.radiookapi.net/index.php?i-63 (visité le 03 novembre 2009).

[158] Il s'agit des crimes commis lors de la prise de la ville de Bukavu en 2004 par les rebelles de Nkunda. Voir le rapport de HWR « *crimes de guerre à Bukavu* » *RDC, juin 2004, p.5, disponible en ligne* http://www.hrw.org/french/docs/2004/06/12congo8808.htm (visité le 28 novembre 2009)

1. L'impact normatif de la CPI

L'intégration des dispositions du Statut dans le code pénal militaire a eu un impact certain mais faible sur la répression des auteurs des violations graves des droits de l'homme en RDC. Se basant sur la compétence leur reconnue par ce code, les juridictions militaires basées dans quelques provinces ont pu juger des cas des crimes de guerre et crimes contre l'humanité.

Cependant, cette intégration à été faite de manière lacunaire car les définitions des crimes de guerre, des crimes contre l'humanité et du génocide contenu dans le code militaire révisé ne sont pas identiques à celles du Statut de Rome[159].

L'action de la CPI a donc suscité le souci d'achèvement de la réforme du secteur judiciaire dans son ensemble. La loi de mise en œuvre en est l'exemple même si elle n'a pas encore été votée par le parlement.

2. L'impact sur la perpétration des crimes

La fonction préventive de la CPI est une conséquence de la fonction punitive : les gens qui seraient susceptibles de commettre ce genre de crimes, constatant que d'autres sont condamnés pour avoir commis ces crimes, vont peut être réfléchir avant de les commettre.

En ce qui concerne la RDC, l'action de la CPI a eu un impact relatif sur la perpétration des crimes en Ituri mais pas dans l'ensemble du pays car des crimes graves ont été commis et continue de se commettre à l'Est de la RDC notamment avec la rébellion du M23. Il est important de rappeler ici que la victoire de l'armée congolaise avec

---

[159] M. Adjani et G. Mushiata , « L'impact du Statut de Rome et de la CPI en RDC » in *rapport ICTJ* mai 2010, p. 4.

l'appui de la brigade d'intervention sur la rébellion du M23 constitue une étape importante dans la recherche de la paix et la stabilité dans l'est de la RDC mais beaucoup reste à faire. Il y a 42 groupes armés qui sont toujours actifs à l'Est de la RDC. La société civile congolaise s'est opposée à toute amnistie en faveur des auteurs des violations graves des droits de l'homme. Et ces auteurs se comptent aussi bien dans les groupes armés que dans les rangs des FARDC.

Après leur déroute le 5 novembre, les fugitifs et criminels du M23 se sont réfugiés respectivement en Ouganda et au Rwanda voisins. Ceux partis au Rwanda se sont ajoutés au premier groupe qui y a trouvé refuge depuis la première scission de ce mouvement entre les pro-Bosco Ntanganda et les pro- Sultani Makenga, en février 2013. Le groupe qui a rejoint l'Ouganda au début du mois de novembre 2013 est dirigé par l'ancien chef militaire du M23, le tristement célèbre Sultani Makenga, tandis que la faction du M23 fidèle à Jean Marie Runiga, l'ancien chef politique de ce mouvement se paye une paisible retraite au Rwanda à l'instar de Nkunda Batware[160]. Dans la même veine, la récente découverte de deux fosses communes à Kibumba, toujours à l'Est de la RDC où, manifestement, les forces négatives du M23 exécutaient leurs victimes, y compris des enfants, des femmes et des vieillards, devrait rapidement donner lieu à une enquête des instances tant nationales qu'internationales, y compris la CPI[161].

De tout ce qui précède, on comprend bien que la CPI n'a pas eu d'impact réel sur la perpétration des crimes à l'Est de la RDC.

---

[160] Discours de la RDC lu par Mr Zénon Mukongo lors de l'Assemblée générale des Etats parties à la CPI, le 20 novembre 2013.

[161] Idem.

3. L'impact sur les poursuites et condamnations au niveau national

L'impact des activités de la CPI en RDC a été limitée par un certain nombre de facteurs notamment une poignée des personnes poursuivies, leur qualité à savoir les seigneurs de guerre de l'Ituri ainsi que la nature des charges retenues à leur encontre. Les « gros poissons » jouissent encore de l'impunité.

Le bilan de la CPI est inachevé en RDC, Il reste encore beaucoup à faire notamment les poursuites contre les plus hauts responsables, pas uniquement les chefs rebelles. Certes les moyens dont elle dispose ne sont pas à la hauteur des objectifs assignés. En outre, comment faire fonctionner la complémentarité positive en RDC en l'absence d'un cadre législatif adéquat (exemple de la loi sur la protection des témoins et victimes, loi de mise en œuvre…)

On peut envisager des mécanismes pratiques sans l'existence de la loi. La CPI doit être pro- active. On peut citer l'exemple de la collaboration entre le TPIR et le Rwanda dans le cadre de la coopération. Bien que ni le Statut du TPIR ni le Règlement ne prévoit rien sur la réponse que doit adopter le Tribunal face à une demande d'entraide judiciaire émanant du ministère public ou des tribunaux du Rwanda[162]. Le Conseil de sécurité demandait à la communauté internationale d'aider les juridictions nationales à renforcer leurs capacités afin de pouvoir connaître les affaires transférées par le TPIR[163]. C'est dans cette logique que le Rwanda désireux de recevoir les affaires du TPIR a commencé à aménager sa législation nationale afin de l'adapter aux exigences internationales. Le

---

[162] O.DUBOIS, Les juridictions pénales nationales du Rwanda et le Tribunal international, Article in « *Revue internationale de la Croix Rouge* », 828, 31 décembre 1997

[163] Voy. Résolution S/RES/1503 du 28 août 2003, §1.

Rwanda a fait des réformes, aboli la peine de mort en 2007, adopté une loi organique relative au renvoie des affaires du TPIR. La CPI ne dispose que de 4 affaires en RDC, elle n'a donc, rien à vendre pour le moment.

SECTION 2. RÔLES DES JURIDICTIONS CONGOLAISES DANS LA RÉPRESSION DES CRIMES INTERNATIONAUX

La disponibilité d'une législation nationale portant sur les crimes internationaux est nécessaire pour la répression de ces derniers. En l'absence d'une loi de mise en œuvre, le juge congolais se retrouve dans l'obligation d'appliquer directement le Statut de Rome et les différentes conventions internationales sur les crimes internationaux ratifiés par la RDC au regard du principe moniste consacré par le constituant congolais.

1° L'INTÉGRATION DES CRIMES INTERNATIONAUX DANS L'ORDRE JURIDIQUE CONGOLAIS

Le mécanisme de réception d'un instrument de droit international dans l'ordre juridique national pose le problème des mécanismes d'introduction de la règle internationale en droit interne, de la place de celle-ci dans la hiérarchie des sources de droit fonctionnant au plan national et les effets pratiques de cette introduction. La Constitution de la RDC, en ses articles 215 et 216, place le droit international au-dessus de la loi interne tout en gardant une prédominance sur celle-ci[164].

L'article 215 stipule que « les traités et accords internationaux régulièrement conclus ont, dès leur publication,

[164] Voir art. 215 et suivants de la Constitution de la RDC de 2006.

une autorité supérieure à celle des lois, sous réserve pour chaque traité ou accord de son application par l'autre partie ». Et selon l'article 153 al 2 « Sans préjudicie des autres compétences qui lui sont reconnues par la présente Constitution ou par les lois de la République, la Cour de cassation connaît des pourvois en cassation formés contre les arrêts et jugements rendus en dernier ressort par les cours et tribunaux civils et militaires » L'article 216 ajoute que « si la Cour constitutionnelle consultée par le président de la République, par le Premier ministre, le président de l'Assemblée nationale ou le président du Sénat, par un dixième des députés ou des sénateurs, déclare qu'un traité ou accord international comporte une clause contraire à la Constitution, la ratification ou l'approbation ne peut intervenir qu'après la révision de la Constitution ». Ces deux dispositions (215 et 216) s'inscrivent dans la tradition « moniste » du droit congolais. Les traités internationaux, conclu par la RDC, s'incorporent à l'ordre juridique congolais – avec un rang supérieur à la loi qu'elle soit antérieure ou postérieure - à partir du moment où ils sont publiés au Journal officiel. Ratifié par la RDC et publié dans le Journal officiel de la République dans son numéro spécial du 5 décembre 2002, le Statut de Rome fait partie intégrante de l'ordre juridique congolais avec une autorité supérieure à celle de la loi interne. Mais pour des raisons de cohérence et d'efficacité, l'application des instruments internationaux - dans un Etat moniste comme la RDC – exige la mise en œuvre d'un certain nombre de textes[165]. Le Code pénal ordinaire ne consacre pas les crimes internationaux. Les juridictions militaires congolaises – qui avaient la compétence exclusive en matière de crimes internationaux – pouvaient ap-

[165] Dans son avis consultatif du 25 février 1925, prononcé dans l'affaire relative à l'échange de populations grecques et turques, la Cour permanente de justice internationale a clairement rappelé que « l'Etat qui a valablement contracté des obligations est tenu d'apporter à sa législation les modifications nécessaires pour assurer l'exécution des engagements pris ».

pliquer les dispositions du Statut de Rome définissant les crimes les plus graves (génocides, crimes contre l'humanité et crimes de guerre)[166] et les conventions portant sur les crimes internationaux. Aujourd'hui cette compétence est dévolue aux Cours d'appels qui connaissent au premier degré du crime de génocide, des crimes de guerre et des crimes contre l'humanité commis par les personnes relevant de leur compétence et de celle des tribunaux de grande instance[167]. Le législateur reste cependant muet sur les personnes bénéficiant du privilège de juridiction[168]. Pour le Professeur Luzolo, le Congo étant un pays de tradition moniste, le droit de la CPI n'a pas besoin rigoureusement d'une loi de mise en œuvre mais d'une loi d'application. De 2003 jusqu'en 2014, cette loi n'est toujours pas votée au parlement. En 2006, il y a eu une proposition de loi venant de deux députés portant loi de mise en œuvre du Statut de Rome. Cette proposition de loi abolit la peine de mort. Le débat au parlement s'est focalisé sur le maintien ou pas de la peine de mort[169].

En ce qui concerne les crimes internationaux :

---

[166] Il est important d'avoir présent à l'esprit que le Statut définit les crimes pour le besoin de la Cour. Le Statut ajoute aussi qu'il n'a pas nécessairement, dans ses dispositions, la définition coutumière des crimes.

[167] Article 91, point 1 de la loi organique n°13/011-B du 11 avril 2013 portant organisation, fonctionnement et compétences des juridictions de l'ordre judiciaire.

[168] Le Président de la République, le premier ministre ont selon la constitution pour juge naturel, la Cour Constitutionnelle. Ils ne peuvent donc pas être justiciables devant la Cour d'appel pour crimes internationaux. Le problème est que dans l'organisation judiciaire, les tribunaux qui ont la compétence matérielle pour connaitre des crimes internationaux ne correspondent pas à la compétence personnelle de certains justiciables. Il s'agit là d'un cas où un Etat est incapable juridiquement en raison de son organisation judiciaire. Il faut privilégier une solution interne notamment à travers la destitution du président pour haute trahison ou soit faire appel à la CPI (art 17 du Statut de Rome).

[169] Déclaration faite lors de l'atelier sur « le droit congolais et crimes internationaux », Cours intensifs sur les droits de l'homme et le droit international pénal, du 13 au 24 aout 2012, Kinshasa, RDC.

Se basant sur le rapport de la C.D.I sur le Projet des crimes contre la paix et la sécurité de l'humanité, les crimes internationaux renferment trois catégories :

a) les crimes de droit international ou les crimes internationaux par nature sont ceux qui portent atteinte à des valeurs sacrées, à des principes de civilisation, qui sont protégés en tant que tels ;

b) les crimes qui sont devenus internationaux que pour les besoins de la répression, et que des conventions ont adoptés à cet effet – de porté national et international ;

c) les cas « où un concours de circonstances transfère l'infraction du droit interne au droit international – il en est ainsi chaque fois qu'un Etat se rend auteur ou complice de l'infraction [...] Mais cette catégorie n'a aucun caractère *sui generis* puisqu'elle englobe des crimes qui sont des crimes de droit interne et dont l'internationalisation découle de l'intervention d'un Etat dans leur perpétration »[170]. A ce qui vient d'être dit, on ajoute encore ces autres précisions données toujours par la même CDI, dans son Rapport sur le projet de code des crimes contre la paix et la sécurité de l'humanité. Celle-ci en effet, avait estimé que « certes, les crimes internationaux sont considérés, dans leur ensemble, comme les infractions internationales les plus graves. Il n'empêche qu'entre ces crimes internationaux existe une certaine hiérarchie considérée en fonction de leur gravité. Sous ce rapport, en effet, les crimes contre la paix et la sécurité de l'humanité occupent le sommet de la

[170] D. THIAM, « Premier rapport sur le projet de codes des crimes contre la paix et la sécurité de l'humanité », A/CN.4/364, Ann. C.D.I., 1983, vol. II (1), p. 148, §34

hiérarchie. Ils sont, en quelque sorte, les plus graves parmi les plus graves »[171].

Au sens formel, les crimes internationaux sont des infractions établies par une norme internationale, et au sens matériel ce sont des infractions portant atteinte à l'ordre public de la société internationale[172].

En droit congolais, ces crimes internationaux faisaient l'objet du Titre V de la loi n° 00 24/2002 du 18 novembre 2002 portant code pénal militaire[173]. Il s'agit des incriminations suivantes :

a) Le crime de génocide, art. 164 : « Par génocide, il faut entendre l'un des actes ci-après commis dans l'intention de détruire, en tout ou en partie, un groupe national, ethnique, racial ou religieux, notamment : meurtre des membres du groupe ; atteinte grave à l'intégrité physique ou mentale de membres du groupe ; soumission intentionnelle du groupe à des conditions d'existence devant entraîner la destruction physique totale ou partielle ; mesures visant à entraver les naissances au sein du groupe, etc. »

b) Les crimes contre l'humanité, art.165, 166, 169 et 172. L'article 165 donne une définition imprécise des crimes contre l'humanité en ces termes : « les crimes contre l'humanité sont des violations graves du droit international humanitaire commises contre les populations civiles avant ou pendant la guerre ». Une définition qui entretient une confusion entre crimes contre l'humanité et crimes de guerre. Elle s'écarte également de la définition donnée par l'article 7 du statut de Rome qui vise les actes contre

[171] *Ann, CDI, 1983,* Vol II, 2ème partie, p. 14, § 47

[172] A. CASSESSE et M. DELMAS-MARTY, *Crimes internationaux et juridictions internationales*, PUF, Paris, 2002, p. 5.

[173] Art. 165 à 175 du code pénal militaire congolais.

les populations civiles dans le cadre d'une « attaque généralisée ou systématique »[174]. L'article 7-2-a du Statut de Rome, « une attaque lancée contre une population civile » consiste « en la commission multiple d'actes visés au paragraphe 1 à l'encontre d'une population civile quelconque, en application ou dans la poursuite de la politique d'un Etat ou d'une organisation ayant pour but une telle attaque »[175].

c) Les crimes de guerre, art.173, 174 et 175. L'article 173 : « Par crimes de guerre, il faut entendre toutes les infractions aux lois de la république commises pendant la guerre et qui ne sont pas justifiées par les lois et coutumes de la guerre ». Cette définition ne fait pas mention des conventions de Genève du 12 août 1949 notamment, les actes constitutifs d'infractions graves des lois et coutumes applicables aux conflits armés internationaux dans le cadre établi par le droit international. Elle est également différente de l'article 8 du Statut de Rome.

Il apparaît que les définitions données des crimes internationaux par le code judiciaire militaire ne sont pas conformes au Statut de Rome. Certaines sont carrément fausses comme celle du crime contre l'humanité qu'on associe souvent au crime de guerre.

Le Titre V du Code pénal militaire attribue la compétence de juger les crimes de génocide, les crimes de guerre et les crimes contre l'humanité aux seules juridictions militaires. Ces juridictions sont saisies conformément à l'article 214 du code de justice militaire, par voie de tra-

---

[174] Nyabirungu mwene Songa, Formations des avocats de Kinshasa, 12-15 décembre 2005.

[175] Cette précision qui est spécifique au Statut de la CPI n'existe pas dans le Statut du TPY ni dans celui du TPIR

duction directe, par décision de renvoi émanant de l'auditeur militaire près la juridiction compétence et par voie de comparution volontaire du prévenu. L'officier du ministère public mène les poursuites contre les prévenus traduits directement ou renvoyés. L'immunité attachée à la qualité officielle d'une personne ne l'exonère pas des poursuites pour crimes de guerre ou crimes contre l'humanité[176]. Le crime de génocide n'est pas visé.

Quant aux peines prévues contre les crimes internationaux, le législateur prévoit trois peines applicables selon les cas à savoir : la peine de mort, la peine de servitude pénale à perpétuité et la servitude pénale principale de 15 ans à 20 ans. Le crime de génocide est passible de la peine de mort. Le crime contre l'humanité, s'il a entraîné la mort ou causé une atteinte grave à l'intégrité physique ou à la santé d'une ou plusieurs personnes, est également puni de mort.

Il faut noter une différence du point de vue des peines applicables entre le code congolais par rapport au Statut de Rome qui ne prévoit pas la peine de mort – art.77. À travers l'existence de la peine de mort, la RDC se met en porte-à-faux par rapport à sa constitution qui reconnait en son article 16, le caractère sacrée de la vie humaine. Le code ne prévoit en outre aucune peine contre le crime de guerre – violation du principe *nulla poena sine lege*[177].

Enfin, la RDC n'a toujours pas adopté la loi d'application du Statut de Rome qui faciliterait la poursuite des auteurs de crimes par les juridictions congolaises.

---

[176] Article 161 du code pénal militaire

[177] G. KAMBERE KAHARANE *Les crimes internationaux en droit congolais*, rapport du séminaire des avocats de Goma, Novembre 2005, p. 16.

Il ressort des indiscrétions des couloirs de l'Assemblée nationale que la question de la peine de mort constituait le talon d'Achille de la proposition de loi de mise en œuvre du Statut de Rome[178]. Le parlement semble éluder le débat sur la peine de mort qu'implique l'examen de la proposition de loi de mise en œuvre. Le plus grand regret est le fait que cette loi de mise en œuvre ne soit examinée et promulguée, renvoyant ainsi une attitude de la RDC extrêmement ambiguë face à la lutte contre ces atrocités commises sur son sol et qui heurtent la conscience de l'humanité[179]. La question de la peine de mort est donc, d'un tel enjeu que tout est fait pour ne pas consacrer formellement son abolition en droit congolais, même s'il faut sacrifier les accords et traités internationaux librement signés et ratifiés [180].

2° La justice militaire comme mécanisme de répression des crimes internationaux

Le législateur congolais avait attribué la compétence exclusive des poursuites des crimes internationaux aux juridictions militaires. La question essentielle est celle de savoir si ces juridictions sont en mesure de répondre efficacement à l'impunité des crimes commis en RDC ?

La justice militaire est rendue ineffective par le cadre législatif totalement anachronique et contraire aux normes constitutionnelles[181] et internationales sur le droit à un procès équitable.

---

[178] Lievin Ngondji Ongombe, « L'impact de la peine de mort dans le processus de l'adoption de la loi de mise en œuvre du Statut de Rome en RDC » in Pouvoir et Poursuite, défis et opportunités pour la justice pénale internationale en Afrique Subsaharienne, Groupe des experts africains en droit pénal international, Gottingen Studies in criminal law and justice, volume 24, p.82.

[179] Idem, pp82-83.

[180] Ibidem, p. 81.

[181] La constitution limite clairement la compétence personnelle des tribunaux militaires aux seuls membres des forces armées et de la police.

La réforme de la justice militaire instituée par les lois de 2002 n'avait répondu que très partiellement aux attentes. Le ministre de la justice a initié une autre réforme, en cours, en partie dans le dessein d'intégrer dans la procédure judiciaire militaire les principes fondamentaux énoncés dans la constitution de 2006, adoptés après l'entrée en vigueur des réformes de 2002[182].

Il a été question pour la commission permanente de réforme du droit congolais d'identifier les innovations qu'apporte la nouvelle constitution à l'ensemble de l'ordonnancement judiciaire et relever en particulier celle qui concerne la justice militaire au plan de ses règles d'organisation, de compétence, de procédure, d'incrimination, de sanction et des voies de recours. En d'autres termes, la commission devrait élaborer le nouveau statut de la justice militaire conformément à la constitution de 2006, du projet des Principes des Nations Unies sur l'administration de la justice par les cours et tribunaux militaires. Un autre but de la réforme est de mettre fin à la « militarisation » de la justice qui se traduit par une extension des compétences des juridictions militaires au détriment des juridictions ordinaires.

Une requalification des relations entre la justice militaire avec le commandement militaire et le gouvernement s'impose. En effet, les juges, les magistrats ou les assesseurs militaires ne sont soumis – dans l'exercice de leur fonction – qu'à l'autorité de la loi[183]. Le commandement ou la hiérarchie militaires ou de la police – en général le pouvoir exécutif - ne peut donner d'injonction au juge militaire dans l'exercice de sa juridiction, ni statuer sur les

---

[182] M. Westh'Okanda Koso, « la justice militaire et le respect des droits de l'homme : L'urgence du parachèvement de la réforme ». *Une étude d'Afrimap et de l'Open society intiative for southern Africa.* op. cit, p.10.

[183] Article 149 de la constitution consacrant l'indépendance du pouvoir judiciaire et qui fait participer à cette indépendance les cours et tribunaux militaires ainsi que leurs parquets respectifs.

différends, ni entraver le cours de la justice, ni s'opposer à l'exécution d'une décision de justice. De même le pouvoir législatif ne peut ni statuer sur les différends juridictionnels, ni modifier une décision de justice, ni s'opposer à son exécution[184].

Mais dans les faits, des entraves à l'indépendance de la justice militaire sont relevées et dont les origines peuvent être les membres de l'exécutif, le commandement des forces armées et la hiérarchie judiciaire militaire elle-même. Une ingérence qui prend des proportions inquiétantes, d'où la nécessité de réponses adéquates et rapides[185].

Afin de garantir l'effectivité de l'indépendance de la magistrature militaire, le Parlement devra réviser les textes des lois non conformes à la constitution notamment les dispositions du code judiciaire militaire.

3° LA COMPLÉMENTARITÉ DE LA CPI

3.1 Au niveau de la CPI

L'un des plus importants éléments qui a été intégré dans le Statut de Rome est la responsabilité primordiale

---

[184] Article 150 alinéa 1 et 151 de la Constitution.

[185] Le cas de quatre magistrats de l'auditorat de garnison de Kinsagani qui ont subi des actes de tortures et de mauvais traitements le 28 juillet 2007 ordonné par le général Jean-claude Kifwa « Tango-Tango », commandant de la neuvième région militaire. Les griefs retenus étaient de n'avoir pas exécuté l'autorisation de ce dernier pour déclencher des poursuites. Le gouvernement a interdit, récemment, aux magistrats militaires de poursuivre et d'arrêter les poursuites déjà initiées à l'encontre des chefs et les combattants du CNDP à travers une lettre du ministre de la justice du 09 février 2009. Enfin, le cas des juges dans l'affaire « Emile Ilunga » qui se sont retrouvés en détention à la prison de Makala par ordre du Procureur général de la République. Le motif de cette arrestation est qu'ils avaient émis une ordonnance de mise en liberté provisoire rendue le 20 octobre 2009. Ces différents cas démontrent que l'indépendance des magistrats en RDC est encore un slogan.

des Etats parties eux-mêmes de poursuivre les crimes et de mettre fin à l'impunité. Ce principe est consacré dans le préambule du Statut de Rome et ses dispositions pertinentes. C'est l'un des critères fondamentaux d'admissibilité appliquée dans la sélection des situations et des dossiers enquêtes poursuivis par le Bureau du procureur de la Cour. Une autre conséquence du principe de complémentarité est l'obligation, dans les systèmes juridiques internes, de satisfaire les demandes de coopération : arrestation, recherche et préservation d'éléments de preuve, saisie de produits de crimes, toutes autres formes d'assistance.

En effet, la complémentarité renvoie à l'article 17 du statut. Elle vise « les enquêtes, les poursuites et procès au niveau national concernant l'affaire en question de sorte que cette affaire serait recevable uniquement si les Etats normalement compétents sont restés inactifs face à cette affaire ou n'ont pas eu la volonté, ou ont été incapables dans le sens de l'article 17-1-a à c du statut »[186]. L'article 17-2 définit quant à lui les paramètres à prendre en compte dans l'analyse du manque de volonté de l'Etat de mener véritablement à bien les enquêtes ou les poursuites[187]. Dans l'affaire Germain Katanga et Matthieu Ngundjolo, la Chambre de première instance II a précisé un nouveau élément dans l'analyse du manque de volonté d'un Etat. A cet égard, la Chambre distingue deux situations de manque de volonté. La première est celle qui se manifeste par le « souhait d'entraver le cours de la justice ». La seconde est celle dans laquelle un « Etat qui, sans vouloir protéger une personne, préfère pour diverses raisons de ne pas exercer sa compétence à son égard ». Pour la Chambre, « cette

---

[186] Traduction non officielle de l'extrait de la décision du 10 février 2006, reproduit au § 25, p.10 de la décision du 4 février 2009 – Decision on application under 103 ; disponible www.icc-cpi.int/iccdocs/doc/

[187] Article 17-2 du Statut de Rome.

seconde forme de « manque de volonté », non explicitement prévue par l'article 17 du Statut, correspond au souhait de voir la personne traduite en justice, mais devant une autre juridiction que les juridictions nationales ». Et à la Chambre de conclure que « l'Etat qui choisit ainsi de ne pas mener une enquête ou de ne pas poursuivre une personne devant ses propres juridictions, mais qui se montre par ailleurs déterminé à ce que justice soit faite, doit être considéré comme étant dépourvu de la volonté évoquée à l'article 17 du Statut » [188]

La Chambre a relevé que le manque de volonté de l'État ne suffisait pas pour conclure à la recevabilité d'une affaire, puisque même dans un tel cas de figure, les motifs d'irrecevabilité prévus aux articles 17-1-c (*ne bis in idem*) et 17-1-d (gravité) devaient être pris en compte (§.81). Elle a considéré que dans la situation en question, l'Etat concerné(RDC) avait « choisi [….] de ne pas mener une enquête ou de ne pas poursuivre une personne devant ses propres juridictions[189] [..] », ce qui constituait un cas d'inaction.

Et la Chambre d'appel conclut que « 1. Conformément aux alinéas a) et b) de l'article 17-1 du Statut, la question du manque de volonté ou de l'incapacité ne doit être examinée que dans l'un des cas suivants :

1) si, au moment de la procédure concernant l'exception d'irrecevabilité, des enquêtes ou des poursuites sont menées au niveau national, ce qui pourrait rendre l'affaire irrecevable devant la Cour ; ou 2) si de telles enquêtes ont été menées et que l'État compétent a

---

[188] ICC-01/04-01/07-1213, Affaire le Procureur c Germain Katanga et Matthieu Ngundjolo chui, Motifs de la décision orale relative à l'exception d'irrecevabilité de l'affaire (article 19 du Statut), Décision du 16 juin 2009, p. 32, par. 77, document disponible en ligne sur http://www.icc-cpi.int/iccdocs/doc/doc700134.pdf (visité le 09 mars 2010).

[189] Idem p.32, par. 81.

décidé de ne pas poursuivre la personne concernée. 2. L'inaction de la part d'un État compétent (c'est-à-dire le fait qu'il ne diligente pas d'enquêtes ou de poursuites, ou qu'il ne l'ait pas fait) rend une affaire recevable devant la Cour, sous réserve des dispositions de l'alinéa d) de l'article 17-1 du Statut »[190].

« La Chambre d'appel n'est pas convaincue par les arguments de l'appelant car, pour les raisons énumérées cidessous, l'affaire concernant l'Appelant est bien recevable, et ce, que la Chambre de première instance ait correctement interprété ou non l'expression « manque de volonté » et que la liste contenue dans l'article 17-2 soit exhaustive ou non. »[191].

Par conséquent, pour dire si une affaire est irrecevable au regard des alinéas a) et b) de l'article 17-1 du Statut, il est nécessaire d'examiner au préalable 1) si elle fait l'objet d'une enquête ou de poursuites, ou 2) si elle a fait l'objet d'une enquête par le passé et que l'État ayant compétence en l'espèce a décidé de ne pas poursuivre la personne concernée. Ce n'est qu'en cas de réponse affirmative qu'il échet de se pencher sur la deuxième partie des alinéas a) et b) et que se pose la question du manque de volonté et de l'incapacité. Procéder autrement reviendrait à mettre la charrue avant les bœufs. Il s'ensuit qu'en cas d'inaction, la question du manque de volonté et de l'incapacité ne se pose pas ; l'inaction de la part d'un État compétent (c'est-à-dire le fait que l'affaire ne fasse ou n'ait fait l'objet ni d'une enquête ni de poursuites de la part de l'État) rend l'affaire recevable devant la Cour, sous réserve de l'article 17-1-d du Statut. Cette interprétation des alinéas a) et b)

[190] ICC-01/04-01/07 OA 8 Arrêt du 25 septembre 2009 relatif à l'appel interjeté par Germain Katanga contre la décision rendue oralement par la chambre de première instance II le 12 juin 2009 concernant la recevabilité de l'affaire. P. 3 document disponible en ligne sur http://www.icc-cpi.int/iccdocs/doc/doc766882.pdf (visité le 09 mars 2010).

[191] Idem, p. 31, par.76.

de l'article 17-1 est largement étayée par la doctrine, comme en témoignent les commentaires consacrés à cette disposition et au principe de complémentarité[192]. Si les Etats s'abstiennent d'enquêter, et lorsque cela est nécessaire, de poursuivre ou s'ils ne sont pas en mesure de le faire alors la CPI doit intervenir. De surcroit, on pourrait trouver quelque mérite à l'argument selon lequel lorsqu'un Etat décide souverainement de renoncer à sa compétence en faveur de la Cour, on peut considérer qu'il s'acquitte de son « devoir [...] de soumettre à sa juridiction criminelle » les responsables de crimes, comme le prévoit le sixième alinéa du préambule[193].

---

[192] Voir Markus Benzing, The Complementarity Regime of the International Criminal Court:
International Criminal Justice between State Sovereignty and the Fight against Impunity, *in Max*
Planck Yearbook of United Nations Law (2003), volume 7, p. 591 à 601 ; Bruce Broomhall,
International Justice and the International Criminal Court: Between Sovereignty and the Rule of Law
(2003), p. 91 ; William W. Burke-White, Scott Kaplan, Shaping the Contours of Domestic Justice / The
International Criminal Court and the Admissibility Challenge in the Ugandan Situation, *in Journal of*
International Criminal Justice (2009), volume 7, p. 257 à 260 ; Mohamed El Zeidy, *The Principle of*
Complementarity in International Criminal Law (2008), p. 161, 221 et 230 ; John T. Holmes,
Complementarity: National Courts versus the ICC, *in* Antonio Cassese, Paola Gaeta, John R.W.D.
Jones (Dir. pub.), *The Rome Statute of the International Criminal Court: A Commentary*, Volume I
(2002), p. 667 à 673 ; Jan Kleffner, *Complementarity in the Rome Statute and National Criminal*
Jurisdictions (2008), p. 103 et suivantes ; Claus Kress, "Self-Referrals" and "Waivers of Complementarity" – Some Considerations in Law and Policy, *in Journal of International Justice*
(2004), volume 2, p. 944 à 946 ; Hector Olásolo, *The Triggering Procedure of the International*
Criminal Court (2005), p. 165 ; Jo Stigen, *The Relationship between the International Criminal Court*
and National Jurisdictions / The Principle of Complementarity (2008), p. 199 et suiv.

[193] Voir Clauss Kress "self-referals" and waivers of complementarity some considerations in law and policy, in journal of international criminal justice(2004), volume 2, p. 944 et 945. Selon Clauss Kress "Traduction" il serait trop restrictif de considerer que la

Par ailleurs, parce que les juridictions nationales sont appelées à jouer un rôle principal dans la poursuite des responsables des crimes de droit international, leur capacité d'action doit par conséquent être renforcée. Cela pousse le Bdp à inventer le concept nouveau de « complémentarité positive ». Ce concept signifie que le Bdp « encourage de véritables procédures nationales lorsque cela s'avère possible, qu'il s'appuie sur des réseaux nationaux et internationaux et qu'il participe à un système de coopération internationale »[194].

Dans le contexte de la complémentarité positive, il se pourrait que la Cour et en particulier la communauté internationale jouent un grand rôle en fournissant une assistance en renforçant la capacité et le rôle des juridictions nationales afin de poursuivre les crimes les plus graves et promouvoir la lutte contre l'impunité.

La complémentarité positive est utilisée pour décrire toutes les actions et activités visées pour soutenir les juridictions nationales en rapport avec leurs obligations conformément au Statut de Rome y compris les activités visant à renforcer l'Etat de droit.

Le concept de complémentarité positive n'est pas toutefois, simple et sans complication. La Cour est, d'abord et au demeurant, une institution judiciaire. Ce n'est pas une agence de développement. En considérant quelles activités seront entreprises, et par qui ; le mandat judiciaire de la

---

formule "soumettre à sa jurisdiction criminelle" conenue au sixième alinéa du Préambule signifies implement "mener des enquêtes et des poursuites au niveau national et, le cas échéant, sanctionner les responsables » compte tenu de l'objectif premier du Statut de Rome qui est de mettre fin à l'impunité, on ne devrait pas empêcher l'Etat ayant compétence de choisir une seconde manière de lutter contre l'impunité, à savoir le renvoi d'une affaire devant la CPI en vue d'une enquête internationale » Voir aussi Mohamed El Zeidy, the principles of complementarity in international criminal law (2008), p.218 et suiv.

[194] Voy. CPI, informal expert paper: the principle of complementary in practice, la Haye: ICC-OTP, 2003, p. 5, document disponible en anglais en ligne sur www.icc-cpi.int/library/organs/otp/complementarity.pdf

cour et les implications possibles de ressources qui doivent être pris en compte.

Il est cependant important de signaler que l'article 93 (10) du Statut n'impose pas une obligation à la Cour d'assister un Etat qui mène des investigations ou enquêtes.

3.2 Bilan de l'exercice de la primauté de poursuites des juridictions congolaises

a) Avancées

Quand on fait le bilan de 10 ans de l'exercice de la primauté de poursuites des juridictions congolaises dans la répression des crimes internationaux, il ressort quelques éléments positifs. Il s'agit notamment de l'application directe des dispositions du Statut de Rome, les efforts vers une certaine prise en compte des principes du procès équitable, la condamnation de l'Etat congolais en tant que civilement responsable[195].

b) Points faibles

Plusieurs points faibles ont été décelés : la non application du Statut de Rome dans certaines décisions des tribunaux militaires, l'application sélective des dispositions du Statut de Rome dans d'autres, difficultés dans l'exécution de la servitude pénale à cause de la décrépitude des prisons, le maintien de la peine capitale pour les crimes de la compétence de la CPI, non exécution de la condamnation de l'Etat à la réparation civile, l'absence du double degré de juridiction devant la cour militaire, l'impunité résiduelle des crimes postérieurs à 2002, l'impunité totale des

[195] Colonel Mutanzini, atelier sur la complémentarité de la CPI et la coopération des Etats in Rapport des cours intensifs sur les droits de l'homme et le droit international pénal, du 13 au 23 aout 2012, Kinshasa, RDC, p.29, inédit, CAD.

crimes antérieurs à 2002. C'est dire que la rencontre entre la CPI et le système judiciaire congolaise a mis à nu les dysfonctionnements de la justice congolaise[196].

De ce qui précède, on comprend qu'en République Démocratique du Congo, les défis sont immenses pour la réalisation de la complémentarité. Le pays est vaste, les conflits continuent particulièrement dans sa partie Est[197] avec comme conséquence, la perpétration des crimes graves. Les besoins sont tellement énormes que la réalisation de la complémentarité dépend premièrement, de la réforme du système judiciaire national. Cependant, l'intervention de la communauté internationale dans la mise en œuvre de la complémentarité en RDC à travers les cellules d'appui aux poursuites est un bon exemple.

c) Les Cellules d'appui aux poursuites judiciaires (CAP) en RDC

Afin de faciliter l'exercice de la primauté de poursuites des juridictions congolaises en matière des crimes internationaux, la MONUSCO a signé un protocole d'accord, le 19 décembre 2011 avec le Gouvernement de la République Démocratique du Congo, représenté par le Ministère de la Défense nationale et des anciens combattants concernant la mise en place des cellules d'appui aux poursuites judiciaires. Un examen du fonctionnement de ces cellules s'avère important.

- *Mandat des CAP*

Eu égard, à la Résolution 1991 du Conseil de Sécurité des Nations Unies reprenant celle adoptée antérieurement notamment, la Résolution 1925(2010) qui confère à la Mission de l'organisation des Nations Unies pour la stabi-

[196] Idem, p.30.
[197] Les crimes du M23 et des autres groupes armés actifs sans oublier les exactions commises par les FARDC.

lisation en RDC (Monusco) le mandat inter alia, « d'appuyer l'action menée aux niveaux national et international pour que les auteurs de ces violations soient traduits en Justice, notamment en mettant en place des cellules d'appui aux poursuites judiciaires pour aider les autorités des Forces armées de la République Démocratique du Congo (FARDC) chargées de la justice militaires à poursuivre les personnes arrêtées par les FARDC »[198].

Ce protocole détermine le cadre de travail et de coopération entre les autorités de la justice militaire et les experts internationaux affectées aux cellules d'appui aux poursuites judiciaires relatives à la commission de crimes graves de la compétence des juridictions militaires.

Ainsi, le personnel affecté aux CAP ne va ni initier, ni entreprendre, ni mener une quelconque enquête ou des poursuites judiciaires de crimes allégués. Leur rôle est d'appuyer les autorités de la justice militaire à travers un appui logistique, des formations spécialisées, des conseils pratiques, des recommandations et éventuellement l'expertise technique sur réquisition de l'autorité judiciaire compétente conformément à la loi[199].

- *Fonctionnement des CAP*

Chaque CAP est composée d'un conseiller Procureur militaire (responsable), d'un conseiller des affaires judiciaires (magistrat), de deux conseillers policiers militaires (investigateurs), de deux conseillers policiers internationaux (investigateurs).

---

[198] Protocole d'accord entre la Monusco et le Gouvernement de la RDC représenté par le Ministère de la Défense nationale et des anciens combattants concernant la mise en place des cellules d'appui aux poursuites judiciaires, p.1.

[199] La raison d'être de ces CAP est la nécessité de lutter contre l'impunité des « crimes les plus graves « (art 5 du Statut de Rome) par le renforcement des capacités opérationnelles de la Justice militaire aux moyens logistiques, équipements, expertise technique. Idem p.2.

Lorsque le personnel des CAP reçoit des informations sur la commission d'un crime grave, il devra les porter aussitôt à la connaissance du point focal concerné de la justice militaire présent dans la zone de responsabilité (partage d'informations sur les crimes). L'autorité judiciaire peut demander un appui en matière d'enquêtes et des poursuites judiciaires en identifiant la nature, les modalités et l'étendue des besoins. Cette demande sera adressée par écrit au point focal de la CAP ou en cas d'urgence, par tout autre moyen de communication[200].

La CAP peut proposer son appui directement aux autorités judiciaires.

Entrée en vigueur le 19 décembre 2011 pour une durée initiale de 12 mois renouvelable, le CAP est un concept inédit et innovant dans la lutte contre l'impunité en RDC avec comme bénéfices à terme le renforcement des capacités et le transfert de compétences.

- Bilan d'activités des CAP

Il s'agit d'examiner le cadre de travail des CAP, les résultats obtenus et les défis et perspectives.

Les CAP ont été déployés dans cinq villes : Bunia, Bukavu, Goma, Kalemie et Kindu. Les modalités de leurs interventions se caractérisent par les demandes d'appuis, le cadre locaux de concertations et les audiences foraines. Elles ont reçues 28 demandes d'appuis. 16 audiences ont été soutenues, 234 dossiers jugés dont 85 portants sur des violences sexuelles. En ce qui concerne, le training et monitoring, les CAP ont aidé dans l'élaboration des plans d'enquêtes, le planning et conduite des auditions (interrogatoires) des victimes sexuelles, protection des victimes et témoins, la gestion de la scène de crime, la rédaction des PV, police des audiences.

---

200 Idem p.4.

Quand aux défis et perspectives, on peut noter : la situation sécuritaire à l'est (Goma), le problème de co-localisation, le soutien opérationnel (poursuites et audiences) etc.

Que retenir alors des CAP en RDC ?

C'est une très bonne initiative, il y a quelques défauts dû surement à sa jeunesse.

Comme nous l'avons dit ci haut, il ya cinq cellules d'appui aux poursuites, (Bunia, Goma, Bukavu, Kalemie, Kindu). Il ya un projet de créer deux cellules supplémentaires, un à Lubumbashi et un à Kisangani. Ces CAP ont essentiellement pour mission de donner un appui technique (conseils et expertise) et logistique (en fournissant les moyens de transport) et de l'aide aux procureurs du système de justice militaire, surtout pour les enquêtes et la poursuite des crimes de guerre et crimes contre l'humanité (en particulier les violences sexuelles).

L'une des lacunes sur place est l'absence de faciliter de transport. Les CAP organisent d'ailleurs le transport pour les juges, les procureurs, la défense et parfois même les prisonniers. A kindu, il y a eu des sessions sur les droits de l'homme et droit international humanitaire pour les procureurs nationaux etc.

Voici quelques critiquent sur le fonctionnement des CAP :

- Le quartier général des CAP à Kinshasa pourrait être mieux dotés en personnel et d'être pro actif en termes de problèmes de coordination ;
- Fournir de cours d'introduction par exemple sur la procédure pénale ou l'organisation judiciaire au Congo aux experts internationaux ;

- Problème de recrutement des experts internationaux (il doit être fait avec beaucoup de soin). De même il doit y avoir une évaluation et même la responsabilité du personnel existant. Il n'y en a presque pas.
- La durabilité des actions des CAP : qu'adviendra t-il après le départ de ces experts et de leurs partenaires (Monusco) Certes, ils auront contribué à remettre sur le rail le système judiciaire à travers leur expertise mais il ya de craintes qu'après le départ des experts, le pouvoir judiciaire se rabatte sur son état de somnolence et d'inertie.
- Aucune des CAP ne sera pas en mesure de lutter contre la corruption, l'un des obstacles majeurs au bon fonctionnement du système judiciaire congolais.

Dans cet ordre d'idées, et pour assurer le respect du principe de la complémentarité, la RDC vient d'annoncer la création prochaine des chambres spécialisées mixtes au sein des tribunaux congolais. C'est également dans ce cadre que s'est ouvert en novembre 2013, devant la Cour militaire opérationnelle à Goma, au Nord-Kivu, le procès, d'une quarantaine de militaires congolais, dont quinze officiers, accusés d'avoir commis des viols à Minova, dans le territoire de Kalehe, au Sud-Kivu[201]. Le verdict est tombé le 5 mai 2014 dans le procès dit de « Minova ». Treize officiers ont été acquittés, un seul a été reconnu coupable de meurtre et condamné à perpétuité. Les 25 autres militaires de rang ont été condamnés à des peines allant de 3 à 20 ans pour pillage[202].

[201] Discours du représentant de la RDC lors de l'Assemblée des Etats parties à la CPI, 20 novembre 2013. Notons aussi

[202] Article de Radio France Inter publié le 5 mai 2014 sur le site http://www.rfi.fr/afrique/20140505-rdc-verdict-controverse-le-proces-minova/

4° LA COOPÉRATION DES ETATS

A. Principe de la coopération

En principe, le travail de la CPI participe d'un effort commun et nécessite la coopération et l'assistance de tous les Etats parties et, au-delà, des autres Etats, organisations internationales et groupes d'action de la société civile. L'obligation générale de coopérer faite aux Etats Parties aux termes de l'article 86 du Statut de la CPI se justifie pleinement ici car, à la différence des institutions judiciaires nationales des Etats, la CPI ne dispose pas « *prima facie* », de pouvoirs directs d'exécution. Elle ne peut ni exécuter les mandats d'arrêt, ni procéder à des perquisitions domiciliaires et fouilles des personnes ou contraindre des témoins à comparaitre sans l'aval des autorités nationales concernées. Il est donc essentiel pour le fonctionnement de la Cour, que les Etats Parties à son Statut coopèrent sans réserve dès l'ouverture de l'enquête et jusqu'à l'exécution de la peine prononcée.

Ainsi, s'agissant de l'arrestation des suspects, l'article 59-1 prévoit que « l'Etat Partie qui a reçu une demande d'arrestation provisoire ou d'arrestation et de remise prend immédiatement des mesures pour faire arrêter la personne dont il s'agit conformément à sa législation et aux dispositions du chapitre IX ».

B. Application pratique du principe

Dans la pratique, il ne peut absolument y avoir procès, en l'absence d'une coopération suffisante pour l'arrestation et la remise. On se souviendra que plus de cinq ans après que la Cour a délivré ses premiers mandats d'arrêt dans la situation en Ouganda, les cinq mandats n'ont toujours pas été suivis d'effet, la Cour ne disposant pas de propre force de police pour arrêter ces personnes[203].

Ainsi, faisant une bonne application du Chapitre IX du Statut de Rome, la CPI adresse régulièrement des demandes de coopération et d'assistance à des Etats et développe des échanges et modes de coopération bilatéraux avec ceux-ci, notamment dans les domaines des activités d'analyse et d'enquête, du suivi et du gel des actifs, de la protection des victimes et des témoins, des arrestations, de l'exécution des peines et de la mise en liberté provisoire d'accusés en attendant l'ouverture de leur procès[204]. L'expérience de la République Démocratique du Congo (RDC) est fort instructive à cet égard car, comme le souligne le Professeur Luzolo Bambi, la coopération entre la CPI et la RDC est une expérience atypique qui, dès le départ, s'est organisée et développée en l'absence d'une loi de mise en œuvre du Statut de Rome[205].

Pour lui en effet, l'imagination, le pragmatisme et la flexibilité ont progressivement provoqué l'émergence d'une véritable jurisprudence de la coopération, faite de pratiques non codifiées certes, mais néanmoins dictées par le souci de faire avancer l'action de la CPI et cela, dans un contexte post-conflit particulièrement délicat[206].

---

[203] Au mois de décembre 2003, le Président Yoweri Museveni avait pris la décision de déférer la situation concernant la « Lord Resistance Army» (LRA) au Procureur de la Cour pénale internationale. Ce dernier ayant déterminé qu'il existait une base suffisante pour commencer à préparer la première enquête de la Cour, a décidé d'ouvrir une enquête et de lancer des mandats d'arrêts contre cinq suspects. Voir doc ICC-02/04-01/05, Affaire Procureur c/Joseph Kony, Vincent Otti, Okot Odhiambo et Dominic Ongwen. Le cinquième mandat lancé contre Monsieur Raska Lukwiya s'est éteint par le décès de ce dernier survenu le 12 août 2006.

[204] Voir rapport de la Cour pénale internationale à l'Organisation des Nations Unies, Document A/65/313 du 19 août 2010, par. 99, p.21.

[205] Luzolo Bambi Lessa, *Système de justice intérieure et Cour pénale internationale*, intervention faite à la Conférence de consultation sur la Justice Criminelle Internationale, New York du 9 au 11 septembre 2009, inédit, p.2

[206] Idem, p.3.

L'auteur[207] relève également à l'actif de cette expérience que la RDC n'a pas attendu l'entrée en vigueur du Statut de Rome pour le ratifier[208], qu'elle a d'initiative déféré sa situation devant la CPI dès le 03/03/2004[209] et qu'en rapport avec cette procédure, la RDC a, à trois reprises correctement exécuté des demandes d'arrestation émanant de la CPI concernant ses ressortissants[210].

Il y'aura certes bien d'autres exemples de succès en matière d'arrestation et de remise, en dehors de l'expérience de la RDC avec la CPI, mais il sied de reconnaître pour le moment, qu'ailleurs, la Cour a essuyé plusieurs revers dans ce domaine, dont les plus cinglants tiennent à l'exécution de neuf mandats d'arrêt encore en souffrance. C'est le cas notamment dans l'affaire *Le Procureur c.Omar Hassan Ahmed El-Béchir.* Et de la situation au Kenya. La Cour et ses instances devraient porter un peu plus d'attention à la réalité du changement de la perception de la Cour qui commence à prendre forme auprès de certains Etats qui ont jusque là fait preuve d'un grand soutien au travail de la Cour. Le cas du Kenya en est l'illustration.

Rappelons qu'au Kenya, le président de la République Uhuru et son vice-président Ruto sont en procédure devant la CPI. L'Union africaine, lors de son sommet d'Addis-Abeba (13 octobre 2013) avait réitéré sa préoccupation

---

[207] Ibidem p. 4.

[208] C'est par Décret-loi No 013 du 30 mars 2002, qu'il a plu au Président de la République, de ratifier le traité du 17 juillet 1998 portant Statut de la Cour pénale internationale (CPI), conformément aux dispositions du Décret-loi constitutionnel no 003 du 27 mai 1997 portant exercice et organisation du pouvoir en République Démocratique du Congo.

[209] Dans sa lettre déférant la situation au Procureur de la CPI, le Chef de l'Etat congolais avait prié le Procureur d'enquêter sur les crimes commis et de déterminer si une ou plusieurs personnes devraient être accusées de ces crimes.

[210] A titre d'exemple, le mandat d'arrêt délivré le 10 février 2006, par la Chambre préliminaire I à l'encontre de Thomas Lubango Dyilo, accusé d'avoir commis des crimes de guerre, a bénéficié de la pleine coopération des autorités congolaises qui ont arrêté et remis le suspect à la Cour le 7 mars 2006.

concernant ce qu'elle qualifie de la « politisation abusive» des inculpations des dirigeants africains par la CPI, ainsi que les inculpations et les poursuites sans précédent engagées contre les dirigeants Kenyans en rapport avec les événements récents au Kenya et souligne la gravité de cette situation qui selon elle, risque de saper la souveraineté, la stabilité et la paix au Kenya.

Après le rejet de la requête de l'Union africaine sollicitant la suspension des poursuites au Kenya (sur base de l'article 16 du Statut de Rome) auprès du Conseil de sécurité des Nations Unies, un débat a eu lieu à l'Assemblée des Etats parties de la CPI, sur demande de l'Union africaine sur « la question de la mise en accusations des chefs d'Etats et la stabilité ». Il ressort de ce débat que la problématique de la relation entre paix et justice est une question délicate. L'Assemblée des Etats parties tient à l'intégrité du Statut de Rome. On ne peut donc toucher aux dispositions sur le défaut de pertinence de la qualité officielle (absence d'immunités). Il y a eu cependant des amendements à la règle de procédure devant la CPI. L'Assemblée a adopté de nouvelles règles 134 bis, ter et quater concernant la comparution au moyen d'une liaison vidéo, la dispense de comparution au procès, et la dispense de comparution au procès en raison de fonctions publiques extraordinaires[211].

[211] Ces amendements, qui sont entrés en vigueur dès leur adoption par l'Assemblée, ont pour finalité d'améliorer l'efficacité des procédures engagées devant la Cour tout e garantissant les droits des accusés. Voir les amendements sur le site de la CPI : http://www.icc-cpi.int/fr_menus/icc/press%20and%20media/press%20releases/Pages/PR967.aspx

C. Coopération entre la CPI et la RDC

Lors de la réunion annuelle entre la CPI et les ONG, en mars 2011, le président de la CPI, le juge SONG avait reconnu que la coopération des Etats est un point faible de la Cour (Plusieurs mandats restent inexécutés). Sans la coopération des Etats, la cour ne vaut rien. Le problème est que la plupart des systèmes judiciaires nationaux ne sont pas adaptés ce qui amène notamment des difficultés dans la mise en en exécution d'un mandat d'arrêt de la Cour au niveau national. Dans le contexte de la RDC, Il sied d'examiner les points forts (a) et faibles (b) de la coopération entre la CPI et la RDC avant de dire un mot sur l'entraide judiciaire (c).

1) Points forts

Rappelons que le Congo reste le modèle de la coopération avec à la Cour à travers l'arrestation et la remise des trois congolais (Thomas Lubanga, Germain Katanga et Mattieu Ngundjolo). A cela s'ajoute l'exécution de nombreuses requêtes venant de la CPI avec l'appui de la Monusco.

2) Points faibles

La première difficulté dans la coopération entre la CPI et la RDC réside dans la contradiction des blocs ou familles juridiques ; la CPI étant un mélange des systèmes anglo-saxons et romano germanique et le pays étant situation post-conflit, confronté au défi de la restauration de l'autorité de l'Etat. Cela se traduit notamment par : la nécessité d'une réconciliation nationale, la reconstruction de l'armée s'appuyant sur deux démarches contradictoires (l'intégration et la démobilisation), l'application des lois d'amnisties. Il ya lieu de souligner l'hésitation au départ du gouvernement congolais de livrer, l'ex-chef rebelle Bosco Ntanganda affirmant que « les exigences de la paix priment parfois sur la justice »[212]. Cet argument constituait un alibi pour contourner son obligation de coopérer avec la CPI, comme l'absence d'une loi de mise en œuvre du Statut de Rome. Il a fallu attendre la désertion de Bosco Ntanganda de l'armée nationale suivi d'une nouvelle rébellion du M23 à l'Est de la RDC pour voir le gouvernement congolais affirmé sa volonté d'arrêter Bosco Ntanganda et de le juger en RDC[213]. Et le Docteur Mukwege affirme « on a essayé de construire la paix en sacrifiant la justice sur l'autel. Mais aujourd'hui on n'a ni paix ni justice. On a essayé de construire une armée sur la base de groupes qui ont violé, détruit, pillé et tué. Cette armée n'a jamais fonctionné »[214]. Enfin, il ya d'autres faiblesses au niveau de la coopération avec la CPI qui sont liées à la mise en veilleuse de certaines procédures, aux aléas de la procédure de transfèrement de détenus-témoins à la conditionnalité de l'appui de la Monusco[215]. Il y a lieu de signaler ici les complications d'ordre juridiques notamment dans l'affaire Ngundjolo qui a demandé asile en Hollande après son acquittement par la CPI et aussi le cas de trois témoins de la défense qui ont témoigné devant la CPI dans l'affaire Katanga et Ngundjolo et ont demandé asile en Hollande. La CPI avait sollicité et obtenu de la RDC, leurs

---

[212] Extrait de l'interview du président Kabila au New - York times avril 2009.

[213] Déclaration de la porte parole du Gouvernement congolais à la Radio télévision nationale congolaise (RTNC). Mais Après des combats entre fractions du M23, Bosco Ntanganda a fait reddition auprès de l'ambassade des Etats-Unis à Kigali et se retrouve à la Haye pour répondre de ses crimes devant la CPI. L'audience de confirmation des charges est prévue au 23 septembre 2013.

[214] Déclaration du Docteur Mukwege sur « le problème de l'impunité » au Congo, le 01 novembre 2012 en Suède, lors d'une conférence de presse suite à son agression le 25 octobre à Bukavu. Voy http://www.jeuneafrique.com/Article/ARTJAWEB20121102180917/burundi-rdc-viol-portraitrdc-depuis-la-suede-le-docteur-mukwege-denonce-le-probleme-de-l-impunite-au-congo.html consulté le 05 novembre 2012.

[215] Colonel Muntazini, op cit p.29.

transferts pour La Haye. Après deux années d'attente, le juge hollandais vient de rejeter leur demande d'asile[216]. Il s'agit là des difficultés liées à la coopération. On pourrait envisager d'utiliser la vidéo conférence en présence d'un officier instrumentaire pour des témoignages in situ. Notons aussi, le refus de la RDC d'arrêter sur son territoire, le Président Soudanais Omar El Beshir qui est recherché par la CPI[217]. Globalement du point de vue congolais, la coopération avec la CPI est à sens unique, le Congo attend de la Cour des informations des enquêtes de l'Ituri afin de permettre aux procureurs nationaux de poursuivre les auteurs. Pour la CPI, le Congo devra fournir des garanties de protections de témoins à travers notamment une législation protégeant les témoins.

Pour faire face aux défis liés à la coopération, certains Etats ont proposé l'idée d'un traité international sur la coopération judiciaire.

---

216 Il y a cependant une inquiétude quant à leur retour au Congo, théoriquement prévue le 6 juillet 2014 parce que devant la CPI, ils avaient mis en cause plusieurs responsables politiques congolais, dont le Président Joseph Kabila rapporte RFI dans un article publié le 06 juillet 2014 sur le site http://www.rfi.fr/afrique/20140706-rdc-inquietude-quant-retour-trois-ex-miliciens-ituri/

217 Pour la RDC, il n'y a pas d'obligation d'exécuter le mandat d'arrêt contre le Président Soudanais sur base de l'art 98(1) du Statut de Rome. Le Prof Paola Gaeta soutien que la RDC n'avait pas droit de procéder à l'arrestation du Président Beshir y égard à ses immunités qui relève du droit international coutumier. Pour le Prof William Schabas, la question qu'il faut poser est de savoir si, dans un renvoi par un Etat partie au Statut ou l'exercice de la compétence proprio motu (art 15 du Statut), le Président du Soudan bénéficie de l'immunité. Selon les décisions dans les affaires de Malawi et du Tchad, la réponse est oui. Mais ces décisions sont erronées, pour des raisons indiquées par Paola Gaeta et Dapo Akande entre autres. L'immunité de Beshir résulte du droit international coutumier. Sans le consentement du Soudan, d'autres Etats, même 122 Etats ne peuvent pas par convention priver le Soudan de ses droits en vertu du droit international coutumier.

3) Mécanisme d'entraide judiciaire internationale pour les crimes internationaux

Il sied de rappeler que les Etats ont la responsabilité première d'enquêtes, de poursuites de suspects de crimes internationaux (crimes de guerre, crimes contre l'humanité, génocide) au regard du principe de la complémentarité consacré par le Statut de Rome.

Cela étant, les témoins, les suspects et tous les éléments de preuve ne se trouvent pas nécessairement dans l'Etat de juridiction qui, au demeurant, n'est pas nécessairement disposé à se prononcer sur ces crimes. Dès lors, afin d'être véritablement efficace, il est essentiel que les Etats puissent être en mesure de se fournir mutuellement de l'assistance et - le cas échéant - de procéder à l'extradition du suspect[218].

Les Pays –Bas, la Belgique et la Slovénie et un nombre croisant de pays sont arrivés à la conclusion que le cadre international juridique existant en termes de coopération internationale en matière pénale relative aux enquêtes et aux poursuites de ces crimes internationaux est insuffisant au niveau national et doit dès lors être impérativement étoffée.

Les Pays-Bas, la Belgique et la Slovénie, ont organisé une réunion d'experts le 22 novembre 2011 afin d'examiner l'importance du vide juridique et la meilleur manière de combler ce dernier. Les experts juridiques internationaux et autres praticiens en la matière provenant de 19 pays ont passé en revue ce cadre juridique international existant.

---

[218] Introduction de la réunion d'experts le 22 novembre 2011 à La Haye (Pays-Bas) sur le mécanisme d'entraide judiciaire internationale pour les crimes de nature internationale, p. 1, inédit.

La plupart des experts présents ont conclu à la présence effective d'un vide juridique qui est une source d'obstacles juridiques et pratiques à une coopération internationale adéquate tant pour l'extradition que pour l'entraide judiciaire.

L'option d'un instrument multilatéral de coopération internationale a été soulevée lors de la rencontre d'experts et les consultations connexes. Cet instrument international vise à combler le vide juridique sur le plan international.

Voyons à présent, les enseignements et défis nés de l'application directe du statut de Rome par les juridictions militaires congolaises.

CHAPITRE 3. LES JURIDICTIONS CONGOLAISES À L'ÉPREUVE DE LA RÉPRESSION DES CRIMES DE DROIT INTERNATIONAL[219]

Les lignes qui suivent sont consacrées à l'analyse de la jurisprudence de la RDC en matière de la répression des crimes de droit international. En RDC, la répression des crimes internationaux relevait de la compétence des seuls tribunaux militaires[220]avant la loi portant organisation, fonctionnement et compétences judiciaires de 2013. L'organisation de ces tribunaux militaires obéit beaucoup plus aux nécessités d'une discipline militaire qu'à celles de garantir un respect scrupuleux des droits de la défense, à travers notamment une exigence de la motivation des jugements. Le siège de ces tribunaux militaires n'est généralement pas composé des juristes professionnels rompus aux techniques d'argumentation juridique. On ne doit donc pas s'attendre à une argumentation très académique dans ces jugements.

Cet état des choses peut présenter l'avantage de la célérité. Le prix à payer pour cette célérité est malheureusement celui d'avoir affaire à une justice trop hâtive et approximative ; une justice qui a du mal a distingué les crimes de droit international et les crimes qui relèvent des seules législations internes.

L'un des points de différence entre les crimes de droit international et les crimes de droit interne est le contexte de la commission de ces crimes. C'est notamment ce cri-

---

[219] Ce chapitre a été rédigé avec le concours de Jacques Mbokani que nous remercions pour sa contribution enrichissante.

[220] L'art 91 de la loi organique n°13/011-B du 11 avril 2013 portant organisation, fonctionnement et compétences des juridictions de l'ordre judiciaire accorde cette compétence aux cours d'appels.

tère qui permet de distinguer un viol ordinaire d'un viol en tant que crimes de guerre ou crimes contre l'humanité ou encore un viol en tant qu'acte de génocide. La manière la plus simple d'échapper au piège de la confusion, c'est évidemment de se référer aux définitions données soit par les Conventions de Genève ou principalement par le Statut de Rome que les tribunaux militaires congolais affirment appliquer. Or nous verrons que dans la plupart de cas, ces tribunaux militaires congolais ne font pas un effort d'analyse des éléments contextuels avant de qualifier les faits.

Si l'on peut se féliciter de l'application directe du Statut de Rome par les tribunaux militaires, compte tenu du fait que la loi de mise en œuvre du Statut de la CPI n'est pas encore en vigueur en RDC, l'on peut néanmoins craindre que la confusion entretenue par ces juridictions militaires entre les crimes de droit international et les crimes de droit interne ne conduise à une regrettable banalisation des crimes de droit international.

La jurisprudence congolaise en matière de l'application du Statut de Rome a déjà fait l'objet d'autres études, notamment celle de l'ONG Avocats Sans Frontières[221], à laquelle nous renvoyons. Il ne nous semble donc pas opportun de revenir sur un certain nombre de point sur cette question. Nous estimons cependant nécessaire d'apporter un certain nombre de précision d'abord sur les éléments contextuels des crimes contre l'humanité et des crimes de guerre (§1) ensuite sur la question des crimes de guerre de passer en revue la jurisprudence congolaise sur le statut de personnes protégées (§2). Nous terminerons enfin par la distinction entre le mode de responsabilité du supérieur hiérarchique et celui de la responsabilité individuelle (§3).

---

[221] Avocats Sans Frontières, *Etude de jurisprudence. L'application du Statut de Rome de la Cour pénale internationale par les juridictions de la république démocratique du Congo*, mars 2009.

§1. L'ANALYSE DES ELEMENTS CONTEXTUELS DANS LA JURISPRUDENCE DES TRIBUNAUX CONGOLAIS

1° *LES CRIMES CONTRE L'HUMANITE*

Le contexte de commission des crimes contre l'humanité est celui d'une attaque généralisée ou systématique lancée contre une population civile. Il importe de comprendre le sens d'abord des termes « attaque généralisée ou systématique » d'une part, et d'autre part, celui de « l'attaque lancée contre une population civile », en ayant à l'esprit que cette dernière expression est une invention du statut de la CPI.

A. L'attaque généralisée ou systématique

Les TPI ont suffisamment défini ces deux concepts. Le terme « généralisé » renvoie au nombre des victimes alors que le terme « systématique » renvoie à un plan méthodique. Le problème ici n'est pas comme tel celui de la définition de ces termes. Il porte plutôt sur la question de savoir si, dans le Statut de la CPI, ces deux conditions sont cumulatives ou alternatives pour conclure à la commission des crimes contre l'humanité.

Pour répondre à cette question, il faut éviter plusieurs pièges. Le premier piège consiste à tomber dans la confusion entre les jurisprudences des Tribunaux pénaux internationaux pour l'ex-Yougoslavie et pour le Rwanda (TPI) et celles de la Cour pénale internationale. Dans l'affaire des mutins de Mbandaka, il semble que le Tribunal militaire en cherchant à s'appuyer sur la jurisprudence des tribunaux *ad hoc* pour définir le crime contre l'humanité, est clairement tombé dans le piège de la confusion des instruments juridiques qui définissent les crimes contre l'humanité. Pour rappel, la définition du crime contre l'humanité, n'est pas identique tant dans le Statut du TPIY, celui du TPIR et même celui de la CPI. L'analyse comparative des textes des Statuts de ces trois tribunaux internationaux révèle une divergence dans la définition des crimes contre l'humanité, en ce qui concerne spécifiquement le contexte de leur commission.

En effet, l'article 5 du Statut du TPIY définit les crimes contre l'humanité comme étant des crimes « commis au cours d'un conflit armé, de caractère international ou interne et dirigés contre une population civile quelle qu'elle soit ». L'article 3 du Statut du TPIR définit les crimes contre l'humanité dans sa version française comme étant des crimes « commis dans le cadre d'une attaque généralisée et systématique dirigée contre une population civile quelle qu'elle soit, en raison de son appartenance nationale, politique, ethnique, raciale ou religieuse ». Mais dans sa version anglaise, l'attaque doit être « *widespread <u>or</u> systematic* ». Il s'ensuit donc que dans la version française, les deux conditions sont cumulatives alors que dans la version anglaise les deux conditions sont alternatives. On retrouve encore cette même différence entre les versions française et anglaises à l'article 2 du Statut du Tribunal spécial pour la Sierra Leone.

Confrontés à cette question dans l'affaire Semanza, les juges du TPIR qui étaient tenus d'appliquer le Statut ont préféré une approche favorable à l'Accusation et donc défavorable à l'accusé en consacrant l'approche alternative de ces deux conditions plutôt que l'approche cumulative.

L'article 7 du Statut de Rome relance encore cette problématique. En effet si cet article semble avoir consacré une approche alternative dans les deux versions anglaise et française par l'emploi de la conjonction « ou » en lieu et place de « et », la problématique renait par sa façon de définir, dans les éléments du crime, l'expression « attaque lancée contre une population civile ».

B. L'attaque lancée contre une population civile

Selon l'Article 7-2-a du Statut de la CPI, une « attaque lancée contre une population civile », consiste « en la commission multiple d'actes visés au paragraphe 1 à l'encontre d'une population civile quelconque, en application ou dans la poursuite de la politique d'un État ou d'une organisation ayant pour but une telle attaque »[222]. Cette précision qui est spécifique au Statut de la CPI n'existe pas dans le Statut tant du TPIY que celui du TPIR, et bien entendu dans celui du Tribunal spécial pour la Sierra Leone. La Chambre de la CPI n'a pas besoin d'être convaincue que toute la population civile de la zone géographique en question était visée[223]. En revanche, la population civile doit être la cible principale de la dite attaque et non pas en être incidemment la victime[224]. De plus, le terme « population civile » renvoie aux personnes civiles, par opposition aux membres des forces armées et autres combattants légitimes [225]

Pour comprendre le sens de l'expression « l'attaque lancée contre une population civile », il semble important de se référer aux travaux préparatoires ainsi qu'à

---

[222] Article 7-2-a du Statut de la CPI.

[223] Chambre préliminaire II, Décision rendue en application des alinéas a), b) de l'article 61-7 du Statut relativement aux charges portées par le Procureur à l'encontre de Jean Pierre Bemba, ICC-01/05-01/08-424 tFRa, par 76. Voir aussi TPIR, le Procureur c/ Semanza, affaire N° ICTR 97-20 Jugement du 15 mai 2003, par 330.

[224] Idem, par.77

[225] Ididem par 78.

l'éclairage que donne la doctrine sur ces travaux préparatoires.

Comme le rappelle Stephan Meseke, « si, lors des négociations sur le Statut de Rome, on s'est vite accordé sur l'introduction des éléments constitutifs « généralisés » et « systématique » dans l'incrimination, la question de savoir si ces deux critères devaient être « alternatifs » ou « cumulatifs » a été controversée. Le grand groupe des Etats « *like-minded* » ou « Etats-pilotes », composé d'environ 60 Etats, a défendu, en se référant à l'article 3 du Statut du TPIY ainsi qu'au jugement du TPIY dans l'affaire Tadic, que ces deux conditions constituaient des alternatives. A l'inverse, plusieurs membres permanents du Conseil de sécurité, ainsi que de nombreux représentants des Etats arabes et asiatiques considéraient que les deux éléments constitutifs devaient être remplis cumulativement et critiquaient la proposition des Etats « *like-minded* » en ce qu'elle étendait trop, selon eux, le champ d'application de l'incrimination. Les partisans de la thèse alternative objectèrent alors que de telles craintes étaient de toute façon balayées par l'exigence de l'attaque contre une population civile. Finalement, la thèse alternative a été approuvée à condition à condition que la définition légale de « l'attaque [...] dirigée contre une population civile » soit introduite à l'article 7, § 2 a du Statut de la CPI » [226].

Abordant dans le même sens, le professeur Cassese affirme qu'il semble que le Statut exige que cette pratique généralisée soit une politique étatique ou celle d'une organisation et que l'auteur de l'acte incriminé, en le commettant (le crime contre l'humanité), ait poursuivi ou encou-

[226] Stephan Meseke, « La contribution de la jurisprudence des Tribunaux pénaux internationaux pour l'ex-Yougoslavie et le Rwanda à la concrétisation de l'incrimination du crime contre l'humanité », in Mario Chiavario (ed.), *La justice pénale internationale entre passé et avenir*, Ed. Giuffre Editore, Dalloz, 2003, pp. 183-184.

ragé cette pratique. Il s'ensuit que toute pratique simplement tolérée ou encouragée par un Etat ou une organisation ne serait pas constitutive d'une attaque contre une population civile ou une « pratique généralisée ou systématique ». [...] Cette restriction est encore davantage précisée par les Eléments du crime. Il y est affirmé en effet que la politique de commettre de telles attaques exiges que l'Etat ou l'organisation promeuve ou encourage activement de telles attaques contre la population civile[227].

C. La jurisprudence de la CPI sur l'exigence de l'élément politique dans la commission des crimes contre l'humanité

Dans au moins deux décisions, la CPI précise l'exigence de cet élément politique. Ainsi, dans la décision de confirmation des charges dans l'affaire Katanga, la chambre préliminaire de la CPI, rappelle :

> *Outre qu'elle doit avoir été menée dans une zone géographique étendue ou avoir été dirigée contre un grand nombre de victimes, conformément à l'exigence posée à l'article 7-2-a du Statut, une attaque généralisée doit aussi s'inscrire dans le cadre de la politique d'une organisation, c'est-à-dire qu'elle doit avoir été soigneusement organisée selon un modèle régulier. Elle doit également être exécutée*

[227] En analysant l'article 7 du Statut de Rome consacré à la definition du crime contre l'humanité, A. Cassese soutient : "It would seem that the Statute thus require that the 'general practice' be the offender, in committing a crime against humanity, pursues or promote such practice. It would follow that any practice simply tolerated or condoned by a State or an organisation would not constitute an attack on the civilian population or a 'widespread or systematic practice'. (...) This restriction is made even more explicit and broader by the Elements of crimes. There it is stated that "the policy to commit such attack" "requires that the State or organisation actively promote or encourage such an attack against a civilian population (emphasises added by Professeur Cassese). Voy. A. Cassese, P. Gaeta et John R.W.D. Jones (Ed.), *The Rome Statute of the International Court : A Commentary*, Vol. I, Oxford Universty Press, 2002, pp. 375-376..

dans la poursuite d'une politique concertée mettant en œuvre des moyens publics ou privés. Cette politique peut être mise en place par des groupes de personnes dirigeant un territoire donné ou par toute organisation capable de commettre une attaque généralisée ou systématique contre une population civile. Cette politique ne doit pas nécessairement être définie explicitement par l'organisation en question. Une attaque doit donc être planifiée, dirigée ou organisée, et non constituée d'actes de violence spontanés ou isolés, pour répondre à ce critère[228].

Dans la décision de confirmation des charges dans l'affaire Bemba, la chambre préliminaire de la CPI insiste sur le caractère *cumulatif* de la commission d'actes multiples et le fait que l'attaque soit menée en application ou dans la poursuite de la politique d'un État ou d'une organisation ayant pour but une telle attaque. Elle affirme en effet que l'article 7-2-a du Statut de la CPI « précise que doivent également être constitués les deux éléments cumulatifs que sont la commission multiple d'actes et le fait que l'attaque soit menée en application ou dans la poursuite de la politique d'un État ou d'une organisation ayant pour but une telle attaque »[229]. Selon toujours cette chambre, « la condition tenant à « la politique d'un État ou d'une organisation » exige que l'attaque ait été organisée selon un modèle régulier. Une telle politique peut être mise en place par des groupes de personnes dirigeant un territoire spécifique ou par toute organisation capable de commettre une attaque généralisée ou systématique contre une population civile. Cette politique n'a pas besoin d'être énoncée de façon formelle. Cette condition est donc remplie par une

---

[228] CPI, *Affaire Procureur c. G. Katanga, Décision relative à la confirmation des charges*, Doc. ICC-01/04-01/07-717-tFRA, 30 septembre 2008, § 396.

[229] CPI, Chambre préliminaire II, *Affaire Procureur c. Jean-Pierre Bemba, Décision rendue en application des alinéas a) et b) de l'article 61-7 du Statut de Rome, relativement aux charges portées par le Procureur à l'encontre de Jean-Pierre Bemba Gombo*, Doc. ICC-01/05-01/08-424-tFRA, 15 juin 2009, § 80, document public disponible en ligne sur http://www.icc-cpi.int/iccdocs/doc/doc733862.pdf (visité le 6 octobre 2009).

attaque planifiée, dirigée ou organisée, et non par une attaque constituée d'actes de violence spontanés ou isolés »[230].

Ayant apporté cet éclairage, voyons maintenant comment la jurisprudence congolaise a abordé la définition des éléments contextuels pour conclure aux crimes contre l'humanité.

D. La jurisprudence des tribunaux congolais

Dans les jugements des tribunaux militaires congolais, les juges font une lecture partielle de l'article 7 du Statut. Ils se sont très souvent limités à rechercher le seul caractère généralisé de l'attaque, sans se préoccuper de l'élément politique, qui découle de l'expression attaque lancée contre une population civile », telle que défini tant par le Statut que la jurisprudence de la CPI.

L'affaire Songo Mboyo en est l'une des premières illustrations. Les faits se passent dans la localité de Songo-Mboyo dans la province de l'Equateur le 23 décembre 2003. Il s'agit en gros d'un groupe de militaire qui se révoltent parce qu'ils soupçonnent à tort ou à raison leurs chefs hiérarchique de vouloir détourner leur solde. Dans cette révolte, ils vont se ruer sur le dépôt des armements et vont se défouler sur la population civile de la localité de Songo-Mboyo, en se livrant à des viols collectifs d'au moins 31 femmes dont l'une va décéder apparemment de suite du viol. Ces militaires seront poursuivis notamment pour viol comme crimes contre l'humanité[231].

---

[230] CPI, *idem*, § 81.

[231] Voy. Affaire Songo Mboyo, RP 084/2005, jugement du 12 avril 2006 ; RPA 014/2006, arrêt du 7 juin 2006. En cause Ministère public et parties civiles (Belongo Bofaya et consorts (31)), contre les prévenus Bokila Lolemi et consorts. 12 prévenus au premier degré et 7 en appel. 30 victimes de viol, dont une décède apparemment de suite du viol.

Face à 31 victimes on est évidemment en droit de conclure au caractère généralisé de l'attaque. Et c'est à bon droit que ces juges affirment « qu'il n'existe pas un critère quantitatif ou un nombre à partir duquel le crime contre l'humanité est réalisé. Il appartient au juge de fond d'en apprécier. Dans le cas sous examen, la pluralité des victimes, prises dans le contexte de la réalisation du crime suffit pour caractériser l'aspect généralisé de l'attaque ».

Mais ces juges n'ont pas cherché à établir si les crimes commis l'avaient été « en application ou dans la poursuite de la politique d'un État ou d'une organisation ayant pour but une telle attaque ». Il parait d'ailleurs très incertain d'affirmer l'existence d'une politique d'un Etat ou d'une organisation car ces mutins n'opéraient pas dans le cadre d'une organisation quelconque. En analysant la manière dont les crimes ont été commis, on est en droit de penser que c'était apparemment un mouvement de violence spontané sans, planification ni leadership pour planifier lesdites attaques. Or c'est précisément ce genre de situations qui sont exclues dans la jurisprudence de la CPI pour qualifier les crimes qui peuvent en découler, de crimes contre l'humanité[232].

Une autre illustration c'est celle de l'affaire dite des Mutins de Mbandaka. Les faits se passent dans la ville de Mbandaka. Un groupe de près de 61 militaires, au total, se décident d'aller venger leur compagnon d'arme retrouvé mort mutilé sur l'avenue *Bonsomi* dans la ville de *Mbandaka*. Sur la base d'une culpabilité collective qu'ils imputent aux habitants de ce quartier *Bonsomi*, ils vont se livrer à des tueries aveugles, au viol et au pillage des biens des habitants de l'avenue où le corps de leur compagnon a été trouvé. Le bilan de ces attaques est très lourd. En effet, il

---

[232] Voir notamment les deux décisions de confirmations des charges dans l'affaire Katanga et Bemba de la CPI, déjà citées.

est rapporté 6 personnes tuées, 12 blessées, 46 personnes violées, 96 personnes victimes de pillages de leurs biens[233].

Dans ce jugement, les juges militaires tombent aussi dans les mêmes erreurs que celle de Songo Mboyo, parce qu'ils n'ont pas cherché à établir l'existence d'une éventuelle organisation préalable, un leadership etc. et la manière dont ces crimes ont été perpétrés ne permet pas de déduire cet élément politique.

Dans l'affaire Kalonga également, la qualification des crimes contre l'humanité (spécifiquement pour crime de déportation ou transfert forcé des populations, viol, esclavage sexuel, prostitution forcée, grossesse forcée, stérilisation forcée et autres forces de violences sexuelles), semble exagérée et même abusive. Il s'agit en fait des deux militaires qui ont terrorisé les habitants du village de Kalonga et qui ont emporté avec eux un certain nombre de biens pillés à la population et dix femmes. Ces femmes ont été violées par cette bande de militaires toute la nuit et ont été retournées chez elles le lendemain, sauf une qui est restée avec eux pendant trois mois.

Dans cette affaire c'est clair que les juges ont déduit le caractère généralisé à partir du nombre des victimes. Mais il semble très incertain d'affirmer qu'on à là affaire à une « attaque lancée contre une population civile » tel que défini par le Statut de la CPI ainsi que interprété par une Chambre préliminaire de la CPI dans l'affaire Katanga et Bemba.

Dans l'affaire Kahwa en revanche, l'on y trouve quand même une organisation, en l'occurrence le Parti pour l'Unité et la Sauvegarde de l'Intégrité du Congo (PUSIC).

---

[233] Voy. Affaire des Mutins de Mbandaka, RP 101/006 du Tribunal militaire de garnison de Mbandaka, jugement du 20 juin 2006 (Affaire prévenu Kahenga Mumbere Papy et consorts).

Et d'après les informations disponibles dans le jugement, le PUSIC aurait été créé avec des ambitions politiques, à savoir protéger les membres de l'ethnie Bahema-Banywagi. L'accusé lui-même est en même temps le chef de ce parti, mais aussi le chef d'une collectivité donc une autorité publique *de jure*. En plus le fait de désigner la population de Zumbe comme « ennemi » qui serait en train de préparer un génocide, et que pour se défendre il faut attaquer ces « ennemis » etc.[234]. Tous ces éléments permettent d'y voir un élément politique pouvant se rattacher à l'exigence de l'article 7-2-a, tel qu'interprété par la CPI elle-même. Mais les juges congolais n'ont pas abordé cette question et partant, n'ont pas suffisamment motivé leur jugement dans cette affaire.

En conclusion, dans ces trois jugements, les juges se sont limités au seul élément « généralisé » de l'attaque sans chercher à savoir si les actes reprochés aux accusés répondaient aux critères d'une « attaque lancée contre une population civile ». Dans certaines jurisprudences (notamment l'affaire Kahwa), il est possible qu'on ait effectivement affaire à des crimes contre l'humanité. Mais dans les autres, nous ne pouvons qu'exprimer une grande prudence face aux qualifications employées par ces juges. A l'avenir, les tribunaux congolais, lorsqu'ils disent appliquer le Statut de la CPI, devront accorder priorité tant à ce Statut qu'à la jurisprudence de la CPI, avant de se tourner vers la jurisprudence des TPI, pour la simple raison que les crimes contre l'humanité ne sont pas les mêmes et ne sont pas définis de la même manière.

---

[234] Pour une analyse détaillée des faits, voir Affaire Kahwa, Tribunal militaire de garnison de l'Ituri, RP n° 039/2006, jugement du 2 août 2006.

2° LES CRIMES DE GUERRE

Pour parler des crimes de guerre, il faut d'abord établir l'existence d'un « conflit armé » de caractère international ou non international. Le terme « conflit armé » est un terme technique défini de manière restrictive tant par les Conventions de Genève de 1949 que par le Statut de la CPI. Ce n'est donc pas chaque fois qu'il y a crépitement des balles ou échanges de tirs qu'il y a conflit armé interne.

L'analyse de la jurisprudence congolaise révèle que les tribunaux congolais donnent un sens trop large au concept des conflits armés surtout lorsque la question posée est celle des conflits armés de caractère non international. Cette extension du sens des conflits armés de caractère non international est inquiétante.

Il nous semble donc important de définir le terme « conflit armé » conformément au Statut de la CPI ainsi que dans ses applications jurisprudentielles (A), ensuite de passer brièvement en revue la tendance de la doctrine sur cette question (B), avant de passer en revue la jurisprudence congolaise (C).

A. Le conflit armé dans le Statut de la CPI

i.- La définition du Statut de la CPI du conflit armé.

La notion de conflit armé n'est définie ni dans le Statut ni dans les Eléments des crimes.

A l'instar du Statut de Rome, les Conventions de Genève et leurs protocoles additionnels ne donnent pas de définition explicite de la notion de « conflit armé »[235].

La définition de cette notion a été développée par d'autres juridictions internationales, et la Chambre préliminaire II de la CPI s'est inspirée à cet égard de la jurisprudence du TPIY.

Pour parler des crimes de guerre, même au sens de l'article 8 du Statut de la CPI, il faut préalablement établir l'existence d'un conflit armé. L'applicabilité de l'article 8 ne dépend pas du caractère international ou non du conflit. Mais il ne s'applique que lorsqu'il y a un conflit armé. Comme l'a indiqué la Chambre préliminaire II,[236]

La définition d'un conflit armé de caractère non international est donnée à l'article 8-2-f du Statut de Rome.

Ce paragraphe dispose ce qui suit :

> « L'alinéa e) du paragraphe 2 s'applique aux conflits armés ne présentant pas un caractère international et ne s'applique donc pas aux situations de troubles et tensions internes telles que les émeutes, les actes isolés et sporadiques de violence ou les actes de nature similaire. Il s'applique aux conflits armés qui opposent de manière prolongée sur le territoire d'un État les autorités du gouvernement de cet État et des groupes armés organisés ou des groupes armés organisés entre eux ».

Il est peut être important de rappeler que cet alinéa est largement inspiré du texte de l'article 1er du deuxième

---

[235] *Otto Triffterer (Dir.pu.), commentary on the Rome Statute of the International Criminal Court : observer's Notes(2008), page 291 ; Héctor olasolo, Ensayos sobre la corte penal international (2009), pages 357 et suiv.*

[236] Situation en République centrafricaine, Le Procureur c/ jean Pierre Bemba, Décision rendue en application des alinéas a) et b) de l'article 61-7 du Statu de Rome, relativement aux charges portées à l'encontre de Jean pierre Bemba, ICC- 01/05-01/08-424 t FRA, 15 juin 2009, par 229 « Un conflit armé existe chaque fois qu'il y a recours à la force armée entre Etats ou un conflit armé prolongé entre les autorités gouvernementales et des groupes armés organisés ou entre de tels groupes au sein d'un Etat. »

protocole aux Conventions de Genève de 1949 (Prot. Add. II), ainsi que de la jurisprudence du TPIY dans l'affaire Tadic[237].

En effet l'article 1er (Prot. Add. II) dispose :

1. Le présent Protocole, qui développe et complète l'article 3 commun aux Conventions de Genève du 12 août 1949 sans modifier ses conditions d'application actuelles, s'applique à tous les conflits armés qui ne sont pas couverts par l'article premier du Protocole additionnel aux Conventions de Genève du 12 août 1949 relatif à la protection des victimes des conflits armés internationaux (Protocole I), et qui se déroulent sur le territoire d'une Haute Partie contractante entre ses forces armées et des forces armées dissidentes ou des groupes armés organisés qui, sous la conduite d'un commandement responsable, exercent sur une partie de son territoire un contrôle tel qu'il leur permette de mener des opérations militaires continues et concertées et d'appliquer le présent Protocole.
2. Le présent Protocole ne s'applique pas aux situations de tensions internes, de troubles intérieurs, comme les émeutes, les actes isolés et sporadiques de violence et autres actes analogues, qui ne sont pas considérés comme des conflits armés.

ii.- Les applications jurisprudentielles du terme « conflit armé ».

Dans l'affaire Tadic, le TPIY avait rappelé cette définition en affirmant

> qu'il existe un conflit armé de caractère non international « chaque fois qu' […] un conflit armé prolongé entre les autorités gouvernementales et des groupes armés organisés ou entre de tels groupes au sein d'un État. Le droit international humanitaire s'applique dès l'ouverture de ces conflits armés et s'étend au-delà de la cessation des hostilités […]

[237] Excepté le critère de la durée que cet article 8, 2,e) ajoute.

jusqu'à ce qu'un règlement pacifique soit atteint. Jusqu'alors, le droit international humanitaire continue de s'appliquer [...] sur l'ensemble du territoire sous le contrôle d'une Partie, que des combats effectifs s'y déroulent ou non[238].

La Chambre préliminaire de la CPI, dans la décision de confirmation des charges dans l'*Affaire Lubanga,* a déjà eu à interpréter cette disposition, en se référant tant à l'article 1er (Prot. Add. II), qu'aux commentaires du CICR[239], qu'à la jurisprudence du TPIY dans l'affaire Tadic. Elle avait en effet estimé qu' « en plus du critère des violences devant atteindre une *certaine intensité* et s'étant *prolongées dans le temps*, l'article 1er alinéa 1er du Protocole additionnel II requiert que les groupes armés disposent : i) d'un *commandement responsable* impliquant une *certaine organisation* des groupes armés, suffisante pour concevoir et mener des opérations militaires continues et concertées et pour imposer une discipline au nom d'une autorité de fait incluant l'application du Protocole; et ii) un *contrôle du territoire* suffisant pour pouvoir mener des opérations militaires continues et concertées. »[240] [C'est nous qui soulignons]. La Chambre préliminaire I a conclu que « l'implication de groupes armés possédant un certain degré d'organisation et de capacité de concevoir et mener des opérations militaires prolongées permettrait de qualifier le conflit de conflit armé ne présentant pas un caractère international [241] ».

Reprenant cette conclusion à son compte, la Chambre de première instance fait observer que l'article 8-2-f du

---

238 TPIY, *Le Procureur c/ Tadić, Arrêt relatif à l'appel de la Défense concernant l'exception préjudicielle d'incompétence*, IT-94-1-A, 2 octobre 1995, par. 68 et 70.

239 Comité International de la Croix-Rouge, *Commentaire des Protocoles additionnels du 8 juin 1977 aux Conventions de Genève du 12 août 1949*, Genève, Sandoz, Swinarski et Zimmermann (Dir.pub.), 1986, §§ 4463 à 4470.

240 CPI, *Affaire le Procureur c. Lubanga Dyilo, Décision sur la confirmation des charges*, Doc. ICC-01/04-01/06-803, 29 janvier 2007, § 232

241 *ICC-01/04/06-803, par. 233 de la décision de confirmation des charges.*

Statut exige seulement l'existence d'un conflit opposant « de manière prolongée » des « groupes armés organisés ». A la différence du Protocole additionnel II, il n'exige pas que les groupes armés « exercent sur une partie du territoire un contrôle tel qu'il leur permette de mener des opérations militaires continues et concertées »[242]. Il n'est donc pas nécessaire que l'Accusation établisse que les groupes armés en cause exerçaient un contrôle sur une partie du territoire de l'Etat concerné[243]. En outre, l'article 8-2-f n'incorpore pas l'exigence que les groupes armés organisés soient « sous la conduite d'un commandement responsable », telle qu'énoncée à l'article1-1 du Protocole additionnel II. Au lieu de cela, les « groupes armés organisés » doivent présenter un degré d'organisation suffisant pour leur permettre de mener un conflit armé prolongé[244]. Pour la Chambre de première instance dans l'affaire Lubanga, « lorsqu'il s'agit de décider si l'on est en présence d'un groupe armé organisé (pour déterminer si un conflit armé ne présentait pas un caractère international), les éléments de fait suivants, dont la liste n'est pas exhaustive, peuvent être pertinents : la hiérarchie interne de la force ou du groupe en cause, la structure de commandement et les règles appliquées ; la capacité de se procurer des équipements militaires, notamment des armes à feu ; la capacité de la force ou du groupe en cause de planifier et de mener des opérations militaires ; et l'étendue, la gravité et l'intensité de toute intervention militaire[245].

---

[242] *Protocole additionnel II, article 1-1.*

[243] *La chambre préliminaire II a abouti à la même conclusion dans la décision ICC-01/05-01/08-424-FRA, par. 236*

[244] *ICC-01/04-01/06, par. 536, décision de la Chambre de première instance dans l'affaire Lubanga.*

[245] *TPIY, Le Procureur c/Limaj et consorts, affaire n°IT-03-66-T, Chambre de première instance,jugement, 30 novembre 2005, par. 90 ; TPIY, Le Procureur c/Haradinaj et consorts, affairen°IT-04-84-T, chambre de première instance, jugement, 3 avril 2008, par. 60 ; TPIY,* Le Procureurc/Boskoski, affaire n°IT-04-82-T, Chambre de première instance, judgement, 10 juillet 2008, par. 199 à 203.

Dans son jugement du 14 mars 2012 dans l'affaire Lubanga, la Chambre rappelle qu'un conflit armé non international se caractérise

> « par le déclenchement d'hostilités armées atteignant une certaine intensité, laquelle doit être supérieure à celle des situations de troubles et de tensions internes telles que les émeutes, les actes isolés et sporadiques de violence ou les actes de nature similaire et se déroulant sur le territoire d'un Etat. Ces hostilités peuvent éclater entre i) les autorités du gouvernement de cet Etat et des groupes armés dissidents organisés ou ii) des groupes armés organisés entre eux »[246].

En conséquence, afin de faire la distinction entre un conflit armé et des formes moins graves de violence, telles que des troubles et des tensions internes, des émeutes ou des actes de banditisme, 1) la confrontation armée doit atteindre un niveau minimum d'intensité[247] et 2) les parties prenant part au conflit doivent faire preuve d'un minimum d'organisation.

Dans l'*Affaire Bashir*, une chambre préliminaire de la CPI a également affirmé que la référence à la condition d'un « conflit armé qui oppose de manière prolongée », renvoi à l'exigence que le groupe armé organisé en question ait la capacité de planifier et de conduire des opérations militaires sur un espace de temps assez prolongé. Dans cette occurrence, la Chambre observe qu'à ce jour, le contrôle d'un territoire par le groupe armé concerné a généralement été un facteur clé dans la détermination de sa

[246] *Situation en RDC, Le Procureur c/ Lubanga, jugement rendu en application de l'article 74 du Statut, ICC-01/04-01/06 (14 mars 2012) , par. 533.*

[247] Dans l'affaire Bemba, la chambre préliminaire a évoqué une différence dans la libellé de l'article 8-2-f du Statut, lequel "requiert l'existence d'un "conflit armé, qui oppose (des groups armés) de manière prolongée » et peut donc être considéré comme établissant une norme plus stricte ou une exigence supplémentaire, qui n'est pas imposée par l'art 8-2-d », il convient de tenir compte de la durée de toute confrontation pertinente pour déterminer si un conflit armé a opposé des groupes de manière prolongée, par 235.

capacité à conduire des opérations militaires sur une longue période de temps[248].

Sur la question du contrôle du territoire cependant, la chambre préliminaire II dans l'Affaire Bemba a affirmé que « le Statut n'exige pas l'élément légal énoncé à l'article 1-1 du Protocole additionnel II, selon lequel le ou les groupes-armés-organisés doivent exercer un contrôle sur une partie du territoire »[249].

B. Positions doctrinales

Quant à l'analyse doctrinale de cette condition, Andreas Zimmermann, écrit : "The term "protracted" seems to imply a certain time element, which as far as article 1 of the Second Add. Prot. is concerned, is contained in the term "sustained". However, it has to be noted, that unlike as in the case of sustained armed violence, the operations need not be kept going continuously by the conflicting Parties. This is confirmed by the French version, which unlike the French version of article 1 paragraph 1 of the Second Additional Protocol, does not refer to military actions which can be qualified as being "opérations *continues*" but simp-

[248] CPI, *In the case of the Prosecutor v. Omar Hassan Ahmad Al Bashir (Omar Al Bashir), Public Redcated Version of the Decision on the Prosecution's Application for a Warrant of Arrest against Omar Hassan Ahmad Al Bashir*, Doc. ICC-02/05-01/09, 4 March 2009, §§ 60, dans laquelle la chamber affirme : "The Chamber has also highlighted that article 8(2)(f) of the Statute makes reference to "protracted armed conflict between [...] organized armed groups", and that, in the view of the Chamber, this focuses on the need for the organised armed groups in question to have the ability to plan and carry out military operations for a prolonged period of time.61 In this regard, the Chamber observes that, to date, control over the territory by the relevant organised armed groups has been a key factor in determining whether they had the ability to carry out military operations for a prolonged period of time".

[249] CPI, *Affaire Proc. c. Jean-Pierre Bemba Gombo,* op.cit, par. 236.

ly to the fact that the armed conflicts between the different parties must take place "de manière *prolongée*" [250].

Le critère de la capacité de conduire des opérations de manière prolongée n'a pas été profondément examiné par la Chambre préliminaire II dans l'Affaire Bemba parce que cette Chambre préliminaire avait estimé que « la période considérée couvre environ cinq mois et peut donc, en tout état de cause, être considérée comme « prolongée »[251]. Cette position de la Chambre préliminaire II a en réalité privé les juridictions congolaises d'éléments d'évaluation car, celles-ci ont été confrontées à des situations des conflits armés qui ont durée un ou deux jours, avec des groupes armés plus ou moins organisés.

C. Jurisprudences congolaises

Sur la base de ces précisions tant légales que jurisprudentielles sur le sens à donner au concept « conflit armé », tant au sens des Conventions de Genève de 1949 qu'au sens du Statut de la CPI, on constate que les tribunaux militaires congolais n'ont pas toujours cherché à établir l'existence d'un « conflit armé » avant de conclure à l'existence des crimes de guerre.

Dans les jugements des tribunaux congolais examinés, sur la base des éléments disponibles dans le texte des jugements, il demeure très incertain de prétendre que ce conflit réunissait les critères ci-haut énoncés à savoir un « groupe organisé [252]», opérant sous un « commandant responsable », capable de mener des opérations de « ma-

---

[250] Andreas Zimmermann, in Otto Triffterer (ed), *Commentary on the Rome Statute of the International Criminal Court, Observers' Notes, Article by Article,* Nomos V., Baden-Baden, 1999, p. 285, n° 334.

[251] CPI, *Affaire le Procureur c. Jean-Pierre Bemba Gombo,* déjà citée, § 235.

[252] Article 8-2-f du Statut de Rome ; voir aussi, ICC-01/04-01/06 par.536, *décision de la chambre de première instance dans l'affaire Lubanga,* déjà citée.

nière prolongée » et dans une certaine mesure avaient le « contrôle d'une partie du territoire congolais [253]».

Dans l'*Affaire Ghety à Bavi (une localité à 17 Km de Bunia)*, conflit ayant opposé l'armée congolaise aux miliciens du sieur Cobra Matata, les informations disponibles dans le jugement ne permettent pas de répondre par l'affirmative à toutes les exigences de l'article 8-2-f du Statut de la CPI.

Dans cette affaire en effet, les faits mis à charges des accusés sont consécutifs à un affrontement armé qui a eu lieu le 19 juillet 2006 à Bavi en Ituri. Cet affrontement opposait les troupes gouvernementales et les troupes d'une milice armée commandé par un certain Cobra Matata, constituée en majorité par des autochtones de la tribu « NGITI ». Après la conquête du groupement précité par les troupes gouvernementales, celles-ci vont se livrer à une chasse à l'homme, apparemment pour dénicher les miliciens infiltrés dans la population civile. Ainsi au cours des différentes patrouilles, quatre au total organisés à des intervalles séparées, plusieurs personnes seront capturées, arrêtées, et certains violées puis froidement exécutées dans les locaux de l'Etat Major du bataillon sur ordre du Commandant dudit bataillon. Il semble que ce Commandant les soupçonnait de faire partie de la milice de sieur Cobra Matata, alors qu'il y avait certaines objections au sein même dudit bataillon sur leur appartenance à cette milice. En effet, certains militaires du même bataillon, pensaient que c'était juste des déplacés de guerre en quête de nourriture. Au total 30 personnes dont 4 femmes, deux fillettes et deux jeunes garçons, seront tuées à l'arme blanche (barres de fer) et enterrées dans des fosses communes.

---

[253] *CPI, Affaire Proc.c. Jean-Pierre Bemba Gombo*, op.cit par. 236.

L'arrêt de la Cour d'ordre militaire confirme les condamnations au premier degré[254].

Dans cette affaire, les juges n'ont pas cherché à démontrer l'existence d'un conflit armé, notamment en établissant que ce groupe armé était « *organisé*, sous la conduite d'un *commandement responsable* », ni « exerçait sur une partie du territoire congolais un un contrôle tel qu'il leur permette de mener des opérations militaires continues et concertées » et d'appliquer le deuxième Protocole additionnel aux Conventions de Genève. Ils n'ont pas non plus cherché à établir que ces miliciens étaient « capables de planifier et de conduire des opérations militaires sur un *espace de temps assez prolongé* ». On semble plutôt avoir affaire à une bande de criminels, très mobiles, qui attaquent les forces armées régulières par surprise et ne contrôlent rien.

Dans l'Affaire Kilwa, la même lacune apparait aussi dans le texte du jugement. Les faits se passent dans la cité de Kilwa en province du Katanga au courant du mois d'octobre 2004. Les crimes dont il s'agit ici sont apparemment liés à une contre attaque que l'armée congolaise (FARDC) a organisé contre des insurgés venus de la Zambie, organisé dans un mouvement politico militaire dénommé Mouvement Révolutionnaire pour la libération du Katanga, MRLK en sigle. Ce mouvement venait de mettre en déroute l'armée congolaise et avait occupé la cité pendant deux jours, et à partir de laquelle, ils ont tenu des meetings avec apparemment un soutien massif de la population locale. Ces insurgés seront repoussés deux jours après par les FARDC. Sur ordre de leur commandant, ces FARDC semblent s'être livrés à des exécutions sommaires des personnes capturées, près de 26 au total, qu'ils

---

[254] Voy. Affaire Ghety Bavi, Cour d'ordre militaire de la province orientale RP 101/2006 (RPA 003/2007) du 28 juillet 2007, affaire Mulesa Mulombo (alias Bozize) et consorts.

croyaient à tort ou à raison être des membres dudit MRLK. Ils se sont également livrés au pillage et même au viol de certaines femmes[255].

Dans cette affaire, les juges n'ont pas cherché à établir si le Mouvement Révolutionnaire pour la Libération du Katanga, MRLK répondait aux critères ci-dessus énoncés (groupe organisé, commandant responsable, contrôle du territoire etc.). Il est vrai que le MRLK a eu le contrôle de la localité de Kilwa pendant à peu près une journée. Il est aussi vrai que le fait pour le commandant d'avoir tenu un meeting, semble révéler l'existence d'un contrôle suffisant sur ses troupes. Néanmoins, le problème qui reste posé est celle savoir si l'on a affaire là à un « conflit armé qui oppose de *manière prolongée* sur le territoire d'un État les autorités du gouvernement de cet État et des groupes armés organisés [...] » selon les termes de l'article 8-2-f du Statut de Rome. En outre, il y a lieu de se questionner également la capacité du MRLK à mener des opérations militaires de *manière prolongée*, puisque le mouvement a été défait un jour après. Ce sont là les problèmes que les juges militaires auraient dû évaluer pour établir l'existence d'un conflit armé au sens de l'article 8-2-f du Statut de la CPI.

Dans l'affaire Mitwaba, les mêmes interrogations demeurent également en ce qui concerne ceux les juges appellent les « insurgés Mai-Mai » qui ont attaqué par surprise le 632ème bataillon et tuant 120 militaires des FARDC.

Les faits se passent dans la localité de Mitwaba, dans la province du Katanga. Il s'agit en gros d'une contre attaque organisée par le 632ème bataillon infanterie basée dans la localité de Konga, toujours dans la province du Katanga.

---

255 Voy. Affaire Kilwa, Cour militaire de Katanga, Arrêt du 28 juin 2007 RP 010/2006 Ministère public et parties civiles contre le prévenu Ilunga Adémar et consort (12 accusés plus la société AMC).

Ce bataillon venait d'être attaqué par surprise la veille le 17 mars 2005, par des insurgés Mai-Mai causant ainsi la perte de 120 militaires du 632ème bataillon, sauvagement tués et certains corps mutilés. Pendant la contre-attaque organisée par ce 632ème bataillon pour récupérer la localité perdue, les Mai-Mai vont s'infiltrer dans la population civile qui fuyait les affrontements. Ayant repris le contrôle de la localité de Konga, les commandants du bataillon commencèrent une chasse à l'homme qui se solda par l'arrestation de 95 personnes, parmi lesquelles se trouvaient des femmes et des enfants, soupçonnées à tort ou à raison d'être des Mai-Mai. Ces personnes seront soumises à des conditions carcérales inhumaines qui vont entrainer la mort de 17 d'entre eux[256].

Cette affaire présente des ressemblances avec l'affaire Bavy Ghety. En effet la milice Mai-Mai, semble elle aussi être un groupe de personnes armées, ne contrôlant aucun territoire et attaquant les forces régulières par surprise.

En revanche dans l'affaire Kahwa que nous avons déjà analysé plus haut, même si les juges n'ont pas abordé la question de l'existence d'un « conflit armé », il semble exister dans cette affaire des motifs raisonnables de conclure à l'existence d'un tel conflit, dans la mesure où le PUSIC semble être effectivement un « mouvement organisé » et qu'il est dirigé par un chef de collectivité et donc peut être censé avoir le contrôle d'une partie du territoire congolais (celui de la collectivité de son fondateur), même si le mouvement ne se destine pas à occuper le territoire du village de Zumbe après leurs attaques. En plus, le critère de la capacité à mener des opérations militaires de manière prolongée pourrait être déduit de ces deux éléments (organisation et le fait d'avoir un territoire à leur

---

[256] Affaire Mitwaba, Cour militaire de Katanga siégeant à Lubumbashi. Jugement du 25 avril 2007, RP. 011/2006 Affaire Ekembe Monga Yamba André et Consorts.

disposition). Mais le texte du jugement ne permet pas de savoir si les opérations ont duré combien de temps ; donc il n'est pas facile de dire si le conflit peut être considéré comme avoir été menée de manière prolongée.

L'Affaire Capitaine Blaise Bongi, fait partie des rares décisions dans lesquelles les juges congolais ont tenté d'établir l'existence d'un conflit armé au sens des Conventions de Genève. Mais ces juges se sont malheureusement limités à écarter l'hypothèse d'un conflit armé de caractère international, tout en s'abstenant de qualifier le conflit et encore moins de démontrer s'il répondait alors aux exigences d'un conflit armé de caractère non international[257]. Ces juges ont donc abordé le problème mais ne l'ont pas résolu.

Néanmoins en analysant les informations disponibles dans le texte du jugement, les faits peuvent se résumer de cette manière. Les actes criminels sont imputés à un groupe de militaires, faisant partie du bataillon de l'armée régulière qui a été envoyé en Ituri pour pacifier cette partie de la RDC en proie à des conflits interethniques. Ce groupe, sous les ordres de l'accusé, va se livrer au pillage et à l'enlèvement de certaines personnes dans différentes localités pour les aider à transporter les biens volés. Arrivés à destination, ces personnes enlevées seront exécutées, sous prétexte que ce sont des miliciens capturés[258].

Dans cette affaire, le jugement affirme que le conflit armé a eu lieu le 12 octobre 2005 entre l'armée régulière et une « coalition des milices réfractaires FRPI, UPC, PUSIC, FNI » (lire le paragraphe 21 du jugement). Les critères énoncés à l'article 8-2-f du Statut de la CPI ne peuvent pas être analysés par rapport à la coalition. Il

---

[257] Affaire capitaine Bongi, Tribunal militaire de garnison de l'Ituri,RP 018/2006, jugement du 24 mars 2006, §74

[258] Affaire Capitaine Bongi, op cit. §74.

semble plutôt possible de les analyser dans chacune des composantes de ladite coalition, c'est-à-dire dans chacune des milices prises individuellement. Ayant conclu dans l'affaire Kahwa que le PUSIC qui fait partie de cette coalition, semble répondre aux exigences de l'article 8-2-f du Statut de la CPI, il semble donc possible de soutenir que l'on a là affaire à un conflit armé au sens de l'article 8-2-f du Statut de la CPI.

En conclusion, excepté ces quelques cas, on constate que dans la plupart des cas, les juges ne cherchent pas établir l'existence d'un « conflit armé ». Ainsi donc, en analysant de près les informations disponibles dans les jugements sous examen, et compte tenu des incertitudes sur l'existence d'un conflit armé de caractère tant international qu'interne, il est permis de soutenir que dans beaucoup de cas, c'est abusivement que ces tribunaux ont qualifié les faits de crimes de guerre. Les crimes poursuivis auraient dû l'être sur la base du droit interne et pas sur celle des Conventions de Genève de 1949 et de leurs protocoles additionnels, ni sur celle du Statut de la CPI.

3° LE CRIME DE GENOCIDE

Pour déterminer si un génocide avait ou non été commis, la Cour internationale de Justice (CIJ) dans l'affaire du crime de Génocide (Bosnie-Herzgovine c Serbie) [259] s'est appuyée sur la définition énoncée à l'article 2 de la convention de 1948, définition reproduite ensuite dans divers instruments de droit international[260]. Pour rappel,

---

[259] L'arrêt rendu par la CIJ, le 26 février 2007, relative à l'application de la convention pour la prévention et la répression du crime de génocide de 1948, (Bosnie-Herzégovine c Serbie-et-Monténégro) pp.54, §143

[260] Voy. L'article 4 du Statut du TPIY, l'article 2 du TPIR ainsi que l'article 6 de Statut de la CPI. Cité par Olivier Corten, l'arrêt rendu par la CIJ dans l'affaire du crime de génocide (Bosnie-Herzégovine c Serbie) : vers un assouplissement des conditions

cette disposition se lit comme suit : « Le génocide s'entend de l'un quelconque des actes ci-après, commis dans l'intention de détruire en tout ou en partie, un groupe national, ethnique, racial ou religieux, comme tel, a) Meurtre des membres du groupe, b) atteinte grave à l'intégrité physique ou mentale des membres du groupe ; c) soumission intentionnelle du groupe à des conditions d'existence devant entraîner sa destruction physique totale ou partielle ; d) Mesures visant à entraver les naissances au sein d'un groupe ; e) transfert forcé d'enfants du groupe à un autre groupe » [261] La Cour distingue dans cette définition les « actes de génocide, d'une part et l' « intention » de commettre un génocide, d'autres parts [262], Les « actes » sont les éléments matériels énumérés aux paragraphes a) à e) de la définition.

Il semble important d'analyser le jugement (A) rendu par le Tribunal de grande instance de Kalamu sur le génocide avant de faire quelques commentaires(B).

A. Affaire Génocide à Kinshasa[263]

1. Faits et Rétroactes

Le 09/12/2011, aussitôt après la proclamation des résultats provisoires des élections présidentielles du 28/11/2011, des fidèles kimbanguistes, en prière dans l'Eglise située sur l'avenue Tuisana, Quartier Lubudi dans la commune de Selembao, firent l'objet d'une agression de la part de jeunes gens des quartiers environnants, mécontents des résultats ainsi proclamés. Ces jeunes gens reprochaient aux fidèles kimbanguistes d'avoir porté leur choix

---

permettant d'engager la responsabilité d'un Etat pour génocide ? *Annuaire français de droit international*, 2007, volume 53, numéro 53, p. 251.

[261] La Cour cite cette définition dans son arrêt, CIJ, p.54, § 143 et p.69, § 186.

[262] Idem

[263] Cette analyse est faite par le Colonel Muntazini , inédit, avril 2013.

sur le Président de la République. Ainsi, à coups de pierre, ils causèrent la mort du Pasteur MBUNGA TUSEVO et firent de nombreux blessés dans les rangs des kimbanguistes. Les ayant dispersés, ils s'adonnèrent enfin au pillage et à la destruction des biens trouvés dans l'Eglise : portes, machines, etc.

Ces faits avaient provoqué une onde de choc à Kinshasa au point où l'OMP décida de traduire les personnes arrêtées en flagrance devant le Tribunal de grande instance de Kalamu. Ce dernier rendit son verdict à l'audience du 17/12/2011 en condamnant les prévenus KUMBA ADO, NSIMBA KATUZAYAKO, MWADI KAPELE, BUNGU KINYAKA, LUFUNDU NZOLAMESO, MAKELE ZONO et NSEKA MERDI à la servitude pénale à perpétuité pour génocide et pillage.

Ce Jugement est intéressant dans la mesure où pour la première fois, une juridiction congolaise, qui plus est une juridiction civile, s'est déclarée compétente pour rendre un jugement sur le génocide. La présente étude tente de répondre aux questions de droit soulevées par ce jugement.

2. Principes Enoncés

a) ***Génocide commis par des civils-hors contexte d'un conflit armé-Non utilisation d'armes ni d'effets militaires-compétence de la juridiction de droit commun*** :

« *Le Tribunal laisse inappliqué le Code de justice militaire [...] surtout qu'en l'espèce il s'agit du génocide reproché aux civils en dehors de toute période de guerre, sans implication de militaire ni de policier et sans utilisation d'arme à feu ni d'effets militaires*[264] ».

b) **Génocide infraction non militaire-peine moins sévère-justification de l'application du Statut de Rome** :
« *Le Tribunal se réfère au Statut de Rome qui ne définit pas le génocide a priori comme une infraction d'ordre militaire et y prévoit une peine moins sévère que celle retenue par le Code pénal militaire*[265] ».

c) ***Haine-Animosité-Eléments intentionnels du Génocide :***
« *L'intention criminelle ayant entrainé la haine et l'animosité contre les kimbanguistes découle du mécontentement généralisé du fait que ceux-ci avaient soutenu le Chef de l'Etat lors des élections présidentielles* ».

3. Notes d'observations

a) De la Procédure de flagrance :

La procédure de flagrance utilisée par le TGI Kalamu est totalement inappropriée au regard de la qualification légale retenue en l'espèce. Le génocide est en effet un crime de masse qui par sa nature exige un examen minutieux des faits par l'organe des poursuites et par le juge lui-même. La procédure de flagrance qui par son essence est une procédure expéditive est en contradiction non seulement avec l'objectif de la recherche des éléments caractéristiques de ce type de crime, mais aussi avec le respect des droits de la défense qui posent la règle selon laquelle

---

[264] Affaire Génocide à Kinshasa, Tribunal de Grande instance de Kalamu, RP 11 156, jugement du 17/12/2011, p. 8, inédit.

[265] Idem, p.9 inédit

toute « *personne accusée dispose du temps et des facilités nécessaires à la préparation de sa défense*[266] ».

Le recours à cette procédure pour le moins bâclée conduit inexorablement à une instruction bâclée avec pour conséquence la banalisation du génocide, pourtant considéré comme le « *crime des crimes* ».

b) **De la compétence matérielle du TGI Kalamu :**
Avant d'aborder cette question, il sied de rappeler l'un des principes fondamentaux du « procès équitable », à savoir que « toute personne a droit à ce que sa cause soit entendue équitablement et publiquement par un **Tribunal compétent** *[ ]* **établi par la loi** »[267]. En d'autres termes c'est la loi qui fixe les règles de compétence des juridictions. A cet effet, il est admis de tous que ces règles sont d'ordre public.

En Droit congolais, c'est le Code de l'organisation et de la compétence judiciaires qui détermine les règles de compétence des juridictions civiles tandis que pour les juridictions militaires, ces règles sont fixées par le Code pénal et le Code judiciaire militaires.

En ce qui concerne le crime de génocide, ou plus généralement en ce qui concerne les autres crimes graves, l'article 161 du Code pénal militaire fixe le principe de base pour en déterminer la juridiction compétente : « en cas d'indivisibilité ou de connexité d'infractions avec des crimes de génocide, des crimes de guerre ou des crimes contre l'humanité, les juridictions militaires sont seules compétentes [268] ». Il s'en déduit que le génocide, les crimes de guerre et les crimes contre l'humanité sont de la compétence exclusive des juridictions militaires, de telle

---

[266] Article 14-3, b du Pacte international relatif aux droits civils et politiques.
[267] Art 14-1 du même Pacte.
[268] Article 161du Code pénal militaire congolais.

sorte que lorsqu'ils sont commis en connexité ou indivisibilité avec d'autres infractions qui ne sont pas de la compétence des juridictions militaires, ces dernières infractions tombent tout de même sous l'empire des juridictions militaires, quelle que soit la qualité de leurs auteurs.

Cette position du législateur congolais de 2002 se situe dans la droite ligne d'une tradition instaurée par le Code de Justice Militaire de 1972 qui en son article 504 posait déjà cette règle[269].

Ce principe de base est si profondément ancré dans l'ordonnancement juridique congolais que tous les projets de réformes législatives initiées[270] depuis la ratification du Statut de Rome par la RDC ont toujours proposé une redistribution de ces compétences, à défaut de leur transfert au profit de juridictions civiles. C'est dans ces circonstances qu'éclate l'affaire objet de la présente étude. Saisi des faits et sans coup férir, le Tribunal de grande instance de Kalamu se déclare compétent en fondant son raisonnement sur deux points, à savoir:

a. « L'article 215 de la Constitution de la RDC consacre le principe moniste qui n'impose aucune exigence légale, sauf la publication au Journal officiel, pour la mise en application du traité régulièrement ratifié dont l'intégration dans l'ordre juridique interne est automatique, tel est le cas du Statut susévoqué »[271].
b. Dans ce contexte, le Tribunal estime laisser « inappliquée » en l'espèce la loi n°024/2002 du 18 No-

---

[269] « En cas d'indivisibilité ou de connexité avec les crimes de guerre ou contre l'humanité, les juridictions militaires seront seules compétentes ».

[270] Le cas du projet de loi portant mise en œuvre du Statut de Rome qui propose le choix de la Cour d'appel comme seule juridiction de droit commun compétente en cette matière et ce, quelle qu'en soit la qualité des justiciables ; c'est le cas aussi du projet de loi portant création d'une Cour spéciale (en lire à cet effet les articles 17 et suivants).

[271] Voir aussi l'article 153 al 2 de la Constitution de la RDC.

vembre 2002 et se référer en l'espèce au Statut de Rome qui [...] :

- ne définit pas le génocide a priori comme une infraction d'ordre militaire ;
- prévoit une peine moins sévère que celle retenue par la loi nationale précitée ;
- en l'espèce il s'agit du génocide reproché aux civils ;
- en dehors de toute période de guerre ;
- sans implication de militaire ni de policier ;
- sans utilisation d'armes à feu ni d'effets militaires.

Cet argumentaire ne résiste pas à l'analyse, et pour cause. S'agissant d'abord de l'intégration du Statut de Rome dans l'ordonnancement juridique interne congolais du fait de sa ratification, cette question n'est sujette à aucune contestation. Mais de là à tirer la conséquence que le Tribunal de grande instance de Kalamu est devenu compétent en matière de génocide parait pour le moins présomptueux. Car, le Statut de Rome n'a nulle vocation à modifier les règles d'organisation et de compétence des juridictions nationales. Tout au plus suggère-t-il à ceux des Etats qui ont choisi de le ratifier d'insérer dans leurs législations internes des procédures permettant la coopération avec la Cour pénale internationale. Il va même plus loin lorsqu'il précise que « rien n'affecte l'application par les Etats des peines que prévoit leur droit interne, ni l'application du droit des Etats qui ne prévoient pas les peines prévues au Statut de Rome » [272]. L'application du droit des Etats doit s'entendre ici au sens le plus large. Ce concept englobe ainsi les règles de fond et de forme, aussi bien que celles portant organisation et compétence judiciaires. En d'autres termes, et c'est là l'esprit du Statut de Rome, le législateur national demeure la seule autorité habilitée à modifier les règles de compétence des juridictions.

[272] Article 80 du Statut de Rome.

Quant à l'option prise par le Tribunal de laisser « inappliqué » le Code pénal militaire au profit du Statut de Rome, personne de censé ne peut en contester la validité, sauf que l'argumentaire utilisé à cet effet semble plutôt faible. Ce traité doit en effet être appliqué au détriment des lois nationales, non pour les motifs invoqués par le juge, mais plutôt à cause de la primauté que lui confère l'article 215 de la Constitution. Faire droit à l'argumentaire du Tribunal donnerait à penser qu'en l'état les juridictions militaires tirent leur compétence en matière de génocide du fait que celui-ci est constitutif d'une infraction d'ordre militaire, qu'il ne se commet qu'en période de conflit armé et qu'il requiert pour sa réalisation l'implication de militaires et de policiers, ou encore l'utilisation d'effets militaires. Ce qui est loin d'être le cas.

Pour toutes ces raisons, le Tribunal de grande instance de Kalamu avait tort de se déclarer compétent pour juger du génocide. Mais au-delà de cette discussion, peut-on effectivement soutenir que les faits de l'espèce étaient juridiquement constitutifs du génocide ? A ce jour, Il faut préciser que l'article 91 de la loi du 11 avril 2013 portant Code organisation, fonctionnement et compétences des juridictions de l'ordre judiciaire donne compétence aux Cours d'appels de connaitre au premier degré : du crime de génocide, des crimes de guerre et des crimes contre l'humanité commis par les personnes relevant de leur compétences et de celle des tribunaux de grande instances.

C'est l'occasion d'analyser les éléments constitutifs de ce crime.

c) Des éléments constitutifs du crime de Génocide

1) Notion de génocide

Avant d'aborder ces éléments proprement dits, il n'est pas sans intérêt de remonter à l'origine du vocable « *génocide* ». En effet, si l'histoire de l'humanité est émaillée d'atrocités multiformes, c'est au XXème siècle que ce phénomène a été conceptualisé. C'est à l'avocat polonais Raphael Lemkin qu'on doit le terme génocide, provenant de la combinaison du mot « *genos* » du grec ancien (signifiant race, tribu ou nation) avec le suffixe latin « *cide* » (du verbe « *caedere* » qui signifie « *tuer* »). R. Lemkin définit ainsi le génocide comme « un plan coordonné de différentes actions visant à la destruction des bases essentielles de la vie de groupes nationaux, dans le but d'annihiler ces groupes eux-mêmes[273] ».

Cette définition ressemble beaucoup à celle du crime contre l'humanité[274]. Et de fait, très proches l'un de l'autre, le génocide et le crime contre l'humanité partagent une même origine. Au départ en effet, le terme génocide n'était pas connu, et l'invention de R. Lemkin est venue après le Statut de Nuremberg en 1945 de sorte que son contenu ou son acception actuelle rentrait dans la notion de crime contre l'humanité. Il en représentait la forme la plus grave à travers les massacres à grande échelle de groupes humains qui seraient formellement déterminés par la Convention de Paris sur le génocide de 1948, à savoir : groupe national, ethnique, racial ou religieux.[275]

---

[273] Raphael Lemkin, Axis Rule in Occupied Europe : Laws of Occupation, Carnegie Endwment for International Peace, Washington 1944, page 79.

[274] Article 7 du Statut de Rome : « attaque généralisée ou systématique contre toute population civile et en pleine connaissance de cause ».

[275] Selon l'article 2 de la Convention pour la prévention et la répression du crime de Génocide : « Dans la présente Convention, le génocide s'entend de l'un quelconque des

Cependant, après l'adoption de la Convention de Paris sur la prévention et la répression du génocide, celui-ci est devenu autonome et s'est vu doté de ses propres éléments constitutifs.

2) Eléments matériels du génocide

Depuis la Convention de Paris, les éléments matériels du génocide sont :

- Meurtre de membres d'un groupe ;
- Atteinte grave à l'intégrité physique ou mentale de membres du groupe ;
- Soumission intentionnelle du groupe à des conditions d'existence devant entraîner sa destruction totale ou partielle ;
- Mesures visant à entraver les naissances au sein du groupe ;
- Transfert forcé d'enfants d'un groupe à un autre groupe.

Ces éléments matériels du génocide sont constants et sont formellement repris dans le Statut du TPIY en son article 4, dans le Statut du TPIR en son article 2 et dans le Statut de Rome en son article 6.

---

actes ci-après, commis dans l'intention de détruire, en tout ou en partie, un groupe national, ethnique, racial ou religieux, comme tel ; a)meurtre de membres du groupe, b)atteinte grave à l'intégrité physique ou mentale de membres du groupe, c)soumissions intentionnelle du groupe à des conditions d'existence devant entrainer sa destruction physique totale ou partielle, d)mesures visant à entraver les naissances au sein du groupe, e) transfert forcé d'enfants du groupe à un autre groupe ».

3) Nécessité d'un contexte particulier

Ainsi décrit, le génocide peut-il résulter de l'action d'un individu isolé, ou encore en l'absence d'une quelconque planification ?

Il semble que non car, même si sa définition ne comporte ni exigence d'un cadre contextuel formel, ni nécessité d'une planification préalable de la destruction, ces derniers facteurs apparaissent comme des caractéristiques implicites du génocide[276]. Autrement dit, qualifier de génocide un crime isolé, en l'absence de toute attaque[277] ou planification, serait faire fausse piste. Pire : pareille tentative serait tendancieuse dans la mesure où elle provoquerait la banalisation de ce « crime des crimes » avec comme corollaire d'ôter à ce vocable toute sa puissance mobilisatrice.

Cette vue est largement partagée par le TPIR. Dans l'affaire Kayishema et Ruzindama, les Juges de ce Tribunal affirment en effet que « même si l'existence d'un plan précis visant à détruire le groupe ne constituerait pas en soi un élément du génocide, il est néanmoins virtuellement impossible de perpétrer ce crime en l'absence d'un tel plan ou d'une telle organisation [278]». Les Eléments du crime[279] abondent dans le même sens lorsqu'ils précisent qu'en ce qui concerne le dernier élément de chaque crime, l'expression « dans le cadre de » devrait comprendre les « *actes initiaux d'une série en train de se faire jour* ».

---

[276] W. A. Schabas, Genocide in International Law, CUP, Cambridge, 2000, pages 94-95.

[277] Par attaques, la jurisprudence entend « le comportement qui consiste en la commission multiple d'actes prohibés » (lire : Akayesu, Chambre de 1ère instance, 2 septembre 1998, par 581 ; Kayishema et Ruzindama, 21 Mai 1999, par 122 in *Recueil thématique de la Jurisprudence du TPIR*).

[278] Kayishema et Ruzindama, 21 mai 1999, par 122 *in Recueil thématique de la jurisprudence du TPIR*.

[279] L'article 9 du Statut de Rome prévoit l'adoption par l'Assemblée des Etats parties de ce document (« Eléments des crimes ») destiné à aider la Cour à interpréter et appliquer les articles 6, 7 et 8.

Et le dernier élément matériel du crime constitutif du génocide dont il s'agit est ainsi libellé : « le comportement s'est inscrit dans le cadre d'une série manifeste de comportements analogues dirigés contre ce groupe, ou pouvait en lui-même produire une telle destruction ».

Aujourd'hui, la doctrine dominante considère que pour établir le crime de génocide, le juge doit démontrer au préalable l'existence d'un contexte particulier caractérisé par « une politique discriminatoire préexistante[280] ». Pour la sauvegarde des droits de la défense de l'accusé, un lien doit être établi entre celui qui est poursuivi pour crime de génocide te cette politique de discrimination.

Il serait par exemple inacceptable de conclure qu'il nourrit automatiquement une intention génocidaire parce que le crime qu'il a commis est concomitant à la perpétration d'un génocide, sans démontrer également au moins qu'il savait ou était conscient que ses actions s'inscrivaient dans ce contexte plus général[281] .

R. Lemkin considère lui-même que le génocide désigne « un plan coordonné d'actions différentes qui tendent à détruire les fondations essentielles de la vie des groupes nationaux, dans le but de détruire ces groupes mêmes[282].

L'acte d'accusation du Tribunal militaire de Nuremberg imputait aux personnes poursuivies « un génocide délibéré et systématique » et le tribunal considéra que pour tous les condamnés, le contexte particulier était réalisé pour trois raisons :

- Tous avaient occupé une position d'autorité ;
- A partir de cette position d'autorité, le Tribunal concluait « qu'ils avaient participé volontairement et

[280] A.-M. LA ROSA, *Juridictions pénales internationales, la procédure et la preuve*, PUF, Paris, 2003, p. 385.
[281] Idem.
[282] R. Lemkin, Le génocide, *in Revue générale de droit pénal*, 1946, n° 1-2, 25.

consciemment à la mise en œuvre de la politique de persécution et qu'ils avaient connaissance des atrocités commises par leurs subordonnés » ;

- Le Tribunal a disposé de nombreux éléments de preuve directs tels que les décrets signés, les déclarations publiques, les aveux confirmant l'intention, voire le désir des accusés d'arriver à la solution finale de la question juive ou à la fin des autres groupes ciblés, tels que les Polonais ou les Tziganes.

La jurisprudence des tribunaux institués sous la loi n° 10 du Conseil de contrôle allié pour juger les crimes nazis à l'issue de la Seconde Guerre mondiale a inscrit le génocide « dans le cadre de la politique d'extermination génocidaire prônée par le régime nazi ».

La question qu'il s'agit de résoudre à présent au regard du cas d'espèce est celle de savoir si un contexte particulier caractérisé par une politique discriminatoire préexistante, a été établi.

Les éléments disponibles du dossier suggèrent le contraire.

En effet, nulle part il n'est question d'une telle politique qui aurait été définie quelque part, par quelque autorité que ce soit. Nulle part les faits de l'espèce ne tendent à asseoir une telle politique. Tout ce qui apparait est qu'il y a eu agression de la part de quelques jeunes du quartier environnant l'Eglise kimbanguiste située sur l'avenue Tuisana, dans la commune de Selembao. Nulle part il n'est établi que ces jeunes exécutaient un mot d'ordre venant éventuellement d'une autorité identifiable comme telle.

Bien plus, quoique des fidèles kimbanguistes aient été visés, il n'est pas établi qu'ils l'aient été à cause de leur appartenance religieuse. Ce qui par contre est affirmé est qu'ils l'ont été pour leur choix porté sur la personne du Président de la République élu[283].

Certes il y a eu des meurtres et des atteintes graves à l'intégrité physique, mais il est difficile d'en faire des actes matériels constitutifs du crime de génocide en dehors de l'existence préalable d'un contexte particulier, en l'occurrence un contexte fait d'une politique discriminatoire préexistante à l'égard de kimbanguistes.

Dès lors, toute analyse d'autres éléments constitutifs du génocide devient superfétatoire.

Comme l'écrit Anne-Marie LA ROSA qui a exploité la jurisprudence américaine relative aux crimes de la seconde Guerre mondiale, le Tribunal « a des fois pris soin de vérifier pour chacun des accusés, si les éléments de preuve révélaient au-delà de tout doute raisonnable que chaque accusé avait consciemment participé à l'élaboration du plan ou avait pris une part active à son exécution[284].

Il s'agit là de la moindre des recommandations que l'on devrait formuler à l'endroit de tout juge d'un crime de génocide. Il devrait toujours avoir présente à l'esprit la rigueur nécessaire pour imputer à une personne « le crime des crimes ». Agir autrement, en imputant le génocide à tout vent et à tout venant, voire au comparse, serait prendre le risque de le banaliser, de le réduire à son seul élément matériel et de s'éloigner ainsi de l'esprit des auteurs de la Convention sur le génocide dont la volonté était de marquer la plus haute réprobation et de donner la qualification la plus grave au comportement de ceux-là qui, disposant d'une autorité réelle, en abusent en concevant, en élaborant et en mettant en œuvre des plans de destruction de groupes humains, en tout ou partie.

---

[283] Et ceci rencontre justement la notion d'appartenance ou d'obédience politique. Or l'origine politique ne fait pas partie de critères retenus pour parler du Génocide.

[284] R. Lemkin, Le génocide, in Revue générale, op cit.

4) L'élément moral du génocide

L'élément moral du crime de génocide est un *dolus specialis* en ce sens que ne peut répondre du génocide que la personne qui, au moment où elle pose un des actes matériels constitutifs du génocide, est animée de l'intention de détruire, en tout ou en partie, un groupe national, ethnique, racial ou religieux comme tel.

Comme le dit Robert KOLB, « le dol spécial est le vouloir finalisé. C'est donc une intention cherchant un résultat déterminé et dépassant la simple volonté de commettre l'acte matériel défini par l'article 2 de la Convention sur la prévention et la répression du génocide[285] ».

Dans l'arrêt Akayesu, le TPIR cite notamment le Représentant du Brésil lors des travaux préparatoires de cette Convention : « ce qui caractérise le génocide, c'est l'intention spéciale de détruire un groupe, sans laquelle, quelles que soient l'atrocité d'un acte et son analogie avec les actes décrits dans la convention, il ne peut être qualifié de génocide[286] ».

Poursuivant son analyse, le TPIR déclare que concrètement, pour qu'une personne réponde du génocide, elle doit avoir posé son acte à l'encontre d'un ou de plusieurs individus, parce que cet individu ou ces individus étaient membres d'un groupe spécifique et en raison même de leur appartenance à ce groupe. « La victime de l'acte est donc un membre du groupe choisi en tant que tel, ce qui signifie que la victime du crime de génocide est le groupe lui-même et non pas seulement l'individu[287] ».

« L'élément du dol spécial cristallise la caractéristique la plus intime du génocide. Les victimes ne sont pas choi-

---

285 Robert KOLB, Droit international pénal, Helbing Lichtenhahn, Bâle, Bruylant, Bruxelles, 2008, p. 85.

286 Arrêt Akayesu, par. 519

287 Idem

sies en fonction de leurs caractéristiques individuelles, mais plutôt en tant que représentants du groupe à détruire. A travers l'individu, c'est le groupe qui est visé. L'individu est perçu comme partie de ce groupe et il est désigné à la destruction pour cette raison ; l'optique est *pars pro toto et per partem ad totum.* L'essence du crime repose donc sur une dépersonnalisation des victimes. Celles-ci n'apparaissent plus comme des personnes humaines, mais comme des numéros de matricule, têtes de cheptel, voire détritus à éliminer. C'est ce qui rend le crime si odieux et si dangereux [288]».

Dans son arrêt sur l'application de la Convention sur le génocide, la Cour internationale de justice exprime la nécessité qu'il y a de porter la plus grande attention et le plus grand soin à conclure à l'existence suffisamment claire d'une telle intention spéciale, qui ne saurait être imputée à la légère[289].

Le *dolus specialis* se détermine par des aveux de la part de l'accusé ou se déduit d'un certain nombre de faits, par exemple des actes et propos de l'accusé, du contexte général de la perpétration d'autres actes répréhensibles systématiquement dirigés contre le même groupe, que ces autres actes soient commis par le même agent ou par d'autres agents.

Le même *dolus specialis* peut se déduire de l'échelle des atrocités commises, de leur caractère général dans une région ou un pays, ou encore du fait de délibérément et systématiquement choisir les victimes en raison de leur appartenance à un groupe particulier, tout en excluant les membres des autres groupes[290].

---

[288] Ibidem

[289] CIJ, arrêt du 26/02/2007, para 189.

[290] Akayesu, para 523.

Dans l'affaire KRSTIC et pour conclure qu'un génocide a été commis à Srebrenica, la question capitale qui se posait était celle de savoir s'il y avait eu réellement intention de commettre un génocide.

Si cette intention doit s'inférer de l'ensemble de faits, le génocide n'exige pas la preuve que son auteur ait choisi le mode d'action le plus efficace qui soit pour parvenir à son objectif qui était de détruire la partie du groupe visé. Même si le mode d'action choisi ne traduit pas pleinement l'intention de l'auteur, la destruction demeurant incomplète, cela ne signifie pas pour autant que l'on ne peut conclure à l'existence d'une intention génocidaire. L'attention de la communauté internationale, focalisée sur Srebrenica, combinée à la présence de troupes des Nations Unies dans la région, a empêché les membres de l'Etat-Major principal de la VRS qui avaient conçu le plan génocidaire de le mettre en œuvre de la manière la plus directe et la plus efficace possible. Bridés par les circonstances, ils ont adoptés une méthode qui leur permettait de réaliser leur dessein génocidaire, tout en minimisant le risque du châtiment[291]. L'intention génocidaire peut être déduite entre autres de la preuve de « la perpétration d'autres actes répréhensibles systématiquement dirigés contre le même groupe ».

Tout ce qui précède, ajouté à l'inexistence d'un contexte particulier ou d'une politique discriminatoire préexistante, conduit à considérer que dans le cas d'espèce on ne saurait conclure à l'existence du dolus specialis, caractéristique du crime de génocide.

---

[291] Arrêt KRSTIC, par. 32.

5) Qualification appropriée

L'absence d'un contexte particulier ainsi que l'inexistence d'une politique discriminatoire préalable rendent impossible la qualification de génocide qui ne doit, on ne le dira jamais assez, être retenue à le légère.

Dès lors, pour retrouver la qualification appropriée pour le cas d'espèce, et en mettant de côté la question de compétence, il ne reste qu'une possibilité, celle de se replier sur le droit commun et ne retenir que les infractions de meurtre et de coups et blessures volontaires dont les peines, soient dit en passant, sont loin d'être légères.

B. Commentaires

Après cette analyse du jugement faite par le Colonel Muntazini, il nous semble important de revenir sur le fond de cette affaire pour faire quelques commentaires.

Les juges dans cette affaire ont bien défini le crime de génocide en y indiquant l'exigence de l'intention spécial mais dans l'argumentaire, nulle part, ils ont voulu démontrer cette intention spéciale. Au regard des faits, on a des difficultés à comprendre une inculpation pour génocide. En quoi peut-on prétendre qu'il s'agissait d'une attaque visant la destruction d'un groupe national, racial, ethnique ou religieux ? Le Tribunal de grande instance de Kalamu éprouve des difficultés à établir le critère de l'intention spéciale qui constitue l'essence du génocide. Seule l'intention de détruire un groupe protégé, comme tel, permet de qualifier un ou plusieurs actes de « génocide », [292]c'est ce qu'on appelle l' « intention spécifique (dolus specialis) »[293]

[292] CIJ, pp.69-70, §§ 186-187
[293] Idem, p70, §187

Toutes fois, Il sied de rappeler que l'article 2 de la convention de 1948 ne donne aucune indication sur la manière dont il faut interpréter le critère de l'intention. Une première option serait de considérer qu'il y a génocide dès qu'un groupe protégé est visé par des actes meurtriers ou d'autres actes énumérés aux alinéas b) à e).

A l'opposé de cette conception particulièrement large, il existe une conception plus rigoureuse de la notion d' « intention », qui limite le génocide à des actes plus spécifiques[294]. Selon cette conception, il ne suffirait pas d'établir que le groupe protégé a été visé par un acte énoncé à l'article 2 ou 6 de la CPI, c'est le raisonnement du TGI Kalamu. Encore faudrait-il démontrer qu'il a été visé « comme tel »[295]. La conception stricte du génocide n'a d'ailleurs pas fait l'objet de critique de la part de la doctrine. Le refus de banaliser le concept de génocide et de l'assimiler à des notions floues comme le « nettoyage ethnique » semble donc assez largement partagé [296]

C'est cette même définition stricte du génocide qui a mené la commission constituée pour évaluer la situation au Darfour à refuser de qualifier comme tel les attaques contre des tribus dans cette région soudanaise.

Si l'on s'en tient à cette conception, dans le cas particulier du génocide les membres du groupes protégés (kimbanguistes) sont visés non en raison de ce qu'ils font (empêcher un autre groupe d'exercer le pouvoir par exemple)

---

[294] Olivier Corten, op cit, pp252-253

[295] William Schabas, « le Génocide » in H. Ascension, E. Decaux, A. Pellet (dir) Droit international pénal, Paris, Pedone, 2002, p.323

[296] Idem, on peut se demander si cette définition n'a pas été assouplie dans le cas du massacre de Srebrenica que la cour a bel et bien qualifié de Génocide. La Cour ajoute que le génocide ne requiert pas la préméditation. L'intention génocidaire pouvant n'advenir que dans le cours d'une opération, c'est se fondant sur les conclusions du TPIY dans l'affaire Kristic que la CIJ estime qu'après le 11 juillet, jour de la chute de Srebrenica les responsables de la VRS ont soudainement décidé de tuer non plus seulement les militaires, mais « tous les hommes musulmans de Bosnie sans distinction. Voy , CIJ pp99-100 §§ 279-281.

mais de ce qu'ils sont (c'est-à-dire seulement en raison de leurs caractéristiques nationales, raciales, ethniques ou religieuses). Or dans le cas sous examen, de l'attaque contre les kimbanguistes, ceux-ci ont été visés en raison de leurs soutien au pouvoir en place mais pas pour ce qu'ils sont (des kimbanguistes, un groupe protégé) et le tribunal le souligne d'ailleurs comme suit

> l'intention criminelle en l'espèce découle du mécontentement généralisé du quartier, tel que reconnu par les prévenus eux-mêmes, du fait que les kimbanguistes eurent soutenu le chef de l'Etat aux élections présidentielles de 2011, ce qui a entrainé en eux de la haine et de l'animosité contre kimbanguistes et a fait qu'ils refusassent par des coups de pierres de nature à entrainer la mort d'homme, leur présence ou leur existence dans leur milieu à savoir la commune de Selembao [...] c'est pourquoi le tribunal dira que le comportement des prévenus tombe bel et bien sous le crime de génocide par meurtre et partant, il les condamnera chacun pour génocide à la peine de servitude pénale à perpétuité.[297]

En ce qui concerne, la préméditation ou planification du génocide, la Cour internationale de Justice souligne que le génocide ne requiert pas la préméditation. L'intention génocidaire pouvant n'advenir que dans le cours d'une opération[298]. Pour le Professeur Kai Ambos, la préméditation n'est pas un élément du génocide mais une exigence dans les éléments de preuve. D'après les faits présentés dans le jugement du Tribunal de grande instance de Kalamu, rien ne démontre que les jeunes qui ont attaqué la paroisse kimbanguiste avaient l'intention de détruire un groupe protégé ou qu'ils ont eu cette intention pendant le cours de l'opération.

---

[297] Tribunal de grande de Kalamu, affaire du Génocide des Kimbanguistes, op cit. p.9
[298] CIJ, pp 99-100, §§ 279-281

§.2.- LE STATUT DE PERSONNE PROTEGEE CONTRE LES CRIMES DE GUERRE

Dans l'hypothèse des crimes de guerre, perpétrés dans le contexte d'un conflit armé au sens qui vient d'être détaillé ci-haut, le deuxième problème qu'on retrouve dans la jurisprudence congolaise, c'est celui de la définition de la population civile et du statut de personne protégée. Trois jugements vont être analysés ici et vont révéler trois erreurs : 1) Les tribunaux ne consacrent pas le principe selon lequel dans le doute, la personne sera considérée comme civile ; 2) même dans l'hypothèse où l'on a affaire à un combattant, ou plus exactement une personne civile capturée au moment où elle posait un « acte de participation directe aux hostilités », cette personne doit tout au moins bénéficier du statut de prisonnier de guerre, et qu'à ce titre, il est interdit de lui infliger de mauvais traitement et encore moins de l'exécuter sommairement ; 3) ces juges n'appliquent pas le principe de non discrimination et semblent tolérer le fait que les civils ou la population civile qui ont adhéré à un mouvement armé rebelle perd sa protection.

Dans la cadre de notre analyse nous, aborderons successivement la question du doute sur le statut d'une personne ainsi que celle de la protection des combattants tombés entre les mains de l'ennemi (1), avant d'analyser la question du principe de non discrimination sur la base de l'affiliation politique d'une personne civile ou d'une population civile (2). Nous terminerons cette analyse par la protection du personnel des Nations Unies et du personnel associé, tel que cela ressort de l'unique jurisprudence congolaise dans cette affaire (l'affaire Milobs) (3).

1° LE DOUTE SUR LE STATUT D'UNE PERSONNE PROTEGEE

Le terme « personne civile » et « population civile » sont définis de manière négative à l'article 50 du 1er Protocole additionnel aux 4 Conventions de Genève. Cet article dispose :

> « 1. Est considérée comme civile toute personne n'appartenant pas à l'une des catégories visées à l'article 4 A, 1), 2), 3), et 6) de la IIIe Convention et à l'article 43 du présent Protocole. En cas de doute, ladite personne sera considérée comme civile.
> « 2. La population civile comprend toutes les personnes civiles.
>
> « 3. La présence au sein de la population civile de personnes isolées ne répondant pas à la définition de personne civile ne prive pas cette population de sa qualité ».

Les catégories auxquelles renvoie le paragraphe premier de cet article sont constituées de personnes qui ont le statut de combattants et qui posent des actes de participation directe aux hostilités.

Dans l'affaire Kilwa déjà analysée, on trouve trois personnes tuées pour lesquelles le Tribunal a douté du statut de civil, en raison du fait que la victime a été trouvée avec des effets militaires (uniformes et douilles). Dans une autre situation, le Tribunal, toujours dans la même affaire, a douté du statut de civil uniquement parce que la personne n'avait pas fui la localité de Kilwa après que les FARDC aient ordonné à la population de quitter les lieux pour qu'elles se livrent à une bataille contre les insurgés. Ainsi quatre personnes au total ont été tués dans ces conditions parce que l'un est resté pour protéger son pantalon

Jeans, l'autre pour attendre son enfant parti à l'école, l'autre, parce qu'au lieu de fuir dans la direction que tout le monde prenait, c'est-à-dire celle de quitter la localité de Kilwa, il aurait pris la direction opposée, c'est-à-dire aurait retourné vers la localité attaquée, soit disant pour protéger ses habits. Le plus étrange c'est lorsque le Tribunal doute du statut de civile d'une personne uniquement parce qu'elle aurait bu au point de s'enivrer pendant les affrontements armés. Le Tribunal va ainsi affirmé que « personne ne prend sa boisson alcoolique au milieu des affrontements armés ». Le même Tribunal va également se demander « qui pouvait ouvrir son débit de boisson ou son bistrot et se mettre à vendre, dans l'après midi du 15 octobre 2004, en pleine guerre armée ? Pourquoi n'avait-il pas quitté Kilwa comme tout le monde ? ». Il semble qu'aux yeux de ce Tribunal, il est strictement interdit au civil, au risque d'encourir la peine capitale, de prendre sa boisson alcoolisée aux cours des affrontements !

Mais le vrai problème dans ce jugement, c'est que les juges ont commencé par douter des circonstances de la mort desdites victimes, telles que cela leur a été rapporté par leurs membres de famille. C'est donc par un raisonnement par hypothèse qu'ils ont émis ces *obiter dicta* qui trahissent en fait une conception erronée du statut de victime, mais surtout sur le fait qu'en cas de doute, la personne sera considérée comme civile.

Dans tous les cas, même en se fondant sur ce raisonnement par hypothèse, les éléments du jugement prouvent que les personnes tuées ont toujours été des civils dans leur profession. On ne voit pas comment ces personnes sont entretemps devenues des combattants pour se servir des matériels militaires, participer aux hostilités, afin de prétendre qu'ils sont tombés dans le champ de bataille. En effet, aucun acte de participation aux hostilités n'a été démontré dans le jugement de l'affaire Kilwa. Tout ce qu'on leur reprochait c'est d'un coté, d'avoir été présent dans la localité attaqué et qualifiée par les juges de « champ de bataille », au moment des affrontements, comme si les FARDC avaient reçu carte blanche pour tirer sur toute âme qui bouge dans la localité tombée entre les mains des insurgés du MRLK. A certains autres, il leur est reproché d'avoir eu par devers eux des effets militaires (uniformes militaires et douilles) comme si le simple fait de détenir des effets militaires constituait un acte de participation aux hostilités.

Pour terminer avec ce point, c'est que dans tous les cas, à en croire les récits des proches des victimes, celles-ci ont été sommairement exécutées après avoir été capturées vivantes. Or, même dans l'hypothèse où elles ont été capturées en train de poser un acte de participation aux hostilités, ces victimes auraient tout au moins été considérées comme des prisonniers de guerre. Ce statut, à coup sûr les mettaient à l'abri des mauvais traitements[299].

2° LE PRINCIPE DE NON DISCRIMINATION DES CIVILS

En ce qui concerne les conflits armés de caractère non international, le principe de non discrimination est consacré par l'article 2-1 du deuxième protocole additionnel aux 4 Conventions de Genève ainsi formulé :

[299] Précisons que si les civils sont ou peuvent être assimilées aux forces armées de la RDC, dans ce cas elles auraient bénéficié du statut de prisonnier de guerre. Si ce sont des civils que l'on considère come ayant pris les armes, alors dans ces conditions ils auront le statut de combattant illégal parce qu'ils posent des actes de participation directe aux hostilités. Dans ce 2ème cas, ces personnes ne peuvent pas être des prisonniers de guerre, ce statut ne pouvant être reconnus dans un conflit interne (CANI). A tout le moins, en lieu et place de le ruer, il pourrait répondre devant un tribunal du fait d'avoir pris les armes mais bénéficiera des garanties minimales de l'art 3 commun mais aussi du droit coutumier-Clause martens. Et même sans ce statut de prisonnier de guerre, les personnes capturées ne peuvent pas subir les mauvais traitements.

« Le présent Protocole s'applique sans aucune distinction de caractère défavorable fondée sur la race, la couleur, le sexe, la langue, la religion ou la croyance, les opinions politiques ou autres, l'origine nationale ou sociale, la fortune, la naissance ou une autre situation, ou tous autres critères analogues (ci-après appelés «distinction de caractère défavorable») à toutes les personnes affectées par un conflit armé au sens de l'article premier ».

L'article 4 (Prot. Add. II) est l'équivalent de l'article 9-1 du premier protocole additionnel aux 4 Conventions de Genève, pour ce qui est des conflits armés de caractère international. Ce dernier article dispose :

« Le présent Titre, dont les dispositions ont pour but d'améliorer le sort des blessés, malades et naufragés, s'applique à tous ceux qui sont affectés par une situation visée à l'article premier, sans aucune distinction défavorable fondée sur la race, la couleur, le sexe, la langue, la religion ou la croyance, les opinions politiques ou autres, l'origine nationale ou sociale, la fortune, la naissance ou une autre situation ou tout autre critère analogue ».

Dans tous ces articles, parmi les motifs de discrimination interdits, se trouve également visée la discrimination fondée sur « les opinions politiques » des personnes protégées. Or le jugement dans l'affaire Kilwa, affirme que « la population civile avait [accueilli le commandant Alain KAZADI MUKALAY qui dirigeait le MRLK], en libérateur » que cette population civile « l'adopta et adhéra à son mouvement » politico-militaire[300]. Apparemment c'est en grande partie sur cette base que le Tribunal rejette facilement les plaintes des victimes, en attribuant les dommages dont elles sont souffertes aux insurgés du MLRK. Tel fut le cas du pillage de l'hôtel de l'abbé Champo

[300] Page 14 du jugement.

Mumba David. Le jugement affirme sans le démontrer que l'hôtel avait été pillé le 14 octobre 2004 par les insurgés du MLRK, « mouvement auquel aussi [l'Abbé-victime] avait adhéré ». Le jugement poursuit encore en affirmant de manière paradoxale que « le prévenu [...] ne peut pas être tenu pour responsable du pillage de l'hôtel de l'Abbé Champo commis par ses compagnons insurgés »[301]. Ce raisonnement est un peu absurde : comment soutenir que les insurgés étaient les compagnons des victimes alors que les biens de celles-ci ont été pillés par ces mêmes insurgés...

Il nous semble que le scepticisme dont font montre ces juges, lorsqu'ils analysent les prétentions des victimes, s'explique par le fait qu'ils partent d'une présomption défavorable aux victimes, présomption selon laquelle ces personnes ont adhéré au mouvement des insurgés. Le message que ce jugement risque ainsi d'émettre c'est que face à une population civile affiliée à l'ennemi, ou celle qui sympathise avec l'ennemi, les mauvais traitements sont permis.

3° LA PROTECTION DU PERSONNEL DES NATIONS UNIES ET DU PERSONNEL ASSOCIE

L'affaire dite Milobs a donné l'occasion aux juges congolais de se prononcer sur la question de la protection du personnel des Nations Unies et du personnel associé.

Cette affaire peut se résumer ainsi : Les prévenus font partie d'un groupe armé, le FNI. Ce groupe suspecte la mission des Nations Unies d'être en connivence avec un autre groupe adverse, l'UPC. Ils vont alors organiser un guet apens à l'endroit de deux soldats de maintien de paix.

---

[301] Affaire Kilwa déjà citée, page 22 du jugement.

Les deux infortunés ayant tombé dans leur piège, seront torturés sauvagement avant d'être lâchement exécutés[302].

Dans cette affaire, les juges n'ont pas cherché à établir l'existence d'un conflit armé ; ce qui peut porter à croire que tout meurtre ou assassinat d'un soldat de la paix des Nations Unies, même en dehors d'un conflit armé, serait considéré comme crime, ce qui est totalement faux. En deuxième lieu, même dans le cadre d'un conflit armé reconnu, la protection des membres des soldats de la paix est soumise à certaines limitations.

L'analyse juridique de la décision du Tribunal d'Ituri exige qu'on rappelle les termes de l'article 8-2-b-iii du Statut de la CPI, ainsi formulé :

> Aux fins du Statut, on entend par « crimes de guerre » [...] b) Les autres violations graves des lois et coutumes applicables aux conflits armés internationaux dans le cadre établi du droit international, à savoir, l'un quelconque des actes ci-après [...] iii) Le fait de diriger intentionnellement des attaques contre le personnel, les installations, le matériel, les unités ou les véhicules employés dans le cadre d'une mission d'aide humanitaire ou de maintien de la paix conformément à la Charte des Nations Unies, pour autant qu'ils aient droit à la protection que le droit international des conflits armés garantit aux civils et aux biens de caractère civil.

Comme on peut le voir, ces personnes (et ces biens) bénéficient de cette protection de l'article 8-2-b-iii « pour autant qu'ils aient droit à la protection que le droit international des conflits armés garantit aux civils et aux biens de caractère civil ».

Le sens de cette disponible ne peut être compris qu'à la lumière de l'article 9 de la Convention du 9 décembre

[302] Affaire Milobs, Tribunal militaire de garnison d'Ituri, jugement du 19 février 2007. Affaire Asida et consorts (7 accusés).

1994 sur la sécurité du personnel des Nations Unies et du personnel associé. Le Statut de la CPI s'en est largement inspiré et c'est dans cette dernière qu'est défini le sens des termes « personnel des Nations Unies » et « personnel associé ».

Comme le rappelle le Secrétaire général des Nations Unies dans son *Rapport sur l'établissement d'un Tribunal spécial pour la Sierra Leone,* « bien qu'elles aient été établies pour la première fois en tant que crime international dans le Statut de la Cour pénale internationale, ces attaques n'étaient pas considérées à l'époque de l'adoption du Statut de Rome comme s'ajoutant aux attaques contre des civils et des personnes « hors de combat », crime existant déjà en droit international coutumier. Fondé sur la distinction entre les agents de maintien de la paix en tant que civils et ceux qui sont devenus combattants, [ce] crime [...] est une spécification d'un groupe ciblé au sein du groupe généralement protégé des civils, qui, en raison de sa mission humanitaire ou de sa mission de maintien de la paix, mérite une protection particulière »[303].

Il s'ensuit donc que l'analyse des attaques contre le personnel des Nations Unies et contre le personnel associé doit partir de cette distinction qu'opère le Secrétaire général dans son rapport précité entre les agents de maintien de paix en tant que civils et ceux qui sont devenus combattants.

Cette distinction repose elle-même sur la distinction que fait le Rapport du Groupe d'étude sur les opérations de paix de l'Organisation des Nations Unies (Rapport Brahimi) dans lequel les experts classe d'une part les opérations de maintien de la paix au sens classique qui se limitaient à une mission d'observation du respect du cessez-

---

[303]*Dans le Rapport du Secrétaire général sur l'établissement d'un Tribunal spécial pour la Sierra Leone*, Doc. ONU S/2000/915 du 4 octobre 2000, § 16.

le-feu et qui garantissait la neutralité et l'impartialité des agents de maintien de la paix face aux belligérants, et d'autre part, les opérations de rétablissement de la paix qui pouvaient impliquer le mandat d'imposition de la paix contre les belligérants[304].

Sur la base de cette distinction, il est permis de penser qu'au sens de l'article 8-2-b-iii du Statut de la CPI, les agents de maintien de la paix bénéficient de la protection que leur accorde le droit international, tant qu'ils demeurent neutres et impartiales. Ils perdent cette protection lorsqu'ils deviennent des alliés de l'une des parties au conflit.

Leur neutralité peut découler notamment du mandat, de ce qu'ils font concrètement sur terrain, et enfin de la perception que les belligérants se font de la présence de ces soldats de paix. Dans le jugement sous examen, le Tribunal de l'Ituri n'a procédé à aucune vérification pour établir la neutralité ou l'impartialité de l'opération des Nations Unies au moment des faits.

Concernant le mandat, il est important de savoir si le mandat implique une mission d'observation simplement ou s'il s'agit d'un mandat robuste comportant l'usage de la force contre l'un des belligérants. Cette neutralité peut ensuite découler de ce que ces agents de maintien de la paix font concrètement sur terrain. Ainsi l'agent de maintien de la paix qui va au-delà de son mandat et s'interpose militairement dans un conflit armé entre belligérants, perd automatiquement la protection que lui accorde le droit international. Cette position doit néanmoins être nuancée.

---

[304] Voy. *Lettres identiques datées du 21 août 2000, adressées au Président de l'Assemblée générale et au Président du Conseil de sécurité par le Secrétaire généra,* à laquelle est annexé le *Rapport du Groupe d'étude sur les opérations de paix de l'Organisation des Nations Unies (Rapport Brahimi)*, Doc. ONU A/55/305-S/2000/809 du 21 août 2000.

La neutralité dont il est question ne lui prive pas de son droit naturel à la légitime défense lorsque les conditions sont réunies, ou encore à l'assistance à toute personne en danger, lorsque des attaques sont perpétrées contre des populations civiles ou contre des personnes qui ne participent pas directement aux hostilités. La neutralité peut également découler de la perception que les belligérants ont de ces agents de maintien de la paix.

Sur ce point le Tribunal de l'Ituri n'a fait aucun effort pour vérifier le fondement des allégations selon lesquelles « ces deux observateurs de la Monuc étaient en intelligence avec une autre milice ethnique ennemie dirigée par un certain Thomas Lubanga et dont l'attaque de Mungwalu serait annoncée imminente [305]». Plus loin, le même tribunal, analysant ce qu'il a établi comme éléments constitutifs du crime, à savoir si « l'auteur avait connaissance des circonstances de fait établissant ce statut », le même jugement affirme « qu'en l'espèce, les prévenus étant tous membres d'un groupe armé, le FNI-FRPI, savaient tous que ces deux officiers de la MONUC, très populaires à Mungwalu ne participaient pas aux hostilités ». Le Tribunal n'a pas cherché à savoir sur quoi se fondait cette popularité alors que ce sont-là des éléments qu'il aurait dû analyser pour établir leur neutralité, avant d'affirmer que ces agents bénéficiaient effectivement de la protection du droit international.

Dans tous les cas, neutres ou pas neutres, les faits traités dans le jugement sous examen demeurent criminels au regard du droit international. En effet, comme nous l'avons précédemment analysé, en cas de doute, la personne est considérée comme civile. Dans le cas qui nous préoccupe, dès l'instant où il y a un doute sur la neutralité d'un agent de maintien de maintien de la paix, celui-ci

[305] Affaire Milobs, Tribunal militaire de garnison d'Ituri, op.cit, inédit

pourra tout au moins bénéficier du statut de civil, ou s'il est malgré tout considéré comme combattant, alors il bénéficiera du statut de prisonnier de guerre. Il s'ensuit donc que ces actes posés contre les deux agents de l'ONU étaient dans tous les cas des crimes de guerre car ces agents n'ont pas été tués pour être mis « hors de combat », mais ont été capturées et torturés avant d'être exécutés. C'est dire qu'en résumé, le jugement dont il est question n'est pas suffisamment motivé.

§3.- LA DISTINCTION ENTRE LES MODES DE RESPONSABILITE

Les distinctions des modes de responsabilité pénale en droit interne (I) sont différentes de celles du droit international [306] (II).

1° LES MODES DE RESPONSABILITES DU DROIT INTERNE

A l'instar des droits franco-belges, le droit pénal congolais opère deux types de distinctions en matière de participation criminelle. Il y a d'une part, l'auteur matériel et l'auteur intellectuel ou moral, et d'autre part, l'auteur principal et le complice.

En ce qui concerne la première catégorie (auteur matériel et auteur moral), il convient de préciser que l'auteur matériel est « celui qui a accompli personnellement les actes matériels constitutifs de l'infraction. C'est par exemple celui qui a tiré le coup de feu ou donné le coup de

[306] Il s'agit du droit international coutumier en général et au Statut de la CPI en particulier. Il convient de souligner à titre général que le Statut de la CPI se démarque de la jurisprudence du TPIY/TPIR à plusieurs égards, y compris la responsabilité du supérieur.

poignard qui a tué etc » [307]. L'auteur intellectuel ou l'auteur moral en revanche, est « celui qui a fait exécuter par d'autres personnes les éléments matériels constitutifs de l'infraction et qui n'a été en réalité que le provocateur ou l'instigateur d'un acte matériellement commis par autrui »[308]. L'auteur intellectuel ou l'auteur moral est généralement celui qui a donné l'ordre de commettre le crime sans que lui-même le commette matériellement. En pratique, celui qui ordonne est très souvent une personne qui occupe une place d'autorité par rapport à celui qui exécute. Autrement dit, c'est généralement le supérieur hiérarchique qui donne les ordres. De là, se dresse un piège pour le juriste peu familier avec le droit international pénal. Ce piège consiste à confondre ce mode de responsabilité de droit interne (auteur intellectuel) avec, celui du supérieur hiérarchique prévu en droit pénal international.

Comme le rappelle Kai Ambos sur la base de la jurisprudence du Tribunal pénal international pour l'ex-Yougoslavie (TPIY) et du Tribunal pénal international pour le Rwanda(TPIR), l'ordre implique une relation de subordonné à supérieur à travers laquelle la personne en position d'autorité l'utilise pour convaincre l'autre personne à commettre le crime[309]. Une telle relation – de facto tout au moins- est aussi la première exigence de la responsabilité du commandant ou du supérieur hiérarchique tel que cela a été confirmé d'abord par la jurisprudence *Čelebici* et dans les décisions qui ont suivi[310]. En consé-

[307] G. Stefani, G. Levasseur et B. Bouloc, *Droit pénal général*, 16ème édition, Dalloz, 1997, p. 240, n° 292

[308] G. Stefani, G. Levasseur et B. Bouloc, *op. cit.*, p. 242-243, n° 295

[309] Il convient aussi de noter que dans la jurisprudence du TPIY/TPIR l'élément matériel du fait d'ordonner suppose qu'une personne en position d'autorité donne à une autre personne l'ordre de commettre une infraction (*Arrêt Kordic, par 28)* Donc, il n'est pas nécessaire de démontrer l'existence d'un lien officiel de subordination entre l'accusé et l'auteur du crime (*Arrêt Kordic, par 28*). En revanche, l'existence d'une telle relation de subordonné à supérieur est l'une des conditions de la responsabilité du supérieur.

[310] *TPIY, Le Procureur c/ Perisic, par.141* "c'est le pouvoir hiérarchique exercé sur les auteurs des crimes qui constitue le fondement de l'obligation du supérieur hiérarchique

quence, la première alternative du paragraphe b (ordres) complémente la disposition de la responsabilité du commandant (article 28 du Statut de la CPI) : dans ce dernier cas, le supérieur est responsable pour une omission, dans le cas d'un ordre de commettre le crime, le supérieur est responsable de la commission pour avoir donné l'ordre[311].

Quant à la distinction entre auteur principal et complice, on rappellera que l'auteur c'est celui qui a commis un acte *nécessaire* à la réalisation du crime alors que le complice c'est la personne qui a posé un acte *indispensable* à la réalisation du crime. Dans la hiérarchie de la participation criminelle, l'auteur principal est situé à un niveau plus élevé que le complice. Cette distinction comporte une conséquence importante qui est que la responsabilité de l'auteur est indépendante de celle du complice alors que l'inverse n'est pas vrai. Le complice ne peut être poursuivi sans l'auteur principal[312].

Toutes ces variantes reposent sur un principe de base selon lequel « nul n'est passible de peine qu'à raison de son fait personnel »[313]. En droit civil des obligations on retrouve néanmoins certaines exceptions à ce principe. Ainsi l'article 260 du code civil congolais livre III prévoit notamment la responsabilité du supérieur des maitres et commettants pour les dommages causés par leurs élèves et

---

de prévenir ou punir les crimes commis par ses subordonnés et par conséquent sa responsabilité pour manquement à cette obligation », IT-04-81-T, du 19 novembre 2012, voir aussi, *Arrêt Aleksovski, par 76, Arrêt Célebici, par 191* ; *TPIY (Ch.Appel), affaire le Procureur c/ Oric, par 18*,n° IT-03-68-A, rendu le 03 juillet 2008. *Arrêt Halilovic, par 59. n° IT-01-48-A, du 16 octobre 2007.*

[311] Kai Ambos, « Individual criminal responsibility, Article 25 Rome Statute », *Commentary on the Rome Statute of the International Criminal Court, Observer's Notes, Article by Article*, Second Edition, CH.Beck-Hart_Nomos, pp. 753.

[312] Dans le même sens, G. Stefani, G. Levasseur et B. Bouloc , *op. cit.*, p. 242 et 294.

[313] Voy. L'article 121-1du nouveau code pénal français, qui dispose que « nul n'est responsable pénalement que de son propre fait », ainsi que les applications jurisprudentielles de cet article. Voy. Crim. 5 juin 1996, Gazette du Palais 24-26 novembre 1996, p. 18 ; Crim. 8 octobre 1997, Dr. Pénal, 1998.19, D. 2000, somm. 113, JCP 1999.1.112, Veron ; etc. cités par J. Pradel et A. Varinard, *Les grands arrêts du droit pénal général*, 4ème Ed. Dalloz, 2003, p. 453.

préposés. Dans le domaine strictement pénal, on trouve en droit français quelques cas exceptionnels de la responsabilité pénale du chef d'entreprise pour les faits de ses préposés « lorsque certaines obligations légales imposent une action directe sur les faits d'un subordonné » ; Il en est ainsi en matière d'industries spécialement réglementées où la responsabilité pénale peut remonter jusqu'au chef d'entreprise tenu d'assurer l'exécution des règlements, ainsi que cela a été rappelé par la Cour de cassation française dans l'affaire Ferrand [314] ; Il en est de même pour l'inobservation des réglementations générales imposées dans un intérêt de salubrité ou de sécurité publiques comme la protection de l'environnement. Un délit de pollution de rivière peut ainsi être attribué à un chef d'entreprise à qui sont personnellement imposées les conditions et le mode d'exploitation de son industrie, « ainsi que cela a été rappelé par la Cour de cassation française dans l'affaire Widerkehr »[315]. Ce mode de responsabilité pénale des chefs d'entreprise se rapproche de celui du supérieur hiérarchique tel qu'il est conçu par le droit international pénal.

2° MODES DE RESPONSABILITE EN DROIT PENAL INTERNATIONAL

Le droit pénal international de son côté, classe tous les modes de participation du droit interne dans une seule et même catégorie, celle de la responsabilité pénale individuelle. La distinction qu'il opère est plutôt entre le mode de responsabilité en tant qu'auteur individuel et celui du supérieur hiérarchique civil ou le commandant militaire. Il

[314] Crim. 30 décembre 1892, arrêt cité et commenté par J. Pradel et A. Varinard, *Les grands arrêts du droit pénal général*, 4ème Ed. Dalloz, 2003, p. 450.
[315] Crim. 28 février 1956 cité et commenté par J. Pradel et A. Varinard, *Les grands arrêts du droit pénal général*, 4ème Ed. Dalloz, 2003, p. 450 et s.

est important d'insister sur le fait que cette dernière catégorie n'est pas organisée en tant que telle pour les crimes qui relèvent des seules législations internes[316]. Il ne faut donc pas chercher la responsabilité du supérieur hiérarchique ou celle du commandant militaire en vertu de l'article 28 du Statut de la CPI lorsque l'on n'a pas affaire à un crime de droit international.

Pour la clarté de l'exposé, il est important de reproduire *in extenso* le texte aussi bien de l'article 25 que celui de l'article 28 du Statut de la CPI.

A. Les termes de l'article 28 du Statut de la CPI.

L'article 28 du Statut de la CPI qui porte sur la responsabilité des chefs militaires et autres supérieurs hiérarchiques dispose :

> « Outre les autres motifs de responsabilité pénale au regard du présent Statut pour des crimes relevant de la compétence de la Cour :
>
> a) Un chef militaire ou une personne faisant effectivement fonction de chef militaire est pénalement responsable des crimes relevant de la compétence de la Cour commis par des forces placées sous son commandement et son contrôle effectifs, ou sous son autorité et son contrôle effectifs, selon le cas, lorsqu'il ou elle n'a pas exercé le contrôle qui convenait sur ces forces dans les cas où :
>
> i) Ce chef militaire ou cette personne savait, ou, en raison des circonstances, aurait dû savoir, que

[316] Un supérieur hiérarchique pourrait être condamné sur la base d'un autre mode de responsabilité.

ces forces commettaient ou allaient commettre ces crimes ; et

ii) Ce chef militaire ou cette personne n'a pas pris toutes les mesures nécessaires et raisonnables qui étaient en son pouvoir pour en empêcher ou en réprimer l'exécution ou pour en référer aux autorités compétentes aux fins d'enquête et de poursuites ;

b) En ce qui concerne les relations entre supérieur hiérarchique et subordonnés non décrites au paragraphe a), le supérieur hiérarchique est pénalement responsable des crimes relevant de la compétence de la Cour commis par des subordonnés placés sous son autorité et son contrôle effectifs, lorsqu'il ou elle n'a pas exercé le contrôle qui convenait sur ces subordonnés dans les cas où :

i) Le supérieur hiérarchique savait que ces subordonnés commettaient ou allaient commettre ces crimes ou a délibérément négligé de tenir compte d'informations qui l'indiquaient clairement ;

ii) Ces crimes étaient liés à des activités relevant de sa responsabilité et de son contrôle effectifs ; et

iii) Le supérieur hiérarchique n'a pas pris toutes les mesures nécessaires et raisonnables qui étaient en son pouvoir pour en empêcher ou en réprimer l'exécution ou pour en référer aux autorités compétentes aux fins d'enquête et de poursuites ».

Il reste donc à circonscrire les contours de la responsabilité du supérieur hiérarchique ou celle du commandant militaire qui n'est nullement à confondre avec celle de l'auteur moral ou le donneur d'ordre.

B. Le sens de l'article 28 du Statut de la CPI

Le mode de la responsabilité du supérieur hiérarchique fondé sur l'article 28 du Statut de la CPI n'est pas à confondre avec le type de participation criminelle d'un auteur moral, qui est généralement un supérieur hiérarchique *de jure* ou *de facto* ou une personne en position d'autorité qui a *ordonné* la commission des crimes. Le Statut de la C.P.I. classe ce dernier mode (auteur intellectuel) dans la première catégorie, qui est celle de la responsabilité pénale *individuelle*, prévue à l'article 25 du Statut. Il diffère ainsi de celle du supérieur hiérarchique, tel que prévu à l'article 28 du Statut.

La responsabilité du supérieur hiérarchique est avant tout une responsabilité pour omission dans son devoir de prendre des mesures nécessaires et raisonnables pour prévenir les crimes des forces placées sous son contrôle ou pour les punir lorsqu'ils auront commis lesdits crimes.

La nature juridique de cette forme de responsabilité a été mise en lumière dans l'une des jurisprudences de principe du TPIY dans l'affaire *Halilovic*. Dans cette affaire, le TPIY avait en effet affirmé :

> « […] command responsibility is responsibility for an omission. The commander is responsible for *the failure to perform an act required by international law*. This omission is culpable because international law imposes an affirmative duty on superiors to prevent and punish crimes committed by their subordinates. Thus "for the acts of his subordinates" as generally referred to in the jurisprudence of the Tribunal does not mean that the commander shares the same responsibility as the subordinates who committed the crimes, but rather that because of the crimes committed by his subordinates, the commander should bear responsibil-

ity for his *failure to act*. The imposition of responsibility upon a commander for breach of his duty is to be weighed against the crimes of his subordinates; a commander is responsible not as though he had committed the crime himself, but his responsibility is considered in proportion to the gravity of the offences committed. The Trial Chamber considers that this is still in keeping with the logic of the weight which international humanitarian law places on protection values »[317].

Cette conception a été confirmée dans ses jurisprudences ultérieures[318].

Il est regrettable de constater que la position de la Chambre préliminaire II de la CPI dans l'affaire *Bemba* est en net recul par rapport à l'évolution jurisprudentielle qui s'est cristallisée dans la jurisprudence *Halilovic* du TPIY[319]. Cette Chambre II, confrontée à la question de la *mens rea* exigée pour l'article 28 du Statut de la CPI, a affirmé :

> Il existe une distinction entre la connaissance requise par l'article 30-3 et celle prévue par l'article 28-a du Statut. En effet, l'élément de connaissance requis par l'article 30 du Statut est uniquement applicable aux formes de participation prévues par l'article 25 du Sta-

---

[317] TPIY (Ch. 1ère Instance.), *affaire le Procureur c/ Halilovic*, n° IT-01-48-T, 16 novembre 2005, § 54 (c'est nous qui soulignons).

[318] Voy. TPIY (Ch. 1ère Instance.), *affaire le Procureur c/ Hadzihasanovic et Kubura*, n° IT-01-47-T, 15 mars 2006, § 74 ; TPIY (Ch. Appel), *affaire le Procureur c/ Oric*, n° IT-03-68-A, 3 Juillet 2008. Voy aussi TPIY (Ch.Appel) ; affaire le Procureur c/ *Krnojelac* n n° IT-97-25-A, 17 septembre 2003 (Arrêt précédent l'arrêt *Halilovic*). Rappelons que la Jurisprudence du TPIY n'est pas sans d'ambigüités para rapport à la question de la nature de la responsabilité du supérieur hiérarchique en tant que mode de responsabilité pénale ou crime proprement dit(manquement à son devoir). Il n'est pas certain que l'on puisse considérer le jugement Halilovic comme ayant réglé la question.

[319] Pour plus de détails sur l'apport de la jurisprudence *Bemba* sur la doctrine de la responsabilité pénale des chefs hiérarchiques, voy. Jacques Mbokani, « *La CPI à l'épreuve de la doctrine de la 'command responsibility'. Analyse de la mens rea dans la décision de confirmation des charges de l'affaire Bemba* », paru dans la *Revue belge de droit internationale*, vol. 1er, 2010.

tut. L'article 30 du Statut exige que la personne ait conscience des conséquences de ses actes, qu'elle soit l'auteur principal ou le complice, ce qui ne saurait être le cas dans le cadre de l'article 28, *où la personne ne participe pas à la commission du crime (c'est-à-dire que le crime ne résulte pas directement de ses propres actes)*[320].

En affirmant ceci, la chambre II est en net recul par rapport à l'évolution jurisprudentielle autour de la nature juridique de la responsabilité des supérieurs hiérarchiques. En réalité, elle n'a fait que reprendre l'ancienne conception qui était véhiculée dans le jugement du TPIY dans l'affaire dite *Čelebići*. C'est en effet dans cette affaire que le TPIY avait affirmé : « la responsabilité individuelle du fait de ses subordonnés […] est communément désignée comme étant la "responsabilité du supérieur hiérarchique" »[321]. Dans l'affaire *Aleksovski*, la Chambre de première instance du TPIY avait employé une formulation ambiguë en disant :

La doctrine de la responsabilité du supérieur hiérarchique fait peser la responsabilité pénale sur un supérieur non en raison de ses actes, sanctionnés sur la base de l'article 7 1) du Statut, mais en raison de ses abstentions : un supérieur hiérarchique est tenu responsable des actes de ses subordonnés s'il n'a pas, soit empêché les violations criminelles commises par ses subordonnés, soit puni les auteurs de ces violations [322].

La jurisprudence *Halilovic* que nous venons de rappeler a levé l'équivoque sur la nature juridique de la responsabi-

---

[320] CPI (Ch. Prél. II), *affaire le Procureur c/ Bemba. Décision rendue en application des alinéas a) et b) de l'article 61-7 du Statut de Rome, relativement aux charges portées par le Procureur à l'encontre de Jean-Pierre Bemba Gombo*, Doc. ICC-01/05-01/08-424-tFRA, 15 juin 2009, § 479 (c'est nous qui soulignons).

[321] TPIY (Ch. 1ère Inst.), *affaire le Procureur c/ Delalic et consorts* (affaire *Čélebići),* n° IT-96-21-T, 16 novembre 1998, § 331.

[322] TPIY (Ch. 1ère Inst.), *affaire le Procureur c/ Aleksovski*, n° IT95-14/1-T, 25 juin 1999, § 67. Voy aussi TPIY, affaire Le Procureur c/ *Hadzihasonovic* par. 39 , n° IT-01-47-T, du 15 mars 2006 ; Arrêt *Célebici*, par 195, Arrêt Aleksovski, par 77 ; TPIY, affaire le Procureur c/ *Naletilic* par 156, n° IT-98-38-A , du 3 mai 2006.

lité du supérieur hiérarchique en précisant que la responsabilité des supérieurs hiérarchiques n'est pas une forme de responsabilité pour fait d'autrui, mais est une forme de responsabilité pour fait personnel consistant dans le manquement d'agir là où le droit international a imposé une obligation d'agir. C'est d'ailleurs ce même raisonnement qu'on trouve dans l'ouvrage du professeur Cassese[323]. Même si l'on considère la responsabilité du supérieur hiérarchique comme un mode de responsabilité –c'est-à-dire, le supérieur est considéré responsable du crime commis par ses subordonnés –cela n'implique pas nécessairement qu'il s'agisse d'une forme de responsabilité pour fait d'autrui, comme le souligne l'arrêt *Célibici*([324]) (« La Chambre d'appel n'assimilerait pas la responsabilité du supérieur hiérarchique à une responsabilité du fait d'autrui »). En fait, on pourrait considérer que ce mode de responsabilité bien que *sui generis* pour manque de lien de causalité (au moins dans la jurisprudence du TPIY/TPIR), présuppose que le supérieur manque à son devoir de prévention/punition. Donc, on pourrait considérer qu'il ne s'agit pas d'attribution de la responsabilité en vertu de la seule position de responsabilité du supérieur hiérarchique. En outre, la nécessité de prouver la *mens rea s*u supérieur pourrait exclure qu'il s'agisse d'une forme de responsabilité objective.

C. Positions doctrinales sur la responsabilité du supérieur hiérarchique

Les crimes internationaux étant souvent commis en masse, ceux qui y participent sont généralement plus nombreux que ceux qui s'y salissent les mains.

---

[323] A. Cassese, *International Criminal Law*, 2ème Ed., O.U.P., 2008, p. 249.
[324] Sur ce point, Voy arrêt *Célebici*, par 239

Dans son analyse sur « *la responsabilité du supérieur hiérarchique basée sur la négligence en droit pénal international* », Marie Pierre Robert rappelle que le droit pénal international permet de retenir la responsabilité pénale de personnes en position d'autorité même si elles n'ont pas ordonné les crimes internationaux, mais qu'elles ont plutôt omis de les prévenir. La doctrine du supérieur hiérarchique a été conçue à cette fin. Elle engage la responsabilité pénale d'un supérieur, civil ou militaire pour les crimes commis par ses subordonnés, s'il savait ou avait des raisons de savoir qu'ils étaient commis et qu'il omit de les empêcher ou de les punir après coup[325].

Les rédacteurs du Statut de Rome ont donc cherché, par l'article 28, à responsabiliser les supérieurs et à éveiller leur vigilance. La doctrine, comme la jurisprudence, insiste sur le fait que la dissuasion joue un rôle particulièrement important dans le cas de la responsabilité du supérieur hiérarchique. Cependant, cette idée de la dissuasion comme élément permettant de justifier la norme de négligence comme base de responsabilité du chef militaire pose certains problèmes[326].

D'une part, elle ne respecte pas le principe de culpabilité en ce sens qu'elle aboutit à retenir la responsabilité d'une personne pour une infraction internationale, alors qu'elle n'a pas nécessairement la *mens rea* requise pour le crime. Il apparaît d'ailleurs étonnant qu'un supérieur puisse être déclaré coupable de génocide par exemple, sans posséder le *dolus specialis*, de détruire en tout ou en

---

[325] Marie Pierre Robert, « *La responsabilité du supérieur hiérarchique basée sur la négligence en droit pénal international* » , Les cahiers de droit, vol 49, n°3, 2008, p 413, Consulté en ligne sur URI :http://id.erudit.org/iderudit/029658ar ou sur http://www.erudit.org/revue/cd/2008/v49/n3/029658ar.pdf,

[326] Dans la jurisprudence du TPIY, la négligence a été rejetée comme base de responsabilité du supérieur hiérarchique. Voy par exemple, arrêt *Célebici,* par 226,239 ; Arrêt *Bagilishema,* par 37. Sur ce point, le Statut de la CPI se démarque du droit international coutumier.

partie un groupe national, ethnique, racial ou religieux comme tel[327]. Il y a là inadéquation entre la culpabilité morale de l'accusé et le crime pour lequel il peut être déclaré coupable.

D'autre part, cette idée de négligence comme base de la responsabilité du supérieur militaire soulève le manque de lien de causalité entre le comportement du supérieur militaire et le crime qui peut lui être reproché. Est- il possible de considérer que son omission a causé les crimes ?

Marie Pierre Robert souligne que la version anglaise de l'article 28(a) du Statut de Rome est claire. « A military commander or person effectively acting as a military commander shall be criminally responsible for crimes within the jurisdiction of the court committed by the forces under his or her effective command and control, or effective authority and control as the case may be, as a result of his or failure to exercise control properly over such forces » [328] Le supérieur ne sera donc responsable que si les crimes ont eu lieu conséquement à son omission.

La solution à ces problèmes consisterait selon Marie Pierre Robert à prévoir un nouveau crime en droit pénal international, de moindre gravité que les crimes actuellement punis. Ce crime, qui s'adresserait uniquement aux supérieurs, serait celui de négliger de prévenir la commission de crimes par leurs subordonnés ou de punir les subordonnés qui commettent ou ont commis des crimes internationaux. Une peine moins élevée pourrait être assortie à ce crime. Ainsi, les supérieurs négligeant seraient punis, mais dans une mesure proportionnelle à la gravité de leur actes et à leur culpabilité morale », une solution de re-

[327] Idem, p.441

[328] Ibid. Art 28 (a) du Statut de Rome (version anglaise) cité par Marie Pierre Robert, op cit. p.444

change suggérée par les Professeurs Kai Ambos et Damaska[329]

D. L'étude de l'ONG Avocats Sans Frontière sur la jurisprudence congolaise

Dans sa conclusion sur la question de la responsabilité du supérieur hiérarchique dans la jurisprudence congolaise, l'étude de l'ONG Avocats Sans Frontières formule les recommandations suivantes :

> Lorsque des crimes sont commis par des auteurs appartenant à un corps organisé tel que les forces armées, les milices, les services publics, ou les partis politiques, il est important que les magistrats déterminent minutieusement dans quelle mesure les supérieurs hiérarchiques ou les détenteurs de l'autorité ont *ordonné*, *encouragé*, *appuyé* ou toléré les comportements criminels. Dans cette optique, reconstituer l'ensemble de la chaîne de commandement en rapport avec les faits criminels constitue l'unique moyen pour établir « *Qui a émis l'ordre* ? Qui l'a transmis ? Comment ? Qui en avait connaissance ? Qui aurait dû en avoir connaissance ? Qui a agi (et comment) pour empêcher les crimes ?aurait dû agir ?» (Le soulignement n'est pas dans l'original) [330].

Quels que soient les mérites de cette étude, qu'il nous soit permis, sur cette question, de nous démarquer de cette conclusion. Pour rappel, l'article 25-3-b du Statut de la CPI qui traite de la responsabilité non pas du supérieur hiérarchique, mais la responsabilité individuelle, dispose qu'« aux termes du présent Statut, une personne est péna-

---

[329] Kai Ambos et Damaska cité par Marie Pierre Robert dans son article « la responsabilité du supérieur hiérarchique basée sur la négligence en droit pénal international », Les cahiers de droit, op cit. p.450.

[330] Avocats Sans Frontières, *Etude de jurisprudence. L'application du Statut de Rome de la Cour pénale internationale par les juridictions de la république démocratique du Congo*, mars 2009, p. 85.

lement responsable et peut être punie pour un crime relevant de la compétence de la Cour si […] b) Elle *ordonne, sollicite ou encourage* la commission d'un tel crime […]» [c'est nous qui soulignons]. Il nous semble que rechercher la responsabilité du supérieur là où le crime a été ordonné, encouragé ou sollicité par quelqu'un d'autre, c'est en réalité confondre les deux modes de responsabilité[331]

Ces précisions faites, nous verrons que la jurisprudence congolaise a du mal à distinguer les deux de responsabilité et tombe souvent dans la confusion.

E. Analyses de la jurisprudence des tribunaux congolais

L'analyse de la jurisprudence congolaise révèle effectivement cette confusion, jusqu'au point d'adopter des qualifications incompatibles, notamment lorsqu'elle reproche au supérieur d'avoir ordonné la commission du crime tout en lui reprochant également de n'avoir rien fait pour empêcher ses militaires de commettre le crime alors qu'il s'agit d'une conséquence logique et intentionnelle de l'ordre du supérieur hiérarchique. Comment peut-on en effet s'attendre à ce que celui qui ordonne la commission d'un crime empêche encore ses subordonnés à le commettre ? [332]

1.- Dans l'*Affaire Kahwa* par exemple, les juges militaires affirment « qu'en l'espèce, Kahwa en sa qualité de chef de la milice Hema et chef de collectivité des Bahema-

[331] Notons que devant le TPIY, la responsabilité du supérieur hiérarchique peut être retenue pour des crimes que les subordonnés ont ordonnés, sollicité ou encouragé.

[332] Précisons qu'au TPIY, au cas où les éléments du fait d'ordonner et de la responsabilité du supérieur hiérarchique sont réunis pour le même chef, les chambres doivent prononcer la culpabilité de l'accusé pour avoir ordonné la commission du crime et retenir sa place dans la hiérarchie comme une circonstance aggravante, Voy, Arrêt *Blaskic*, par 91.

Banyuagi, agressant les Lendu n'a rien fait pour empêcher ces drames ; que son silence constitue ainsi une approbation soit un ordre tacite »[333].

Cette conclusion est manifestement inconciliable avec la constatation faite par ces mêmes juges, selon laquelle « il a été prouvé, à entendre les témoignages des victimes que les troupes de Chef *Kahwa* ont attaqué Zumbe *sur son ordre* pendant qu'il était chef de la milice Hema dénommée « Chui mobil force » [c'est nous qui soulignons][334].

Cette qualification incompatible se retrouve aussi dans l'acte d'accusation dans lequel il lui est reproché d'« avoir commis un crime contre l'humanité ; en l'occurrence avoir comme auteur ou complice selon l'un des modes de participation criminelle prévus aux articles 5, 6 du code pénal militaire et 23 du code pénal ordinaire, au village de Zumbe, [...] commis le meurtre des personnes ci-après [...] », tout en lui reprochant de n'avoir rien fait pour les empêcher alors que c'est lui-même qui les a ordonnés.

2.- Dans l'*Affaire Songo Mboyo*[335], lorsque le Tribunal de Mbandaka affirma que « dans le cas sous examen, la possession de la dame [...] par le prévenu, de loin supérieur, constitue pour les subalternes un *encouragement* aux actes analogues et partant engage la responsabilité pénale du prévenu, considéré à juste titre comme auteur moral », ce Tribunal ne dit pas clairement qu'il se fonde sur l'article 28 du Statut c'est-à-dire la responsabilité du prévenu en tant que supérieur hiérarchique comme tente de le démontrer l'étude d'Avocats Sans Frontières[336]. Si tel était

---

[333] Tribunal Militaire de Garnison de l'Ituri, Affaire Kahwa, RP 039/2006, 2 août 2006, Feuillet n° 31.
[334] Tribunal Militaire de Garnison de l'Ituri, Affaire Kahwa, RP 039/2006, 2 août 2006, Feuillet n° 28.
[335] Tribunal Militaire de Garnison de Mbandaka, Affaire Songo Mboyo, RP. 084/2005, 12 avril 2006.
[336] Avocats Sans Frontières, étude déjà citée, p. 79.

le cas, le Tribunal aurait commis la même erreur qu'Avocats Sans Frontières, à savoir que lorsque l'on est « auteur moral » d'un crime ou lorsque l'on a encouragé la commission du crime en « prêchant par l'exemple » on engage sa responsabilité sur la base de l'article 28 du Statut de la CPI donc comme supérieur hiérarchique. Il s'agit en réalité d'une responsabilité individuelle fondée sur l'article 25-3-b du Statut comme nous l'avons vu.

3.- Dans l'*Affaire du Capitaine Bongi*, il est important de rappeler que les crimes ont été commis sur l'ordre du capitaine qui a abusé de son pouvoir. C'est en effet sous son commandement que le pillage des localités Tchekele et Olongba ont été commis. C'est encore sur son ordre que les cinq victimes ont été enlevées de force de leur lieu de résidence, puis obligées à transporter les biens pillés jusqu'à destination, et finalement c'est encore sur son ordre que ces victimes ont été exécutées[337]. De toute évidence, on n'a pas là affaire à une responsabilité du supérieur hiérarchique (article 28), mais plutôt à une responsabilité individuelle fondée sur l'article 25-3-b du Statut de la CPI. D'ailleurs dans le jugement la question du mode de responsabilité n'est en réalité abordée nulle part.

4.- Dans l'*Affaire Mitwaba*[338], la Cour militaire de Katanga n'a pas abordé la question de l'article 28 du Statut de Rome, comme tente de le soutenir encore une fois l'étude d'Avocats Sans Frontière[339].

Trois éléments méritent d'être relevés ici de l'analyse des faits présentée ci-dessus. En premier lieu, on ne peut parler de *non assistance à personne en danger* que lorsque le danger ne vient pas de l'accusé. Reprocher au prévenu

---

[337] Tribunal Militaire de Garnison de l'Ituri, Affaire Capitaine Bongi, RP 018/2006, 24 mars 2006.
[338] Cour Militaire du Katanga, Affaire Mitwaba, RP 011/2006.
[339] Avocats Sans Frontières, étude déjà citée, p. 81.

d'avoir été à l'origine du danger et de n'avoir rien fait pour le conjurer parait une fois de plus une qualification incompatible et même absurde. Son abstention à porter secours permet plutôt d'établir l'élément intentionnel consistant à dire que c'est pour aboutir à ce résultat, en l'occurrence la mort de ces victimes, qu'elles ont été arrêtées et soumises à ces conditions qui ont entrainé la mort de certains d'entre eux.

En deuxième lieu, il faudra relever que débattre de l'article 28 du Statut de la CPI lorsqu'on a affaire à un crime de droit interne, en l'occurrence l'infraction de *non assistance à personne en danger*, serait inutile car les crimes de droit interne n'organisent pas le mode de responsabilité du supérieur hiérarchique. Ce mode de responsabilité ne se trouve que dans les domaines des crimes de droit international. Cette même erreur se retrouve aussi dans l'étude de l'ONG Avocats sans Frontières dans l'affaire des *Mutins de l'Ituri*. Le commandant Aboti n'est pas poursuivi pour des crimes de droit international mais pour des infractions à la seule législation interne congolaise. On ne voit pas comment on pourrait en tirer une responsabilité du supérieur hiérarchique. De plus, dans cette affaire il lui est reproché d'avoir encouragé le crime.

Enfin, dans l'hypothèse où le contexte de la commission des crimes justifiaient les qualifications de crime de guerre ou crime contre l'humanité que les juges ont écartées sans s'en expliquer, les prévenus auraient été accusés d'avoir arrêté ou interné ces 95 civils, sur la base de la supposition qu'ils étaient des *Mai-Mai* et de les avoir soumis à des conditions de vie inhumaine, conditions qui ont entrainé la mort de 17 d'entre eux. Pour rappel, nous avions vu que le droit humanitaire protège les civils sans distinction fondée notamment sur leur affiliation politique et qu'en cas de doute sur le statut d'une personne, celle-ci sera présumée civile. C'est-à-dire que dès lors que les accusés ne disposaient d'aucune preuve claire qu'ils avaient affaire à des combattants, ils n'étaient pas en droit de leur priver arbitrairement la liberté, et encore moins de les soumettre à des conditions de vie inhumaines. Car même s'ils avaient été reconnus comme combattants, ils auraient bénéficié du statut de prisonnier de guerre et avoir droit à un minimum de confort lors de leur internement.

Ainsi donc dans ces poursuites engagées sur la base de crimes de guerre ou crimes contre l'humanité fondés sur la privation arbitraire de liberté et les mauvais traitements en détention, les accusés de l'*Affaire Mitwaba*, auraient été poursuivis sur la base de leur responsabilité individuelle (article 25-3-a) pour avoir *ordonné* l'arrestation de ces personnes et leur incarcération dans des conditions qui ont entrainé la mort de certains d'entre eux. Il serait ensuite absurde de leur reprocher en plus, le fait de s'être abstenu de leur porter secours car le danger venait des accusés.

Dans les autres affaires analysées par Avocats Sans Frontières, notamment l'affaire des *Mutins de l'Ituri*, on constate que les crimes pour lesquels le commandant Aboti est poursuivi étaient des crimes qui relèvent des seules législations internes. C'est donc à tort que cette ONG a cherché à établir la responsabilité du commandant militaire pour les crimes de droit interne.

CONCLUSION

La RDC a connu des crimes graves commis sur son territoire par des groupes armés, de troupes étrangères et même certains soldats des FARDC. Parmi ces crimes, on compte des viols et autres formes de violences sexuelles commis généralement contre les femmes et les enfants, mais aussi des massacres.

Ces crimes ont été commis particulièrement à l'Est de la RDC et dans les villes et localités de Mugunga, Makobola, Kasika, Kisangani, Ituri, Bukavu, Kalonge, Kiwanja, etc.

En tenant en compte la date de l'entrée en vigueur du Statut de la CPI, l'analyse de la répression des crimes internationaux commis en RDC peut être abordée en deux temps.

D'une part, on a les crimes commis avant l'entrée en vigueur du Statut de la CPI et qui échappent en principe à sa compétence temporelle. D'autre part, on a les crimes commis après l'entrée en vigueur du Statut de la CPI et qui peuvent être poursuivis par la CPI.

Pour les crimes antérieurs à l'entrée en vigueur du Statut de la CPI, les volumes des crimes ne permettent pas de reposer le poids de leur répression sur les tribunaux existants dans leurs formations actuelles. L'idée d'une juridiction pénale spéciale (modèle TPI) est donc incontournable. A l'idée d'une juridiction pénale spéciale, il faut aussi encourager les tribunaux étrangers à appliquer la compétence universelle lorsque les responsables des crimes commis en RDC séjournent dans leur territoire.

Quant aux crimes postérieurs à l'entrée en vigueur du Statut de la CPI, l'avènement de celle-ci a suscité d'immenses espoirs de voir les responsables de ces crimes répondent de leurs actes un jour. Malheureusement, la limitation des moyens et ressources de cette CPI l'oblige à se concentrer sur un nombre très limité d'affaires en fonction de la stratégie de poursuite du Procureur. C'est dire que même avec l'avènement de la Cour pénale internationale, une grande partie des crimes risque de rester impunis.

Pour cela, la répression des crimes internationaux commis en RDC nécessite une solution globale. S'il est vrai que l'idée d'une juridiction pénale spéciale pour juger les responsables des crimes postérieurs à la CPI parait assez difficile à imaginer, la répression efficace de cette deuxième catégorie de crimes ne peut être possible que par une coopération internationale impliquant tant la CPI, le gouvernement congolais que les tribunaux étrangers. Cette coopération reposera sur l'idée selon laquelle, le Bureau du Procureur de la CPI, dans le cadre de la mise en œuvre de sa politique dite de complémentarité positive, pourra poursuivre les plus hauts responsables, et laisser aux tribunaux congolais la charge de juger les autres crimes, tout en encourageant les autres Etats à appliquer la compétence universelle pour juger les responsables de ces crimes qui résideraient dans leur territoire.

Cette solution ne peut être possible que par un renforcement de la capacité d'action des tribunaux congolais, tant sur le plan quantitatif (le nombre des acteurs judiciaires congolais, notamment les avocats de la défense, les procureurs et les juges) que sur le plan qualitatif c'est-à-dire celui de leur formation. Sur ce point, les juges et procureurs de ces tribunaux congolais qui ont en charge les crimes internationaux doivent bénéficier d'une solide formation non seulement dans le domaine des crimes internationaux, mais aussi dans celui des questions de la protection des victimes et des témoins. Les tribunaux militaires congolais sont loin de refléter cet idéal.

Quoi qu'il en soit, il importe de rappeler ici que la répression des crimes commis en RDC avant comme après l'entrée en vigueur du Statut de la CPI relève principalement de la responsabilité du gouvernement congolais. C'est à lui d'organiser son système judiciaire, de le doter d'une législation adéquate et d'un personnel compétent pour garantir le jugement des responsables des crimes internationaux. Mais comme il ne peut s'en sortir tout seul, c'est encore à lui d'évaluer son système judiciaire et de solliciter l'aide de la communauté internationale pour soutenir ses efforts à juger les responsables des crimes internationaux.

Par ailleurs, l'efficacité de la CPI dans le contexte congolais est pour beaucoup tributaire de l'action des juridictions répressives congolaises dont il convient de renforcer l'autorité et les capacités matérielles, humaines, organiques et fonctionnelles d'intervention pour se conformer aux principes de coopération, de complémentarité et surtout de subsidiarité de la CPI. On peut ici saluer la création des cellules d'appui aux poursuites (CAP) en RDC qui ont essentiellement pour mission d'apporter un appui technique et logistique aux procureurs militaires dans les enquêtes et la poursuite des crimes graves.

En outre, on sent encore une grande torpeur, beaucoup de résistance et d'hésitations dans la mise en œuvre du Statut de Rome au niveau des juridictions congolaises de droit commun, tandis que les juridictions militaires se montrent audacieuses et maladroites dans l'application directe du Statut de Rome. Cette situation ne peut évoluer favorablement que si le législateur adopte une loi de mise en œuvre et le que gouvernement congolais investisse dans la formation solide des juges et procureurs.

Aussi, la fermeture prochaine des Tribunaux pénaux internationaux ad hoc pour le Rwanda et l'ex-Yougoslavie ouvre donc la voie à la possibilité de création d'un tribunal pénal international ad hoc pour la RDC. Alors que, l'institution des chambres spécialisées mixtes au sein des juridictions congolaises dépend essentiellement de la volonté des autorités congolaises.

En définitive, l'efficacité du dispositif judiciaire mis en place pour la répression des crimes internationaux dépend dans une grande mesure de l'agencement des rapports entre les juridictions internationales, internationalisées et nationales, mais également du rôle de la compétence universelle des tribunaux nationaux.

RECOMMANDATIONS

1. Aux autorités nationales congolaises

- De plaider en faveur de l'adoption de la loi de mise en œuvre du Statut de Rome par le parlement et d'investir dans la formation solide des juges et procureurs notamment dans le domaine de crimes internationaux mais aussi dans celui des questions relatives à la protection des victimes et des témoins ;
- De ratifier l'amendement du Statut de Rome sur le crime d'agression ;
- De créer une cour spécialisée ou des chambres spécialisées mixtes pour la gestion des crimes antérieurs à la CPI.
- D'allouer les moyens conséquents pour la réforme de la justice congolaise dans sa globalité ;
- De soutenir l'initiative de création d'un tribunal pénal international pour la RDC

2. A la communauté internationale

- De créer un tribunal pénal international pour la RDC.
- De continuer à soutenir la réforme du système judiciaire congolais dans sa globalité en s'intéressant aussi aux crimes graves commis avant l'avènement de la CPI (juillet 2002)
- De soutenir l'adoption par les autorités nationales de la loi de mise en œuvre du Statut de Rome ;
- D'encourager tout effort supplémentaire pour renforcer la volonté et la capacité des systèmes nationaux à véritablement enquêter et poursuivre les crimes les

plus graves du droit international devant leurs juridictions nationales.

3. *A la Cour pénale internationale*

- De renforcer dans le cadre de la complémentarité positive la capacité et le rôle des juridictions nationales afin de poursuivre les crimes les plus graves et promouvoir la lutte contre l'impunité ;
- D'apporter sa coopération à travers des éléments d'enquêtes pour faciliter les poursuites au niveau national en s'assurant au préalable de la protection des victimes et témoins.

SOURCES ET RÉFÉRENCES BIBLIOGRAPHIQUES

1. Instruments juridiques internationaux ou nationaux

- Statut du Tribunal international de l'ex-Yougoslavie, New York, 25 mai 1993, Rés. Cs 827,
- NU CS, 48ème Session, 32j, 7è réunion, J-2, Doc. ONU S/ Rés/827(1993), 32 ILM 1J59.
- Statut du Tribunal pénal international pour le Rwanda, New York, 8 novembre 1994, Rés. CS 955, NU CS, 49è Session 3453ème réunion, Doc. ONU S/Rés/955 (1944), 33 ILM 159S.
- Statut de la Cour pénale internationale.
- Convention des Nations Unies contre la torture et les autres peines ou traitement cruels, inhumains ou dégradants, New-York, 10 décembre 1984, 1465 RTNU. 85.
- Code de crimes contre la paix et la sécurité de l'humanité
- Constitution de la République Démocratique du Congo.
- Code de pénal congolais
- Code pénal militaire congolais.
- Code de procédure pénale

2. Jurisprudences

- Attorney-general of the government of Israel V. Eischmann, (1961), 36 ILR 5, 12.
- 27 avril 2001, Niyonteze et auditeur c. Tribunal Militaire d'Appel 1 A) , Point 9, p. 25. Jugement en ligne sous

http://www.vbs.admin.ch/internet/vbs/fr/home/documentation/oa009/oa009n.parsys.0004.downloadList.00041.DownloadFile.tmp/entscheid021.pdf

- Arrêt de la Cour supérieure du Québec, 22 mai 2009, No 500-73-002500-05, §7.8, (2083), p. 199. Désiré Munyaneza
- Arrêt de la CIJ dans l'affaire Yerodia,
- Le procès de Radovan Karadzic devant le tribunal pénal international pour l'ex-Yougoslavie (TPIY), Rapport du 23 octobre 2009, p. 2 disponible sur le lien : http://www.hrw.org/fr/news/2009/10/23/le-proc-s-de-radovan-karadzic-devant-le-tribunal-p-nal-international-pour-l-ex-yougo#_Toc244078228
- Décision on application Under Rule 103(sur la situation au Darfour), du 4 février 2009, disponible en ligne sur htt://www.icc-cpi.int/iccdocs/doc/doc627395.pdf (visité le 25 Octobre 2009), citant le paragraphe 63 de la décision du 10 février 2006, dans l'affaire Thomas Lubanga.
- Décision de la chambre d'appel, décision du 13 juillet 2006, arrêt relatif à l'appel interjeté par le procureur contre la décision de la chambre préliminaire I intitulé « décision relative à la requête du procureur aux fins de délivrance de mandats d'arrêt en vertu de l'article 58 », §82, disponible en ligne sur http:/www.icc-cpi.int/iccdocs/doc256714
- ICC-01/04-01/07-1213, Affaire le Procureur c Germain Katanga et Matthieu Ngundjolo chui, Motifs de la décision orale relative à l'exception d'irrecevabilité de l'affaire (article 19 du Statut), Décision du 16 juin 2009, p. 32, § 77
- ICC-01/04-01/07 OA 8 Arrêt du 25 septembre 2009 relatif à l'appel interjeté par Germain Katanga contre la décision rendue oralement par la chambre de première instance II le 12 juin 2009 concernant la recevabilité de l'affaire.
- CPI, *Affaire Procureur c. G. Katanga, Décision relative à la confirmation des charges*, Doc. ICC-01/04-01/07-717-

- CPI, Chambre préliminaire II, *Affaire Procureur c. Jean-Pierre Bemba, Décision rendue en application des alinéas a) et b) de l'article 61-7 du Statut de Rome, relativement aux charges portées par le Procureur à l'encontre de Jean-Pierre Bemba Gombo*, Doc. ICC-01/05-01/08-424-tFRA, 15 juin 2009, § 80, document public disponible en ligne sur http://www.icc-cpi.int/iccdocs/doc/doc733862.pdf
- Affaire Songo Mboyo, RP 084/2005, jugement du 12 avril 2006 ; RPA 014/2006, arrêt du 7 juin 2006. En cause Ministère public et parties civiles (Belongo Bofaya et consorts (31)), contre les prévenus Bokila Lolemi et consorts. 12 prévenus au premier degré et 7 en appel. 30 victimes de viol, dont une décède apparemment de suite du viol
- Affaire des Mutins de Mbandaka, RP 101/006 du Tribunal militaire de garnison de Mbandaka, jugement du 20 juin 2006 (Affaire prévenu Kahenga Mumbere Papy et consorts).
- voir Affaire Kahwa, Tribunal militaire de garnison de l'Ituri, RP n° 039/2006, jugement du 2 août 2006.
- TPIY, *Le Procureur c/ Tadić, Arrêt relatif à l'appel de la Défense concernant l'exception préjudicielle d'incompétence*, IT-94-1-A, 2 octobre 1995, par. 68 et 70.
- CPI, *In the case of the Prosecutor v. Omar Hassan Ahmad Al Bashir (Omar Al Bashir), Public Redcated Version of the Decision on the Prosecution's Application for a Warrant of Arrest against Omar Hassan Ahmad Al Bashir*, Doc. ICC-02/05-01/09, 4 March 2009, §§ 60.
- Affaire Bavy Ghety, Cour d'ordre militaire de la province orientale RP 101/2006 (RPA 003/2007) du 28 juillet 2007, affaire Mulesa Mulombo (alias Bozize) et consorts.
- Affaire Kilwa, Cour militaire de Katanga, Arrêt du 28 juin 2007 RP 010/2006 Ministère public et parties civiles contre le prévenu Ilunga Adémar et consort (12 accusés plus la société AMC).

- Affaire Mitwaba, Cour militaire de Katanga siégeant à Lubumbashi. Jugement du 25 avril 2007, RP. 011/2006 Affaire Ekembe Monga Yamba André et Consorts.
- Affaire capitaine Bongi, Tribunal militaire de garnison de l'Ituri, RP 018/2006, jugement du 24 mars 2006, § 74
- Affaire capitaine Bongi, Tribunal militaire de garnison de l'Ituri, RP 018/2006, jugement du 24 mars 2006.
- Affaire Milobs, Tribunal militaire de garnison d'Ituri, jugement du 19 février 2007. Affaire Asida et consorts (7 accusés).
- Tribunal Militaire de Garnison de l'Ituri, Affaire Kahwa, RP 039/2006, 2 août 2006, Feuillet n° 31.
- Tribunal Militaire de Garnison de l'Ituri, Affaire Kahwa, RP 039/2006, 2 août 2006, Feuillet n° 28.
- Tribunal Militaire de Garnison de Mbandaka, Affaire Songo Mboyo, RP. 084/2005, 12 avril 2006.
- Tribunal Militaire de Garnison de l'Ituri, Affaire Capitaine Bongi, RP 018/2006, 24 mars 2006.
- Cour Militaire du Katanga, Affaire Mitwaba, RP 011/2006.

3. Ouvrages et articles scientifiques et coupures de presse

- Anne MUXART, «Immunité de l'ex-chef d'Etat et la compétence universelle : quelques réflexions à propos de l'affaire Pinochet » *in Revue d'analyse juridique et d'actualité internationale*, Paris, 1998, p. 6.
- ANDRIES, E. DAVID, C. VAN DEN WIJNGAERT et J. VERHAEGEN, "Commentaire de la loi du 16 juin 1993", *Revue de droit pénal et de criminologie* 1994, pp. 1114-1184. Sur la première modification de la loi, en 1999 (*Moniteur belge* du 23 mars 1999, p. 9286), voy. P. d'ARGENT, "La loi du 10 février 1999 relative à la répression des violations graves du droit international humanitaire", *Journal des Tribunaux* 1999, pp. 549-555. Elle a été abrogée et incorporée dans le code pénal par la loi du 5 août 2003 (cf. *infra*).

- Andreas Zimmermann, in Otto Triffterer (ed), *Commentary on the Rome Statute of the International Criminal Court, Observers' Notes, Article by Article*, Nomos V., Baden-Baden, 1999, p. 285, n° 334.
- Anne – Charlotte MARTINNEAU , *Les juridictions pénales internationalisées : un nouveau modèle de justice hybride ?* Ed. Pedone, Paris 2007, p. 3
- ASCENS10, H., DECAUX E.. et PELLET, A., (dir.), *Droit international pénal,* Paris, Pédone, 2000 à la p. 493
- Cassesse (A) et Delmas-Marty (M), *juridictions nationales et crimes internationaux*, PUF, Paris, 2002, p. 3.
- CASSESSE (A) et DELMAS-MARTY (M), *Crimes internationaux et juridictions internationales*, PUF, Paris, 2002, p. 5
- Cassese, P. Gaeta et John R.W.D. Jones (Ed.), *The Rome Statute of the International Court : A Commentary*, Vol. I, Oxford Universty Press, 2002, pp. 375-376..
- Dallier P. et Pellet A., *Droit International Public*, 7ième édition, Paris, L.G.D.J, 2002, p. 717
- D. THIAM, « Premier rapport sur le projet de codes des crimes contre la paix et la sécurité de l'humanité », A/CN.4/364, Ann. C.D.I., 1983, vol. II (1), p. 148, §34.
- Dupuy P.M, *Droit international public*, 4ième édition Paris, Dalloz, 1998, pp 524-525
- G. Stefani, G. Levasseur et B. Bouloc, *Droit pénal général*, 16ème édition, Dalloz, 1997, p. 240, n° 292
- Jacques MBOKANI, « L'impact de la stratégie de poursuite du procureur de la CPI sur la lutte contre l'impunité et la prévention des crimes de droit international, » in *Annales de Droit de Louvain,* (ADL) N° 69, Vol 3, 2009.
- Jean Bosco HABIBU, *Effectivité du statut de Rome de la CPI : référence spéciale à la situation concernant la RDC*, Bukavu, éditions de l'ACAT, décembre 2007, p. 8.

- jean KINWANI et Joseph MANGO, « Problématique de la garantie de l'indépendance du pouvoir judiciaire par le conseil supérieur de la magistrature en RDC », *in Bulletin RCN Justice et démocratie* n° 28 deuxième trimestre 2009, Justice et séparation du pouvoir, p. 18
- J. Pradel et A. Varinard, *Les grands arrêts du droit pénal général*, 4ème Ed. Dalloz, 2003, p. 450.
- J. Pradel et A. Varinard, *Les grands arrêts du droit pénal général*, 4ème Ed. Dalloz, 2003, p. 450 et s.
- Kai AMBOS, « Individual criminal responsibility, Article 25 Rome Statute », *Commentary on the Rome Statute of the International Criminal Court, Observer's Notes, Article by Article*
- KAMBERE KAHARANE (G) les crimes internationaux en droit congolais, rapport du séminaire des avocats de Goma, Novembre 2005, p. 16
- Luc Reydams, Universal jurisdiction : International and Municipal Legal Perspectives (Oxford, 2003) p. 3 et Mitsue Inazumi, Universal jurisdiction *in modern international Law* : *expansion of national jurisdiction* cité dans le rapport de Human Right Watch de juin 2006, volume 18 n° 5 (D), p. 2
- Luc HUYSE, *Tout passe sauf le passé*, publié par AWEPA, 2009, p. 76
- Luc HENKINBRANT, « lutte contre l'impunité au Congo : presque tout à faire », *in Rapport de mission en RDC du CNAPD (Coordination nationale d'action pour la paix et la démocratie)* Kinshasa 25 Octobre au 4 novembre 2004, p. 4. Disponible sur le site www.cnapd.be/index.php?page - rapport-de-mission-en-RDC (visité le 26 août 2009)
- Moise CIFENDE KACIKO, « La répression pénale des violations graves du droit international humanitaire : le cas de la République Démocratique du Congo » *in Annales de Droit de Louvain*, Vol.61, 2001, n°4 p. 487.

- MEHEDI, la contribution des Nations Unies à la démocratisation de l'Etat, Paris, Ed Pedone, rencontres internationales d'Aix-en-Provence, 2002, p. 38
- P. Hazan, *la justice face à la guerre, De Nuremberg à la Haye*, Paris, Stock, 2000, pp. 55 et s.
- Stephan MESEKE, « La contribution de la jurisprudence des Tribunaux pénaux internationaux pour l'ex-Yougoslavie et le Rwanda à la concrétisation de l'incrimination du crime contre l'humanité », in Mario Chiavario (ed.), *La justice pénale internationale entre passé et avenir*, Ed. Giuffre Editore, Dalloz, 2003, pp. 183-184.
- Westh'Okanda Koso (M), « la justice militaire et le respect des droits de l'homme : L'urgence du parachèvement de la réforme ». *Une étude d'Afrimap et de l'Open society intiative for southern Africa.* Kinshasa, 2009, p. 10.

4. Rapports et autres documents

- *Rapport de l'Equipe d'enquête du Secrétaire général des Nations Unies sur les violations graves des droits de l'homme et du droit international humanitaire en RDC(ci-après Rapport Gareton), annexé à la lettre datée du 29 juin 1998,adressée au Président du conseil de sécurité par le Secrétaire général, Doc. ONU S/1998/581, 29 juin 1998,§ 98 .*
- Rescue Committee, *Mortality in the Democratic Republic of Congo: Results from a Nationwide Survey* Conducted September – November 2002, http://www.reliefweb.int/library/documents/2003/irc-drc-8apr.pdf, (visité le 13 avril 2009).
- Rapport Spécial du 7 Septembre 2009 « *Rapport consolidé sur les enquêtes conduites par le bureau conjoint des Nations Unies des droits de l'homme(BCNUDH) sur les graves abus des droits de l'homme Comics à Kiwanja, Nord-Kivu, en Novembre 2008.* ».

- *Rapport de Mme Diane ORENTLICHER, experte indépendante chargée de mettre à jour l'ensemble des principes pour lutter contre l'impunité – Ensemble de principes actualisé pour la protection et la promotion des droits de l'homme par la lutte contre l'impunité,* E/CN.4/2005/102/Add. du 8 février 2005,

- Principes de Bruxelles contre l'impunité et pour la justice internationale, adoptés par le « Groupe de Bruxelles pour la justice internationale » à la suite du colloque « Lutter contre l'impunité. Enjeux et perspectives », *in Lutter contre l'impunité, Actes du Colloque tenu à Bruxelles du 11 au 13 mars 2002*. Principe 1er p.117

- *Rapport des présidents et procureurs des TPIY et TPIR au Conseil de sécurité des Nations unies, document de l'information du 10/12/2007, Conseil de sécurité CS/9192 p. 2.*

- Rapport du séminaire atelier organisé par la coalition congolaise pour la justice transitionnelle (CCJT) à Kinshasa, du 07 au 09 juin 2005 p. 3

- Human Rights Watch, Une « chambre mixte pour le Congo ? Document de réflexion, Septembre 2009, p.3 disponible en ligne sur le lien http://www.hrw.org/sites/default/files/related_material/DRC%20-%20A%20Mixed%20Chamber%20for%20Congo%201009%20FR%20HRW%20Format.pdf (visité le 22 décembre 2009).

- Human Rights Watch, Le procès de Radovan Karadzic devant le tribunal pénal international pour l'ex-Yougoslavie (TPIY), Rapport du 23 octobre 2009, p. 2 disponible sur le lien : http://www.hrw.org/fr/news/2009/10/23/le-proc-s-de-radovan-karadzic-devant-le-tribunal-p-nal-international-pour-l-ex-yougo#_Toc244078228

- BdP, rapport sur les activités mise en œuvre au cours des trois premières années (juin 2003-juin 2006), 12 septembre

2006, p.7 document en ligne sur http:/www.icc-cpi.int/NR/rdonlyres/D76A5D89-FB64-47A9-9821-french.pdf (visité le 24 octobre 2009).

- Human Rights Watch, *une Cour pour l'histoire. Les premières années de la Cour pénale Internationale à l'examen*, juillet 2008, p. 43.
- rapport de HWR « *crimes de guerre à Bukavu* » *RDC, juin 2004, p.5, disponible en ligne http://www.hrw.org/french/docs/2004/06/12congo8808.htm*
- Avocats Sans Frontières, *Etude de jurisprudence. L'application du Statut de Rome de la Cour pénale internationale par les juridictions de la république démocratique du Congo*, mars 2009.
- rapport succinct de Human Rights Watch « *War crimes in Kisangani : the response of Rwandan-backed rebels to the May 2002 Mutiny,* » Vol. 14, No. 6, août 2002 p. 7.
- Human Rights Watch, Ituri : « Couvert de sang » Violence ciblée sur certaines ethnies dans le Nord-Est de la RDC, vol.15, no.11(a), juillet 2003, p. 1 document disponible e n ligne sur http://www.hrw.org/sites/default/files/reports/drc0703fr_web.pdf (visité le 15 juillet 2009).
- Human Rights Watch, *Massacres à Kiwanja L'incapacité de l'ONU à protéger les civils*, décembre 2008, p. 10 document disponible en ligne sur http://www.hrw.org/sites/default/files/reports/drc1l208frweb .pdf (visité le 25 juillet 2009).
- Rapport d'activités Avocats Sans Frontières (ASF), Numéro spécial juin 2002, p. 5 disponible sur http://www.asf.be/publications/rapport_annuel_2001_FR.pdf visité le 03 avril 2010.
- *le Rapport du Secrétaire général sur l'établissement d'un Tribunal spécial pour la Sierra Leone*, Doc. ONU S/2000/915 du 4 octobre 2000, § 16.

- *Lettres identiques datées du 21 août 2000, adressées au Président de l'Assemblée générale et au Président du Conseil de sécurité par le Secrétaire généra,* à laquelle est annexé le *Rapport du Groupe d'étude sur les opérations de paix de l'Organisation des Nations Unies (Rapport Brahimi)*, Doc. ONU A/55/305-S/2000/809 du 21 août 2000

- Amnesty International, *Amicus Curiae Observations on Superior Responsability submitted pursuant to Rules 103 of the Rules of Procedure and Evidence*, Doc. ICC-01/05-01/08-406, 20 Avril 2009, § 30 et suivants, document disponible en ligne sur http://www.icc-cpi.int/iccdocs/doc/doc669669.pdf

- Rapport de la C.D.I., (199/) Doc. Off., A/46/10.

- Rapport du comité *ad hoc* pour la création d'une Cour criminelle internationale, Assemblée générale, Documents officiels, Cinquantième session, Supplémentaire no 22, 16 septembre 1995, Doc. OIT, A/50/22.

- Interview du ministre de la justice, Luzolo Bambi Lessa à l'mission Dialogue entre congolais » du 29 octobre 2009 à la radio Okapi, disponible en ligne sur le site www.radiookapi.net/index.php?i-63 (visité le 03 novembre 2009).

- Discours du Ministre congolais de la Justice, Luzolo Bambi Lessa lors de conférence de consultation sur la justice internationale, New-York, du 9 au 11 Septembre 2009. (voir le site http://www.internationalcriminaljustice.net/papers/Session7.pdf).

- Extrait de l'interview du président Kabila au New - York times avril 2009.

Annexe

A. Crimes contre l'humanité

(Affaire Songo Mboyo et affaires des mutins de Mbandaka)

Sommaire

Le plus grand mérite de ce jugement (Songo Mboyo) c'est d'avoir fait une belle théorisation de la définition du viol ; ainsi que celle de la fiabilité des témoignages ou des récits des victimes de viol. L'autre mérite tant pour le jugement dans l'affaire Songo Mboyo que dans celui de l'affaire des mutins de Mbandaka, c'est d'avoir tenté de définir le concept « attaque généralisée ». Mais c'est à tort que le jugement (Songo Mboyo) impute cette définition aux éléments du crime que donnerait le Statut de la CPI, alors que ces Eléments du crime n'ont pas défini le viol. La définition du viol que le jugement donne semble être tirée de la jurisprudence des tribunaux pénaux internationaux. Mais toujours en rapport avec les Eléments du crime, le plus grand défaut de ce jugement, défaut que l'on retrouve d'ailleurs dans l'affaire des Mutins de Mbandaka, c'est d'avoir méconnu la définition de l'expression « attaque lancée contre une population civile » donnée à l'Article 7-2-a du Statut de la CPI. Il semble donc que c'est à tort que ce jugement qualifie les faits dont il est saisi des crimes contre l'humanité.

Affaire Songo Mboyo[340]

Résume des faits : Les faits se passent dans la localité de Songo-Mboyo dans la province de l'Equateur le 23 décembre 2003. Il s'agit en gros d'un groupe de militaire qui se révoltent parce qu'ils soupçonnent à tort ou à raison leurs chefs hiérarchique de vouloir détourner leur solde. Dans cette révolte, ils vont se ruer sur le dépôt des armements et vont se défouler sur la population civile de la localité de Songo-Mboyo, en se livrant à des viols collectifs d'au moins 31 femmes dont l'une va décéder apparemment de suite du viol.

Le Ministère public va ainsi déclencher des poursuites contre ces militaires, sur la base des infractions tant au code pénal militaire que des crimes de droit international, en l'occurrence le viol comme crimes contre l'humanité.

Résumé de la motivation du jugement : Concernant les crimes contre l'humanité par viol, les premiers juges vont établir les éléments suivants comme éléments constitutifs :

1.- Un des actes inhumains énumérés au paragraphe 1er de l'article 7 du Statut de la CPI.

2.- Les moyens utilisés par l'agent

3.- L'acte doit s'inscrire dans la cadre d'une attaque généralisée ou systématique lancée contre la population civile ; et

4.- L'élément moral

Quant à la définition du viol comme crime contre l'humanité, il (le viol) sera défini comme « acte inhumain » les juges affirment qu'il « se définit différemment selon que l'on se trouve en droit interne qu'en droit international. En effet l'interprétation comprise dans les « éléments du crime », sources complémentaires au Statut de Rome, donne au viol une extension très large comprenant ainsi « tout autre acte inhumain à connotation sexospécifique. Ainsi, constitue le viol au sens du présent statut le fait pour l'agent de prendre possession du corps d'une personne de telle manière qu'il y a eu pénétration, même superficielle d'une partie du corps de la victime ou de l'auteur par un organe sexuel, de l'anus ou du vagin de la victime par un objet ou toute partie du corps. Dans le cas sous examen, il s'agit de

---

[340] RP 084/2005, jugement du 12 avril 2006 ; RPA 014/2006, arrêt du 7 juin 2006. En cause Ministère public et parties civiles (Belongo Bofaya et consorts (31)), contre les prévenus Bokila Lolemi et consorts. 12 prévenus au premier degré et 7 en appel. 30 victimes de viol, dont une décède apparemment de suite du viol.

l'intromission du membre viril des agents dans les parties vaginales des victimes de Songo Mboyo (p. 27)

Un autre passage important à signaler c'est celui en rapport avec la fiabilité de certains témoignages des victimes d'agression sexuelle. Les premiers juges affirment que « s'il est vrai que les victimes pour éviter de revivre des moments pénibles ou encore par gène ou par honte se taisent de certaines choses ou encore éprouvent d'énormes difficultés à se remémorer fidèlement certaines épisodes de ce qu'elles ont vécues et confondent les lieux ou les dates ou ajoutent d'autres détails qui leur viennent à l'esprit à mesure qu'elles se sentent en confiance. Cette attitude peut donner à tort l'impression que les témoignages ne sont pas fiables voire qu'ils ne sont pas crédibles. Il en est de même de celles qui peuvent ressentir le besoin d'en ajouter le plus possible pour que leur histoire fasse forte impression et soit crue. Il appartient donc au juge de fond de filtrer les témoignages en se débarrassant des choses exagérément déclarées » (p. 27-28).

Concernant l'exigence d'une attaque généralisée ou systématique, les premiers juges estimeront que l'attaque généralisée doit se distinguer de l'attaque systématique. En effet, si la première présente un caractère massif par la pluralité des victimes et que menée collectivement présente une gravité extrême, la deuxième quant à elle, implique la nécessité d'un plan préconçu ou d'une politique.

Ainsi l'attaque généralisée tient au fait de la pluralité des victimes, celle systématique tient au fait que l'acte est soigneusement organisé selon un modèle régulier en exécution d'une politique concernée mettant en œuvre des moyens publics ou privés considérables. (TPIR, proc. c. J.-P. Akayesu, Chambre de première instance, jugement du 21 mai 1998, p. 123).

Et que dans la suite de leur raisonnement ils vont ajouter « qu'il n'existe pas un critère quantitatif ou un nombre à partir duquel le crime contre l'humanité est réalisé. Il appartient au juge de fond d'en apprécier. Dans le cas sous examen, la pluralité des victimes, prises dans le contexte de la réalisation du crime suffit pour caractériser l'aspect généralisé de l'attaque ».

Sur la question de savoir si l'attaque doit remplir de manière cumulative le critère de la généralité et d'être systématique, les juges semblent avoir implicitement approuvé la réplique du Ministère public qui affirmait que le crime contre l'humanité à charge des prévenus a été établis « car le viol déploré s'est commis dans la cadre d'une attaque généralisée qui du reste ne requiert aucune politique de l'Etat ou une quelconque planification à l'instar d'une attaque systématique ».

Quant à la question de la définition de la « population civile », objet de l'attaque généralisée, les premiers juges estiment que par population civile il faut entendre les personnes qui ne participent pas directement aux hostilités y compris les membres des forces armées qui ont déposés les armes et les personnes qui ont été mises hors de combats. Mieux, la population civile vise les crimes d'une nature collective et exclus de ce fait des actes individuels des crimes au regard de la législation nationale n'atteignant pas le degré d'importance de crime contre l'humanité. Dans le cas sous examen, les victimes de viol de Songo Mboyo par leur nature par la réalisation du crime répondent à la définition de la population civile, objet de l'attaque.

Concernant l'élément moral, consistant dans le fait que selon les premiers juges, que l'agent doit être conscient que son acte faisait partie d'une attaque généralisée lancée contre la population civile ou entendant qu'il en fasse partie », ces premiers juges se contenteront d'affirmer que « dans le cas sous examen, les prévenus connaissaient, chacun en ce qui le concerne, que les actes cruels posés s'inscrivaient dans le cadre d'une attaque généralisée que les éléments du 98ème bataillon infanterie avaient lancé sur la population civile de Songo Mboyo de 21heures à 6 heures du matin ». (p. 35)

Affaire des mutins de Mbandaka[341]

Résumé des faits

Les faits se passent dans la ville de Mbandaka. Un groupe des militaires, près de 61 au total, se décident d'aller venger leur compagnon d'arme retrouvé mort mutilé sur l'avenu *Bonsomi* dans la ville de *Mbandaka*. Sur la base d'une culpabilité collective qu'ils imputent aux habitants de ce quartier, ils vont se livrer à des tueries aveugles et au pillage contre les habitants de l'avenu où le corps de leur compagnon a été trouvé. Le bilan de ces attaques est lourd. En effet, il est rapporté 6 personnes tuées, 12 blessées, 46 personnes violées, 96 personnes victimes de pillages de leurs biens.

[341] RP 101/006 du Tribunal militaire de garnison de Mbandaka, jugement du 20 juin 2006 (Affaire prévenu Kahenga Mumbere Papy et consorts).

Ils seront ainsi poursuivis pour un certain nombre d'infractions à la législation nationale, mais aussi pour crimes contre l'humanité tels que défini par l'article 7 du Statut de la CPI.

Ils vont pratiquement établir les mêmes éléments constitutifs du crime contre l'humanité, comme dans l'affaire Songo Mboyo ; et le viol sera défini de la même manière que dans l'affaire Songo Mboyo, avec d'ailleurs la même erreur d'imputer à tort ladite définition aux « éléments du crime » donnés par le Statut de la CPI.

Quant à l'analyse de l'exigence selon laquelle ces « actes doivent s'inscrire dans le cadre d'une attaque généralisée lancée contre une population civile », le Tribunal, entrainé par le Ministère public à croire que le Statut de Rome « ne donne aucune précision sur son caractère généralisé ou systématique », ce Tribunal donc recourra à la jurisprudence des Tribunaux pénaux internationaux, notamment dans l'affaire Kayishema et Ruzidana, devant le TPIR[342], en affirmant « qu'il a été jugé (…) [que] l'attaque devrait être généralisée ou systématique ; et pas les deux à la fois ».

Qu'ainsi en se fondant sur un autre jugement du TPIR, dans l'affaire Semanza (de mai 2003, au paragraphe 329), le Tribunal sera amené à affirmer que « s'agissant de l'existence de la planification ou de la politique requise (…) il a été récemment précisé qu'elle peut être pertinente quant à la preuve, en ce qu'elle peut servir à établir que l'attaque en cause était généralisée ou systématique, mais qu'elle ne saurait être considérée en soi comme un élément constitutif distinct du même crime » ; et que toujours selon le même Tribunal, « il n'est nullement exigé que cette politique soit officiellement adoptée comme politique d'Etat telle qu'envisagée par la défense ».

Mais par un paragraphe du jugement apparemment contradictoire, le Tribunal commence par affirmer que « s'agissant des actes matériels des prévenus, il est vrai que les actes isolés ayant servi à des fins purement personnelles ne peuvent être élevés au rang de crimes contre l'humanité », pour terminer par « cependant les meurtres et viols commis par les insurgés font partie sans doute de l'attaque généralisée lancée contre la population (…) et par conséquent constituent un crime contre l'humanité tel que défini par le Statut de la CPI ». Le moins qu'on puisse dire c'est qu'on s'attendrait à ce que le Tribunal démontre en quoi ces actes matériels des prévenus ne sont pas des

[342] TPIR ; Ch 1ère instance, Aff. Proc. c/ Kayishema et Ruzidana, 31 mai 1999, § 122, cité par le Tribunal militaire de garnison de Mbandaka dans le jugement sous examen.

actes isolés ayant servi à des fins purement personnelles » selon les prémisses que ce même Tribunal a émises.

Ce Tribunal va également aborder la question de la définition du concept « population civile ». Selon ce Tribunal, ce terme regroupe « les personnes qui ne participent pas directement aux hostilités y compris les membres des forces armées qui sont hors-combat » ; que selon ce Tribunal, « puisque le crime contre l'humanité peut se commettre en dehors d'un conflit armé », le terme « civil » doit être étendu à « la population d'un territoire ou d'une ville ».

Quant « au critère quantitatif ou un seuil à partir duquel le crime contre l'humanité peut être retenu, il appartient au juge de fond d'en apprécier. Dans le cas sous examen, la pluralité des victimes prises dans le contexte globalisant du crime suffit pour caractériser le crime contre l'humanité mis à charge des prévenus ». Le Tribunal va enfin rejeter l'argument de la défense fondé sur l'exigence de l'élément de discrimination au motif que « ce critère ne peut être retenu impérieusement comme dans la prévention de génocide ».

Quant à l'élément intentionnel, le Tribunal le déduira du fait que d'après lui « les prévenus (...) ont, chacun en ce qui les concerne, reconnu avoir reconnu avoir connaissance que les actes posés par eux faisaient parties de l'attaque généralisée lancée par les insurgés contre la population civile ».

B.- Crimes de guerre

(Affaires Bhavi Gety, Kilwa et Mitwaba).

Sommaire

Le point commun dans ces trois affaires c'est que les crimes dont les accusés sont poursuivis, sont consécutifs à une contre attaque que l'armée congolaises (FARDC) organise pour repousser des insurgés qui les ont attaqués quelques jours au par avant. Les FARDC, ayant reconquis les territoires qui leur ont été arrachés par les insurgés se livrent à une chasse à l'homme et procèdent à des arrestations des personnes qu'ils croient à tort ou à raison d'être proche des insurgés. Ces personnes seront ainsi maltraitées et même tuées.

Ces trois affaires touchent aux questions de crimes de guerre ainsi que ceux des crimes contre l'humanité. Nous ne reviendrons pas ici sur la question des crimes contre l'humanité, déjà analysée dans les affaires Songo Mboyo et affaire des Mutins de Mbandaka. L'attention sera centrée sur les crimes de guerre. Deux questions principales seront analysées, celle du statut de personne protégée et celle de l'existence d'un conflit armé au sens des Conventions de Genève. On rappellera que les crimes de guerre au sens des Conventions de Genève ne peuvent se concevoir que dans le contexte d'un conflit armé (de caractère international ou interne) au sens des Conventions de Genève.

1.- Affaire Bhavi Gety[343]

Résumé des faits

Les faits mis à charge des accusés sont consécutifs à un affrontement armé qui a eu lieu le 19 juillet 2006 à Bavi en Ituri. Cet affrontement opposait les troupes gouvernementales et les troupes d'une milice armée commandé par un certain Cobra Matata, constituée en majorité par des autochtones de la tribu « NGITI ». Après la conquête du groupement précité par les troupes gouvernementales, celles-ci vont se livrer à une chasse à l'homme, apparemment pour dénicher les miliciens infiltrés dans population civile. Ainsi au cours des différentes patrouilles, quatre au total organisé à des intervalles séparées, plusieurs personnes seront capturées, arrêtées, et certains violées puis froidement exécutées dans les locaux de l'Etat Major du Bataillon sur ordre du Commandant dudit bataillon. Il semble que ce Commandant les soupçonnait de faire partie de la milice de sieur Cobra Matata, alors qu'il y avait certaines objections au sein même dudit bataillon sur leur appartenance à cette milice. En effet, certains militaires du

[343] Cour d'ordre militaire de la province orientale RP 101/2006 (RPA 003/2007) du 28 juillet 2007, affaire Mulesa Mulombo (alias Bozize) et consorts.

même bataillon, pensaient que c'était juste des déplacés de guerre en quête de nourriture. Au total 30 personnes dont 4 femmes, deux fillettes et deux jeunes garçons, seront tuées à l'arme blanche (barres de fer) et enterrées dans des fosses communes. L'arrêt de la Cour d'ordre militaire confirme les condamnations au premier degré.

Résumé de la motivation de l'arrêt

La décision en appel, ne précise pas les motifs d'appel. Concernant la discussion en droit, on remarque d'abord que les juges d'appel, donnent aux crimes de guerre par meurtre les éléments constitutifs ci-après. 1) L'auteur a tué une ou plusieurs personnes, 2) Ladite personne était hors de combat ou des personnes civiles ou des membres du personnel sanitaire ou religieux ne prenant pas activement part aux hostilités ; 3) l'auteur avait connaissance des circonstances de fait établissant ce statut ; 4) Le comportement a eu lieu dans le contexte de et était associé à un conflit armé ne présentant pas un caractère international, et enfin 5) L'auteur avait connaissance des circonstances de fait établissant l'existence d'un conflit armé.

Quant aux crimes de guerre par pillage, les juges d'appel estiment comporter les éléments constitutifs suivants. L'auteur s'est approprié certains biens, 2) L'auteur entendait spolier le propriétaire et s'approprier les biens en questions à des fins personnelles, 3) L'appropriation s'est faite sans le consentement du propriétaire, les 4 et 5ème éléments sont les mêmes que ceux des crimes de guerre par meurtre. Les trois premiers éléments peuvent être résumés dans *l'intention de s'approprié les biens sans le consentement du propriétaire.*

2.- Affaire Kilwa[344]

Résumé des faits

Les faits se passent dans la cité de Kilwa en province du Katanga au courant du mois d'octobre 2004. Les crimes dont il s'agit ici sont apparemment liés à une contre attaque que l'armée congolaise (FARDC) a organisé contre des insurgés venus de la Zambie, organisé

[344] (Cour militaire de Katanga) Arrêt du 28 juin 2007 RP 010/2006 Ministère public et parties civiles contre le prévenu Ilunga Adémar et consort (12 accusés plus la société AMC).

dans un mouvement politico militaire dénommé Mouvement Révolutionnaire pour la libération du Katanga, MRLK en sigle. Ce mouvement venait de mettre en déroute l'armée congolaise et avait occupé la cité pendant deux jours, auxquels desquels les insurgés ont tenu des meetings avec apparemment un soutien massif de la population locale. Ces insurgés seront repoussés deux jours après par les FARDC. Sur ordre de leur commandant, ces FARDC semblent s'être livrés à des exécutions sommaires des personnes capturées, près de 26 au total, qu'ils croyaient à tort ou à raison être des membres dudit MRLK. Ils se sont également livrés au pillage et même au viol de certaines femmes.

Le commandant de ce bataillon, avec ses militaires seront ainsi poursuivis par le Ministère public militaire les accusant de crimes contre l'humanité pour avoir « pilonné ladite cité à coups de bombes à mortier de 60 et 81 mm, au lieu d'entrer par observation et mouvement, causant ainsi l'incendie des maisons », pour avoir « exécuter sommairement 26 personnes » ; avoir « blessé par balles », d'avoir « pillé les biens et l'hôtel », et enfin pour avoir « violé ».

Résume de la motivation du jugement

Faute d'élément de preuve, ils vont écarter le pillage suivi d'incendie. Ce qui est intéressant mais surtout inquiétant, dans ce jugement c'est la manière dont les juges justifient les exécutions sommaires des victimes.

Ainsi, quelques cas seront examinés.

1.- Monsieur Kabwebwe Katanika Stanislas apparemment exécuté après avoir été capturé avec dans sa valise des tenues militaires de la force navale, les juges affirmeront « qu'il est incroyable qu'un civil qui fuit la guerre ait sur lui les effets de l'armée qu'il garderait au profit de leurs propriétaires militaires qui les avaient délibérément abandonnés ». Cela les amènera déduire (ou en réalité à supposer) que le sieur précité « s'était emparé des effets militaires de la Force Navale que le MRLK avait désarmée ; qu'il s'était rallié au MRLK et qu'il était tombé sur le champ de bataille à Kilwa même ».

Ici l'exécution sommaire de cette personne, dont le statut de civil ou de combattant est controversé, semble être justifié aux yeux des juges militaires par le fait qu'il a été trouvé avec des tenus militaires, alors que si cette circonstance fait de lui un combattant et non un civil, il aurait eu droit au statut de prisonniers de guerre et dont on aurait pas éviter l'exécution sommaire.

2.- Monsieur Mukeni Kasongo. Il semble que cet infortuné aurait été tué parce qu'on aurait « trouvé dans son sac un morceau de viande de chèvre et des douilles ». Pour les juges, parce que le précité n'était pas forgeron et (...)fuyait la guerre, [il] ne pouvait pas ramasser et enfouir dans son sac de voyage des douilles qui ne servaient plus à rien » ; que ces juges vont alors affirmer (en réalité ils vont supposé) « que ces douilles étaient plutôt des munitions de guerre de sa dotation en tant que belligérant du MLRK », et qu'à ce titre « il était tombé dans le champ de bataille à Kilwa le 15 octobre 2004.

3. les deux frères Ulimwengu. Dans le cas de la mort de ces deux frères, cas dans lequel apparemment le plus jeune était retourné à leur domicile à Kilwa où était resté son frère aine, en vue de protéger son pantalon Jeans qui était dans la maison, les juges vont estimé ou supposé une fois de plus, « que le retour isolé de Ulimwengu Willy à Kilwa, au cœur même du lieu des affrontements, ne peut se justifier que par sa volonté de participer au combat, avec son frère aine (...) dans les rangs du MLRK, et non par celle de protéger son pantalon Jeans ».

4. Monsieur Mwilambwe Sanduku serait resté chez lui pour attendre son enfant parti à l'école semble-t-il que c'est dans ces circonstances qu'il aurait été tué. Les juges vont estimé « que ce vendredi, il y eut des tires toute la nuit et le matin, aucune école n'avait fonctionné et que personne qui n'avait pas adhéré au mouvement insurrectionnel fuyait Kilwa ; que si l'enfant était réellement à l'école, il pouvait facilement le récupérer et quitter avec lui Kilwa, étant donné que les écoles de Kilwa sont regroupés autour du centre commercial » ; les juges sont amenés à supposer là aussi que « seule l'adhésion au mouvement insurrectionnel (...) justifiait sa présence à Kilwa et à l'extérieur de la maison ».

5. Monsieur Shimpunu Pilati, aurait été abattu dans la maison de l'une de ses sœurs, où il avait trouvé refuge et où il avait bu jusqu'à s'enivrer. Les juges militaires affirment « que personne ne prend sa boisson alcoolique au milieu des affrontements armés ». Ils se sont demandé en outre « qui pouvait ouvrir son débit de boisson ou son bistrot et se mettre à vendre, dans l'après midi du 15 octobre 2004, en pleine guerre armée ? Pourquoi n'avait-il pas quitté Kilwa comme tout le monde ?

6. La victime Kapia Mayombo aurait été au camp de pêche de Moero et qu'il serait rentré à Kilwa le 15 octobre 2004. Le même jour, les troupes des FARDC l'aurait amené à Nselele pour le tuer. Les juges vont déclarer que la victime Kapia ne s'était retrouvé à Kilwa le

15 octobre 2004 que comme belligérant ; qu'en effet, il est incompréhensible qu'un pêcheur, qui était à l'abri de tout danger au milieu du lac Moero, puisse revenir à Kilwa d'où il entend des tires ininterrompus depuis la nuit du 13 octobre 2004 ; qu'en outre, comment rentrerait-il alors qu'il voyait beaucoup de gens fuir Kilwa en traversant le lac où il se trouvait déjà très en sécurité ? » Comme dans les précédents cas examinés, les mêmes juges vont supposer que la victime est tombée sur le champ de bataille à Kilwa (...) ».

Ils ne font aucun effort de définir les incriminations et encore moins d'analyser ses éléments constitutifs. Mais tantôt ils parlent des crimes contre l'humanité, tantôt des crimes de guerre.

Référence des articles du Statut inadéquate article 8 paragraphe 2 et [article] 77, et prétendent que cet article renvoi aux crimes contre l'humanité alors qu'il renvoi aux crimes de guerre. Ainsi la même interrogation demeure : S'agit-il des crimes de guerre ou des crimes contre l'humanité ?

3.- Affaire Mitwaba[345]

Résume des faits

Les faits se passent dans la localité de Mitwaba, dans la province du Katanga. Il s'agit en gros d'une contre attaque organisée par le 632ème bataillon infanterie basée dans la localité de Konga, toujours dans la province du Katanga. Ce bataillon venait d'être attaqué par surprise la veille le 17 mars 2005, par des insurgés Mai-Mai causant ainsi la perte de 120 militaires du 632ème bataillon, sauvagement tués et certains corps mutilés. Pendant la contre-attaque organisée par ce 632ème bataillon pour récupérer la localité perdue, les Mai-Mai vont s'infiltrer dans la population civile qui fuyait les affrontements. Ayant repris le contrôle de la localité de Konga, les commandants du bataillon commencèrent une chasse à l'homme qui se solda par l'arrestation de 95 personnes, parmi lesquelles se trouvaient des femmes et des enfants, soupçonnées à tort ou à raison d'être des Mai-Mai. Ces personnes seront soumises à des conditions carcérales inhumaines qui vont entrainer la mort de 17 d'entre eux.

[345] Cour militaire de Katanga siégeant à Lubumbashi. Jugement du 25 avril 2007, RP. 011/2006 Affaire Ekembe Monga Yamba André et Consorts.

Les prévenus seront d'abord poursuivis pour avoir « gardé à la prison les victimes et les avoir privé du droit d'être ravitaillé par leur membre de famille », fait apparemment prévu et puni par le code pénal congolais ainsi que le code pénal militaire.

L'Accusation et les parties civiles solliciteront la requalification des faits afin que les prévenus soient poursuivis notamment pour crimes contre l'humanité et crimes de guerre pour les mêmes faits. Mais les juges vont écarter ces nouvelles incriminations en se contentant d'affirmer tout simplement que « le crime de guerre et le crime contre l'humanité proposés (...) ne cadrent pas avec les faits mis à charge des prévenus ». Ils vont alors ne requalifier les faits simplement en « non assistance à personne en danger ».

c. Génocide

Jugement Affaire Génocide à Kinshasa

R.P.11.154/11.155/11.156

Par sa lettre n° 4665/RMP FL 134/PR.022/GTM du 16/12/2011, le Procureur de la République près le tribunal de céans a attrait, en procédure de flagrance sous R.P. 11.154 les prévenus MPUTU MUTEBA Israël, LUZAYISU NZUZI alias Nodo, SOLWA Pierre, LUZOLO MVUAMBI, MBAKI FUNGA Constant, KUMBA ADO alias Shakazulu, ASANGA KATEND Trésor, BINGONDA MAWETE, BENGANI Pascal, KIZAYAKO Blaise, KABASELE MUKONGA et LUSANGA NGUMBI Junior, par devant le tribunal de céans pour meurtre, association des malfaiteurs, pillage et incendie volontaire, faits prévus et punis par l code pénal en ses articles 21 et 23 du livre premier et en ses articles 44-45, 156 et 158, 200 et 103 du livre deuxième.

Par une autre lettre n° 4671/RMP FL 135/PR.022/ASD de la même date, le même Ministère public a déféré également en procédure de flagrance devant le tribunal de céans sous R.P. 11.156, les nommés NSIMBA KATUZAYAKO alias Jeantilie, MWADI KAPELA Fabrice alias Mille esprits, BUNGU KINIAKA alias Eniawu, LUFUNDU NZOLAMESO Miguel,

NSEKA MERDI alias Pululu Cybor, Gauthier MAKELE ZONO, MAYKULA Vincent, KALANGANGU NDOMBASI Trésor et KUMBA ADO alias Shakazulu, tous poursuivis des chefs des infractions de meurtre, pillage et génocide, faits prévus et punis par le code pénal en ses articles 21 et 23 du livre premier et en ses articles 44-45 et 200 du livre deuxième et par le Statut de Rome du 17/07/1998 en ses articles 1, 5, 6 et 77.

Enfin, par une autre lettre de fixation d'audience en procédure de flagrance n° 570/RMP/L, 136/PR.022/IOS/SEC/2011 de la même date, le même Ministère public poursuit cette fois, sous R.P. 1155, les prévenus ITEMBELA LESSA et Jonathan KUMONA pour les infractions de pillage, destruction méchante, meurtre et génocide, faits prévus et punis par les articles 21 et 23 du code pénal, livre premier et 44.45.110, 120 et 200 du code pénal, livre deuxième, ainsi que par les articles 1.5.6 et 77 du Statut de Rome.

Ces trois causes enrôlées sous R.P. 11154. 11.155 et 11.156 ont été jointes à la demande des parties pour cause de connexité de faits.

A l'appel de ces causes à l'audience publique du 17/12/2011, à laquelle les parties civiles, l'église KIMANGUISTE, dame MAKIESE, sieur NZENZA LALA NDUALU et DIANGENDA et MONTANA, Avocats d'une part et d'autre part Maître OKITO, Défenseur judiciaire du ressort, la présente cause a été plaidée et prise en délibéré.

La procédure suivie à cet effet est régulière et contradictoire.

Quant aux faits

Il se dégage de l'instruction et des pièces du dossier qu'en date du 09/12/2011, aussitôt après la proclamation des résultats provisoires des élections présidentielles du 28 novembre 2011par la Commission Electorale Nationale Indépendante, les ficèles de l'Eglise Kimbanguiste de la paroisse sise avenue TUISANA au quartier LUBUDI dans la commune de Selembao en prière ont été attaquées par les jeunes gens due quartier de la paroisse et par ceux des quartiers environnants, mécontents desdits résultats, par des coups de pierres ayant entraîné la mort du Pasteur de la paroisse au nom de MBUNGA TUSEVO et fait des blessés de part et d'autre. Cette expédition punitive contre les Kimbanguistes de la paroisse sus – indiquée s'est soldée par les actes de pillage des biens mobiliers y trouvés et par ceux de destruction méchante des portes, machines et d'un bâtiment en construction qui avait atteint le niveau de linteau (voir P.V. de constat de l'O.P. J. lesquels actes ont été orchestrés par ces jeunes gens après y avoir ainsi dispersé du lieu les fidèles kimbanguistes et ce aux motifs que ceux-ci avaient porté leur choix au Président de la République Joseph KABILA KABANGE lors des élections présidentielles du 28 novembre 2011.

Les enquêtes de la police nationale menées quant à ce ont fait que les prévenus soient arrêtés et traduits en flagrance par le Ministère public devant le tribunal de céans.

L'église Kimbanguiste, partie civile dans ces causes, a appuyé l'accusation tout en sollicitant du tribunal la condamnation des prévenus tous aux dommages-intérêts de l'ordre de 10 000 $US en francs congolais, pour la destruction du bâtiment de l'église en construction et le pillage de ses différents biens mobiliers.

La partie civile NZEZ LALA a également soutenu les faits reprochés au prévenus par le Ministère public, tout en réclamant pour sa part la somme d'argent de l'ordre de 50 000 $US en francs congolais pour la mort par lapidation de son jeune frère et pasteur de l'église kimbanguiste MBUNGA prénommé, sur place au moment de l'envahissement de ladite paroisse par ceux-là.

Monsieur NDONGALA Léon, aussi partie civile dans cette cause, a soutenu pour sa part que lors de cette évasion punitive des prévenus contre ladite paroisse, son fils au nom de NDONGALA Dickens a été abattu par arme à feu qu'avait une personne non identifiée qui j'aurait trouvée après pillage postule contre les prévenus ci-haut nommés les dommages-intérêts de l'ordre de 50 000 $US en Francs congolais, pour la mort de son fils.

La dame Adèle Makiese a sollicité pour sa part 10 000 $US en francs congolais pour la blessure lui faite à la tête par les prévenus lors de cette invasion de la paroisse Kimbanguiste.

S'agissant de la réaction des prévenus sous R.P. 11.154

Interrogés sur les faits leur reprochés les prévenus les ont réfutés à l'exception du prévenu KUMBA ADO alias Shakazulu qui les a avoués spontanément et en a donné les détails sur les circonstances de leur commission tout en citant nommément les personnes avec qui il les a perpétrés et qui sont aussi poursuivis en l'espèce sous RP 11.156 dossier joint à celui-ci pour de raison de connexité des faits, C'est pour cette raison que le tribunal a retenu l'examen du cas de ce prévenu avec les autres sous RP 11.156.

Quant à la détermination du rôle joué par les autres prévenu sus – identifiés dans ce dossier le prévenu KUMBA prénommé soutient qu'il ne les a pas vus au lieu de la commission des faits à savoir la paroisse kimbanguiste de Selembao et qu'ils ne les reconnaît pas comme membres de son écurie dénommée « Bana Zala » qui a pour champ d'opération cette commune de Selembao.

Quant aux autres prévenus :

- LUZAYISU NZUZI alias Nodo soutient avoir été arrêté chez lui à l'aube du 14/12/2011 vers quatre heurs du matin dans son quartier Mwana tunu, commune de Selembao, alors qu'il ne reconnaît rien des faits lui imputés et qui auraient eu lieu depuis le jour de la publication des résultats provisoires des présidentielles le 09/12/2011. Il reconnaît qu'il y a eu du désordre dans le quartier causé par les groupes de « Kuluna » qui s'affrontaient par des coups des pierres et soutient que c'est lui qui est allé informer les policiers en poste le plus proche de la situation. Ces derniers étant arrivés poursuit-il, ils n'ont pas pu maîtriser la situation et quelque temps après un autre groupe des policiers est arrivé en tirant des coups de balles afin de les disperser. Par la suite enchaîne-t-il, ils apprendront que quelqu'un a été atteint par balle et amené à l'hôpital ou il est décédé : et ce n'est qu'après que la nouvelle se propagera qu'il s'est agi de Dickens NDONGALA.

- MPUTU MUTEBA Israël soutient aussi ignorer les faits lui reprochés et qu'à la survenance des accrochages entre les deux groupes de gangs « bana 12 » et « bana 13 » le 09/12/2011 suite à mécontentement créé par la publication des résultats provisoires des présidentielles : ce sont « les bana 12 » qui voulaient incendier la cabine électrique de « bana 13 », poursuit-il et c'est bien son père qui le conseillera au vu de ces incidents de quitter le quartier pour Ngiri-Ngiri. C'est à son retour vers 21 h 50 enchaîne-t-il, qu'il sera informé de tout ce que s'est passé ainsi que de la mort de Dickens NDONGALA.
- SOLWA PIERRE soutient avoir été arrêté chez eux très tôt au matin du 14/12/2011 : alors que la journée du 10/12/2011, Il ne s'était pas déplacé de la maison afin de la garder car sa mère était absente. Il apprendra poursuit-il de l'incendie du sous-commissariat de KULU par la bande criminelle de SONG en fuite. Il a été cité dans cette affaire pense-t-il parce qu'il habite le quartier du sous commissariat incendié et pillé.
- MBAKI FUNGA Constant, arrêté dans la commune de Bandalugwa chez son grand père où il résidait pendant cette période au matin du 14/12/2011 déclare ne rien comprendre de son arrestation qu'il trouve insolite car les policiers ont été amenés par son père de la commune de Selembao jusqu'à Bandalungwa où il habite vers 04h00 du matin. I soutient ne rien savoir de tout qui s'est passé le 10/12/2011 dans le quartier où habite son père à Selembao car absent au moment de leur commission.
- ASANGA KATENDE Trésor arrêté chez lui aussi vers 04h00 du matin du 14/12/2011 soutient ne rien connaitre des faits lui reprochés arguant qu'il est plutôt en insécurité du fait qu'il est katangais et ce depuis la publication des résultats provisoires des élections présidentielles du 28/11/2011. Ainsi étant haï par les gens du quartier pour ce qu'il a précisé, il ne pouvait plus s'associer à eux pour commettre ces actes. Il conclut en déclarant qu'il ne peut

être impliqué dans ces faits dont les vrais auteurs sont bien connus par tous dans le quartier.

- BINGONDA MAWETE soutient avoir été arrêté dans la parcelle de ce dernier prévenu et avec lui alors qu'il s'y était retrouvé pour le protéger des menaces d'agression par les gens du quartier depuis la publication des résultats provisoires sus rappelés du fait qu'il est Katangais.
- BENGANI Pascal Ado arrêté dans les mêmes circonstances de temps et de lieu que ASANGA et BINGONDA a-t- il soutenu alors qu'il s'y est retrouvé par solidarité a ASANGA menacé par les jeunes du quartier pour les motifs ci-dessus invoqués par ce dernier.
- KIZAYAKO Blaise arrêté chez lui à la maison vers l'aube du 14/12/2011 soutient –il alors qu'il s'endormais et ignorait totalement les faits commis à la paroisse Kimbaguiste lui imputés.
- KABASELE MAKONGA soutient avoir été arrêté aux mêmes heures du matin que les autres précités mais chez sa femme qui habite Selembao où il loue une maison alors que lui-même habite Kitambo et qu'il n'y vient que pour visiter sa femme. Il ne connait rien de tout ce qui s'est passé les 09 et 10/12/2011. Conclut-il.
- LUSANGA NGIMBI Junior arrêté vers 04h00 au matin du 14/12/2011 a-t-il déclaré alors qu'il ne connaissait rien de ce qui s'était passé à la Paroisse Kimbanguiste de Selembao il a ajouté qu'il est beau frère à Dickens NDONGALA décédé et que selon les informations qu'il a reçu celui là a été tué par une balle tirée par l'un des policiers venus calmer les désordres qui ont eu lieu entre « les bana12 et les bana 13 »
- LUZOLO MVUMBI Trésor arrêté aux mêmes heures que les autres mais chez eux et au même moment que NODO son voisin suivant ses dires alors qu'il n'a pas pris part à l'affrontement entre les deux groupes « les bana 12 et les bana 13 » il y a eu une première tentative de calmer cette situation par la police et un deuxième groupe des policiers est venu pour renforcer le premier. C'est alors qu'il apprendre que Dickens a été atteint d'une balle tirée par l'un des policiers.

S'agissant de la réaction des prévenus sous RP 11.156

Interrogés à ce sujet tant devant la police judiciaire que devant le tribunal de céans les prévenus ont réagi comme suit :

- KUMBA Ado alias Shakazulzu, l'un des jeunes du quartier de la Paroisse agressée, a allégué pour sa part qu'à l'arrivée de son « écurie Bana Nzala » composée de NSIMBA KATZAYAKO alias Jeantilie, « le vieux du groupe » et les autres membres à savoir MWADI KAPELA Fabrice alias Mille esprits, BNGU KINIAKA alias Eniawu, LUFUNDU NZOLAMESO Miguel et lui-même, ils avaient trouvé plusieurs « écuries » dont notamment les écuries « Par machette ». « Séquence » et « Mbeli na tolo », entrain d'opérer c'est à dire entrain de lapider de détruire et de piller la paroisse : et que le pasteur décédé a été abattu par l'écurie « Par machette » dont le « général » se nomme BIONIC. Son écurie, poursuit-il a eu juste à récupérer par le canal du prévenu NSIMBA alias Jeantillie trois chaises en plastique et par le biais de MWADI alias Mille Esprits six chaises. Cette expédition punitive aux dires de ce prévenu, était due au fait que les kimbanguistes avaient porté leur choix au Président de la République aux élections présidentielles 2011.
- Quoi qu'il a d'abord tenté de ne rien connaître de tous événements passés à la paroisse Kimbanguiste devant le tribunal de céans, le prévenu NSIMBA alias Jeantilie prénommé, chef de bande de l'écurie « Bana Nzala » a reconnu pour sa part que son écurie était également à ladite paroisse ce samedi là au moment de pillage et de destruction de ses biens : et dans sa déclaration devant la police il soutien y avoir vu le prévenu BUNGU alias Eniawu de l'écurie « Par machette » avec Soso et Fiston ainsi que les cureurs de sable de l'écurie « Mbeli na tolo » qui sortaient de l'église avec les chaises en plastique, les baffles, les moutons … Il reconnaît pour sa part avoir récupéré trois chaises en plastique qu'il a dû revendre aussitôt auprès du changeur Paulin à Selembao à 2 500 Francs congolais la chaise.
- Le prévenu MWADI aussi prénommé reconnaît avoir été au lieu des pillage et destruction avec tous les prévenus ci-

avant cités membres de l'écurie « Bana Nzala » : et su le lieu, il a reconnu la présence des membres de l'écurie « Par machette » avec le prévenu BUNGU alias Eniawu et de ceux de l'écurie « Séquence » et pour leur écurie enchaîne-t-il, les chaises en plastique de la paroisse ont été emportées par le prévenu NSIMBA précité et au sujet de la mort du pasteur, c'est le prévenu BUNGU Eniawu qui connaît les membres de l'écurie « Par machette » auteurs de ce crime.

- Le prévenu BUNGU alias Eniawu pour sa part soutient qu'il n'est pas arrivé sur le lieu des crimes et qu'il n'a jamais été membre de l'écurie « Par machette » dont il connaît bien quelques membres à savoir Yachi, Chaleur, Mikidan et Katakata.
- De leur côté, les prévenus Gauthier MAKELE NZONO et MFUNDU NZOLAMESO alias Miguel ont également réfuté tous les faits leur imputés en l'espèce en arguant le fait qu'ils ne font partie d'aucun groupe ci-avant relevé des « kuluna », contrairement à ce que les prévenus MBUNGU, NSIMBA et MWADI prénommés ont soutenu contre eux.
- Le prévenu Nseka Merdi alias Pulu Cibor a soutenu ignorer les faits passés à ladite paroisse Kimbanguiste et a par contre reconnu les faits de pillage du magasin des Chinois situés sur l'avenue Mabeka dans la commune de Bumbu, perpétré de concert avec les nommés Katakata, Tingana, Matembele, Yachi, Mikidan et Aris Lukau dont certains d'eux ont été cités ci –avant comme faisant partie du groupe criminel nommé par « Machette » lequel groupe a été trouvé aussi dans la parcelle de la paroisse susvisée et pointé par quelques prévenus comme auteurs de la mort du Pasteur MBUNGA TUSEVO de la dite paroisse.
- Par ailleurs, le prévenu MAYUKULA Vincent a soutenu avoir été arrêté dans la parcelle où il est locataire tout simplement parce qu'un aveugle habitant aussi la même parcelle y vend du chanvre alors que ces faits n'ont aucun rapport avec les incidents de la paroisse kimbanguiste.
- Le prévenu Trésor KALANGANGU NDOMBASI a déclaré avoir été appréhendé chez lui à la maison alors qu'il ne

fait partie d'aucune écurie des « kuluna » ci-dessus citée et il n'était pas parmi ceux qui ont attaqué et pillé la paroisse Kimbanguiste.

S'agissant de la réaction des prévenus sous R.P. 11155

- Interrogé sur les faits lui reprochés, le prévenu ITEMBE-LA-LESSA déclare qu'il revenait de l'avenue PANZU pour rentrer chez eux et qu'arrivé sur l'avenue TUWISA-NA, il trouva une foule qui s'échangeait des coups des pierres avec les fidèles kimbanguistes qui étaient à l'enclos de l'église. C'est à l'occasion soutient-il qu'une des pierres lancée par les fidèles kimbanguistes l'a blessé à la figure au dessus de l'œil droit alors qu'il n'était pas du groupe de ceux qui les lapidaient.
- Le prévenu Jonathan KUMONA a soutenu pour sa part qu'il était absent sur le lieu de commission des faits lui reprochés et était arrêté la nuit vers 3 heures du matin dans la maison parentale alors que tous les faits perpétrés à la paroisse kimbanguiste étaient passées à son absence.

Quant au réquisitoire du Ministère public

Le Ministère public a dans ses réquisitions relatives aux trois causes jointes sollicité du tribunal de céans de dire établies en fait comme en droit toutes les infractions mises à charge de ces prévenus et de les condamner conséquemment aux maxima de leurs peines respectives pour le rétablissement d'ordre public troublé par eux.

En droit

Sous RP 11 154

Confrontant les faits tels que soutenus par l'accusation et appuyés par les parties civiles aux faits tels que présentés par les prévenus à la lumière du droit, le tribunal retient leur analyse de la manière suivante :

Quant à l'infraction de meurtre mise à charge des tous les prévenus précités prévu et puni par les articles 44 et 45 du code pénal livre II : Il est défini comme étant l'homicide commis avec l'intention de donner la mort. Il exige pour qu'il soit retenu les éléments constitutifs ci-après : un acte positif et matériel. comme élément matériel consistant par exemple en un coup ou autre pouvant provoquer plus ou moins promptement la mort et un élément intentionnel ou moral consistant en la volonté de tuer une personne vivante c'est-à-dire de lui donner la mort(LIKULIA BOLONGO, Droit Pénal Spécial Zaïrois, T. 1 2ème éd. LGDJ 1985, Paris, pp.49 et 52).

Par rapport à l'espèce sous examen, ni l'accusation ni les parties civiles n'ont pu apporter la preuve des actes posés par tel ou tel autre prévenu ne fut –ce que pour les éléments matériels. Il n'a pas été précisé les actes posés par chacun d'eux dans la commission de cette infraction. L'instruction de la cause par le tribunal de céans n'a pu non plus dégager des éléments pouvant lui permettre d'imputer les faits relatés à l'un quelconques des prévenus précités.

Alors qu'il est de doctrine constante que pour qu'un individu soit condamné, il faut que le juge ait procédé à la reconstitution des faits et ait établi une correspondance entre ces faits et la définition légale d'une infraction. Pour y parvenir l'accusation doit donner tous les éléments constitutifs de l'infraction et si elle ne peut apporter la preuve de la culpabilité du prévenu et surtout quand celui-ci conteste les faits lui reprochés, ce dernier sera immédiatement libéré de toute charge (NYABIRUNGU MWENE SONGA, Traité de droit pénal général congolais, 2ème éd EUA, Kinshasa 2007, p.442)

En l'espèce, il se pose le problème d'imputabilité des faits présentés par le Ministère public aux prévenus ci haut nommés au motif de manque de certitude et de précision quant à l'auteur ayant agi pour que les résultats déplorés arrivent.

Ainsi, au regard de ce qui précède, le tribunal estime que le Ministère public n'a pas dissipé le doute que relève le tribunal quant à l'imputabilité des faits aux prévenus précités ébranlant ainsi sa conviction qui ne peut être assise en l'espèce. En conséquence, le tribunal dira cette infraction de meurtre non établie ni en fait ni en droit à charge de tous ces prévenus et les en acquittera.

Quant à l'infraction d'association des malfaiteurs prévue et punie par les articles 156 et 158 du code pénal livre II :

Elle est définie comme étant une entente entre deux ou plusieurs personnes ayant pour but d'attenter aux personnes ou aux propriétés (destinée à commettre des infractions). Pour condamner quelqu'un de ce chef. Il faut que soient réunis les éléments constitutifs ci-après : de personnes qui créent la bande ou qui y adhérent au moins deux : l'organisation de la bande c'est-à-dire une structuration, avoir un chef et des exécutants des ordres : une concertation préalable même momentanée de membres de la bande sur un plan précis : le but poursuivi qui doit consister dans la commission d'une ou plusieurs infractions quelle qu'en soit la nature et enfin la connaissance et la conscience de la création de l'appartenance ou de l'adhésion à la bande de malfaiteurs (Jean LESUEUR, Précis de droit pénal spécial congolais, Kinshasa, 1967, pp115 et 116 : CIZUNGU M. NYANGEZI Les infractions de A à Z éd Laurent NYANGEZI, Kinshasa 2010, p.84 à 86)

Le tribunal reconduit mutatis mutandis la même réflexion que ci-dessus pour conclure en application également du principe général de droit « In dubio pro reo » au non établissement de cette infraction mise à charge de tous ces prévenus faute d'éléments de preuve et par conséquent, le tribunal dira non établie en fait et en droit cette infraction d'association des malfaiteurs mise à leur charge et les en acquittera.

Quant à l'infraction de pillage prévu et puni par l'article 200 du code pénal livre II mis à charge des prévenus précités :

Il est défini par la doctrine comme étant les vols collectifs se produisant au moment des émeutes (Jean LESUEUR, op cit pp 150 et 151) et l'émeute signifie : insurrection, agitation, soulèvement (dictionnaire Larousse 2009) Cette infraction exige les éléments constitutifs ci-après : actes d'appropriation des biens mobiliers. L'appartenance à autrui de ces biens, l'existence du contexte d'émeutes au moment de la commission des faits et enfin, la connaissance de la propriété d'autrui sur les biens pris, l'intention de spolier le propriétaire et de s'approprier ces biens à des fins privées ou personnels.

En l'espèce, le tribunal note que le doute persiste quant à l'imputabilité des faits aux dits prévenus et ce, au regard de l'analyse et argumentaire fait par le tribunal sur l'infraction de meurtre qui s'appliquent mutatis mutandis à cette infraction. S'il y a eu émeute et que les biens de l'église kimbanguiste ont été emportés. Il n'a pas été prouvé que ce soient les prévenus ci-dessus qui en sont auteurs. L'accusation ayant manqué de certitude et de précision quant au rôle joué par chacun d'eux. C'est pourquoi au bénéfice du doute le tribunal les acquittera. Cette infraction ne pouvant être établie ni en fait ni en droit.

Par rapport à l'infraction d'incendie volontaire prévue et punie par l'article 103 du code pénal livre II et mise à charges des prévenus pré qualifiés :

Il est défini comme étant la destruction totale ou partielle d'une chose mobilière ou immobilière par le feux (Jean LESUEUR op cit, pp 72) Pour qu'il soit retenu, il faut que les éléments constitutifs suivants soient réunis : un acte matériel de mise de feux, l'existence de la chose, objet de l'incendie, la propriété d'autrui sur la chose car dans ce cas les prévenus sont poursuivis pour l'incendie d'un bien ne leur appartenant pas et l'intention criminelle(LIKULIA BOLONGO, op cit pp 521)

Dans le cas sous examen, le tribunal note comme pour les autres infractions ci haut analysées et tel qu'il l'a relevé qu'il plane le doute quant à l'imputabilité des faits de cette infraction aux prévenus précités. Ainsi, l'analyse développée ci haut concernant la non imputabilité du meurtre s'applique mutatis mutandis pour cette infraction. En conséquence cette infraction sera dite non établie ni en fait ni en droit à charge de prévenus prénommés et les en acquittera.

Somme toute sous RP 11 154, le tribunal dira toutes les infractions ci haut analysées non établies ni en fait ni en droit et ce telles que mises à charge de ce prévenus à l'exception de KUMBA ADO alias SHAKAZOULU dont les faits lui reprochés seront examinés sous RP11 156 dans lequel les prévenus poursuivis ont été dénoncés par lui et conséquence, en acquittera ceux là tout en les renvoyant libres de poursuites judiciaires.

Sous RP 11 156

S'agissant de la compétence matérielle et de la loi applicable sur le génocide

Le tribunal de céans se réfère en l'espèce au Statut de Rome de la Cour pénale internationale du 17 juillet 1998 ratifié en République Démocratique du Congo par le décret-loi n° 0013/2002 qui définit à ses articles 5 et 6 le crime de génocide et y prévoit la peine à son article 77 et ce pour des raisons ci-après :

- Les juridictions civiles et militaires appliquent outre les lois et les actes réglementaire ainsi que les coutumes conformes, les traités internationaux dûment ratifiés en vertu des articles 153 alinéa 4 de la Constitution de la République.
- Les traités internationaux ont une autorité supérieure à celle des lois internes dès leur publication en vertu de l'article 215 de la même Constitution ; et cette primauté a pour effet de rendre inapplicable de plein droit toute disposition contraire de la législation nationale existante et d'imposer au juge de laisser « inappliquée » de sa propre autorité toute dispositions contraire de la législation même postérieure (A. HUET. R. KOERING-JOULIN, Droit pénal international cité par le Professeur LUZOLO Bambi Lessa, Manuel de procédure pénale, PUC, Kinshasa, 2011, p 698)

L'article 215 précité consacre en droit congolais le système moniste qui n'impose aucune exigence légale sauf la publication au journal officiel, pour la mise en application du traité régulièrement ratifié dont l'intégration dans l'ordre juridique interne est automatique tel est le cas du Statut sus-invoqué.

C'est dans ce contexte que le tribunal estime laisser « inappliquée » en l'espèce la loi n°024/2002 du 18 novembre 2002 portant code de justice militaire et référer en l'espèce au Statut de Rome qui dans ses dispositions ne définit pas le génocide a priori comme une infraction d'ordre militaire et y prévoit une peine moins sévère que celle retenue par la loi nationale précitée : et ce surtout qu'en l'espèce il s'agit du génocide reproché aux civils en dehors de toute période de guerre sans implication de militaire ni de policier et sans utilisation d'arme à feu ni d'effets militaires.

S'agissant du crime de génocide par meurtre :

Aux termes de l'article 6 du Statut de Rome, on entend par crime de génocide l'un quelconque des actes ci-après commis dans l'intention de détruire n tout ou en partie, un groupe national, ethnique, racial ou religieux comme tel :

a) Meurtre de membres du groupe ;
b) Atteinte grave à l'intégrité physique ou mentale de membres du groupe ;
c) Soumission intentionnelle du groupe à des conditions d'existence devant entrainer sa destruction physique totale ou partielle ;
d) Mesures visant à entraver les naissances au sein du groupe ;
e) Transfert forcé d'enfants du groupe à un autre groupe.

Le meurtre qualifiant le génocide en l'espèce est définit par le code pénal ordinaire livre premier en ses articles 44 et 45 comme étant l'homicide commis avec l'intention de donner la mort. Il exige pour qu'il soit retenu les éléments constitutifs ci-après : un acte positif et matériel comme consistant en un coup ou autre moyen pouvant provoquer plus ou moins promptement la mort et un élément intentionnel ou moral consistant en la volonté de tuer une personne vivante c'est-à-dire de lui donner la mort(LIKULIA BOLONGO, Droit Pénal Spécial Zaïrois T I 2ème éd. LGDJ, 1985, Paris, pp 49 et 52).

De ces définitions, le tribunal relève que l'élément essentiel du génocide par meurtre se trouve être l'intention de détruire par un coup ou autre moyen pouvant provoquer plus ou moins promptement la suppression en tout ou en partie d'un groupe national, ethnique, racial ou religieux.

En l'espèce , il est noté des dires ci –dessus des prévenus et des procès- verbaux versés au dossier que le prévenu KUMBA Ado alias Shakazulu, l'un des jeunes du quartier de la paroisse agressée a bel et bien reconnu pour sa part les faits leur reprochés d'avoir opéré à la paroisse kimbanguiste sus- visée avec son « écurie Bana Nzala » composée de NSIMBA KATUZAYAKO alias jeantilie, « le vieux du groupe » et les autres membres à savoir : MWADI KAPELA Fabrice alias « Mille esprits », BUNGU KINIAKA alias Eniawu, LUFUNDU NZOLAMESO Miguel et lui-même et qu'ils y avaient croisé d'autres dont notamment les écuries « Par machette », « séquence », et « Mbeli na tolo » entrain d'opérer c'est-à-dire entrain de lapider , de détruire et de piller la paroisse : et que le pasteur décédé a été abattu à coups de pierres par l'écurie « Par machette » dont le « général » se nomme BIONIC. Son écurie poursuit-il a eu juste à récupérer par le canal du prévenu NSIMBA alias jeantilie trois chaises en plastique et par le biais de MWADI alias Mille esprits.

Ces déclarations du prévenu KUMBA Ado ont été corroborées d'abord par celles du prévenu NSIMBA alias Jeantilie prénommé, le plus âgé de l'écurie « Bana na Nzala » qui a reconnu d'une part leur présence à la paroisse kimbanguiste ce samedi 10/12/2011 au moment de pillage et de destruction, la présence du prévenu BUNGU alias ENIAWU de l'écurie « Par machette » avec Soso et Fiston ainsi que la présence des cureurs de sable de l'écurie « Mbeli na tolo » qui sortaient de l'église avec les chaises en plastic, les baffles, les moutons.... Et qui a reconnu d'autre part avoir récupéré lui-même trois chaises en plastic qu'il a dû revendre aussitôt après auprès du changeur des monnaies Paulin à Selembao à 2500 Francs congolais la chaise.

Le prévenu MWADI KAPELA, par sa déposition, a confirmé les aveux du prévenu KUMBA Ado prénommé en reconnaissant lui aussi la présence des membres de son écurie "Bana NZALA" au lieu du pillage et de destruction ainsi que celle des membres de l'écurie "Par machette' avec le prévenu BUNGU alias Eniawu et de ceux de l'écurie "Séquence'.

Les dépositions constantes et précises de ces prévenus constituent pour le tribunal des aveux spontanés et non arrachés des faits leur reprochés d'une part et d'autre part des témoignages à charge des prévenus qui étaient avec eux sur le lieu, à savoir les prévenus BUNGU KINYAKA , NZOLAMESO Miguel, MAKELE ZONO Gauthier et NSEKA Merdi. Ce qui dénote à suffisance qu'ils ont tous participé aux coups des pierres ayant entraîné la mort au pasteur Kimbanguiste MBUNGA TUSEVO, car il est attesté pars les prévenus aux aveux que ce dernier est décédé sur place du fait de la lapidation c.à.d. des coups de pierres lui administrés par les prévenus ci-avant indiqués.

L'intention criminelle en l'espèce découle du mécontentement généralisé au quartier, tel que reconnu par les prévenus eux-mêmes du fait que les Kimbanguistes eurent soutenu le Chef de l'Etat aux élections présidentielles de 2011 ; ce lui a entraîné en eux de la haine et de l'animosité contre les kimbanguistes et a fait qu'ils refusassent, par des coups de pierres de nature à entraîner la mort d'homme, leur présence ou leur existence dans leur milieu, à savoir la commune de Selembao.

C'est pourquoi le tribunal dira que le comportement des prévenus KUMBA Ado alias Shkazulu, NSIMBA KATUZAYAKO alias Jeantilie, MWADI KAPELE alias Mille esprits BUNGU KINYAKA alias Enaiwu, LUFUNDU NZOLAMESO Miguel, MAKALA ZONO Gauthier et NSEKA Merdi alias Pulul Cibor tombe bel et bien sous le crime de génocide par meurtre : et partant, il les condamnera chacun pour le génocide à la peine de servitude pénale à perpétuité.

S'agissant de l'infraction de pillage

Aux termes de l'article 200 code pénal livre 2, il est disposé : « l'atteinte dont le but aura été de porter le pillage sera puni de mort ».

Cette infraction est définie par la doctrine comme étant les vols collectifs se produisant au moment des émeutes (Jean LESUEUR, (op cit. pp. 1501-151) et l'émeute, pour sa part signifie l'insurrection, l'agitation, le soulèvement (Dictionnaire Larousse 2009), elle exige les éléments constitutifs ci-après : actes d'appropriation, des biens mobiliers l'appartenance à autrui de ces biens, l'existence due contexte d'émeute au moment de la commission des faits, la connaissance de la propriété d'autrui sur les biens pris l'intention de spolier le propriétaire et de s'approprier ces biens à des fins privées ou personnelles.

En l'espèce, le tribunal note des déclarations des prévenus KUMBA Ado alias Shakazulu, NSIMBA KATUZAYAKO alias Jeantilie et MWADI KAPELE alias Mille esprits que les écuries criminelles ci-avant citées toutes ont eu bel et bien à emporter les biens mobiliers appartenant à la paroisse kimbanguiste de Selembao, tels que repris sur le procès-verbal de constant, lors de l'expédition criminelle entreprise par eux contre les membres de cette religion à Selembao.

C'est pourquoi, sur ces aveux spontanés et non arrachés, il sera dit également établi à charge des prévenus KUMBA Ado alias Shakazulu, NSIMBA KATUZAYAKO alias Jeantilie, MWADI KAPELE alias Mille esprits, BUNGU INYAKA alias Eniawu, LUFUNDU NZOLAMESO Miguel, MAKELE ZONO Gauthier et NSEKA Merdi alias Pulul Cibor, l'infraction de pillage et ils en seront condamnés chacun avec admission de larges circonstances de génocide par meurtre et de pillage retenues à leur endroit seront dites en concours matériel et les prévenus seront condamnés chacun au cumul des peines portées à la seule peine de servitude pénale à perpétuité.

Par ailleurs, concernant les prévenus MAYUKULA Vincent et Trésor KALANGANGU NDOMBASI qui ont soutenu avoir été appréhendés chez eux à la maison, alors qu'ils ne font partie d'aucune écurie des « kuluna » ci-dessus citée, le tribunal note qu'aucune déposition en rapport avec leur présence et participation aux infractions ci-dessus imputées n'a été avancée ni par les prévenus ci-haut nommés ni par d'autres témoins.

C'est ainsi que le tribunal appliquera à leur bénéfice le principe général de droit « *in dubio pro reo* » car il est de doctrine constante que « la condamnation ne peut être fondée que sur la certitude du fait et de la culpabilité de l'agent. Le moindre doute non dissipé par le Ministère public doit profiter à l'accusé (NYABIRUNGU Mwene Songa, Traité de droit pénal général congolais, 2 ème éd.EUA, Kinshasa, 2007, p.443)

Il y a lieu donc de dire non établies en fait comme en droit les infractions leur reprochées en l'espèce et de décider conséquemment de leur acquittement et leur renvoie de toutes fins de poursuite judiciaire.

Sous R.P. 11.155

S'agissant de l'infraction de pillage

Se référant aux éléments de l'infraction de pillage tels que ci-avant définis, le tribunal note des pièces versées au dossier et de l'instruction tant pré juridictionnelle que proprement dite, il n'y a aucune preuve que le prévenu ITEMBELA-LESSA s'était livré aux pillages des biens de l'église Kimbanguiste quoi que présent sur le lieu de la commission des faits et ce surtout qu'il n'a pas été cité ni reconnu comme l'un des membres des écuries pointées par les prévenus lors des opérations criminelles entreprises sur terrain.

C'est ainsi que le tribunal appliquera à son bénéfice le principe général de droit « In dubio pro reo » : car, il est de doctrine constante ci-dessus relevée que « la condamnation ne peut être fondée que sur la certitude du fait et de la culpabilité de l'agent. Le moindre doute non dissipé par le Ministère public, doit profiter à l'accuse – (NYABIRUNGU mwene SONAG, op. cit., P . 443). Il y a lieu donc de dire non établies en fait comme en droit l'infraction lui reprochée en l'espèce et de décider conséquemment de son acquittement et son renvoie de toute fin de poursuites judiciaires.

Pour le prévenu JONATHAN KUMONA, cette infraction est non plus établie en fait comme en droit pour la simple raison qu'aucune preuve n'a été produite sur les faits lui reprochés. Ainsi, le tribunal relève un sérieux doute quant à l'imputabilité des faits de cette infraction au prévenu précité. Ainsi, le raisonnement développé ci-haut concernant la non imputabilité de cette infraction pour cause de doute s'applique aussi en ce qui le concerne. En conséquence, dette infraction sera aussi dite non établie à charge du prévenu prénommé : et partant l'en acquittera et le renverra de toute fin de poursuites judicaires.

Concernant l'infraction de destruction méchante

Les articles 112 et 110 du code pénal livre deuxième disposent : « seront punis des peines portées à l'article précédent ceux qui dans des endroits clôtures ou non, auront méchamment détruit ou dégradé des arbres, des récoltes, des instruments d'agriculture ou d'autres biens meubles ou immeubles appartenant à autrui » (article 112) :

« quiconque aura détruit, renversé ou dégradé, par quelque moyen que ce soit, en tout ou en partie des bâtiments, ponts, digues, chaussées, chemins de fer, machines, appareils, télégraphiques ou téléphoniques ou autres constructions appartenant à autrui sera puni d'une servitude pénale de cinq ans au maximum et d'une amende de vingt-cinq à mille francs ou d'une de ces peines seulement » (article 10).

De l'analyse des ses dispositions légales, pour que la destruction méchante soit retenue, il faut l'existence de l'élément matériel qui est la destruction ou la dégradation d'un bien meuble ou immeuble appartenant à autrui et l'intention méchante de détruire.

En espèce, le fait pour le prévenu ITEMBELA LESSA de se livrer aux coups des pierres réciproquement avec les kimbanguistes qui tenaient à défendre leur paroisse, dénote à suffisance sa participation criminelle dans le camp des jeunes du quartier à la destruction des biens mobiliers et immobiliers se trouvant dan la concession de ladite paroisse quoi qu'il ne fût cité parmi les membres des écuries que ont eu à piller les biens mobiliers de cette église : et ce qui engage conséquemment sa responsabilité pénale en l'espèce pour les dégâts matériels causés dans cette paroisse.

L'intention criminelle dans son chef découle de ses propres propos suivant lesquels tout est parti du mécontentement généralisé au quartier du fait que les Kimbanguistes eurent soutenu le Chef de l'Etat aux élections présidentielles de 2011 : ce qui entraîna la résolution spontanée des jeunes du quartier de faire disparaître du quartier ou mieux de la commune de Selembao cette paroisse par la destruction de ses biens.

C'est pourquoi cette infraction sera dite établie en fait comme en droit dans le chef de ce prévenu et de le condamnera pour ce faire à cinq de servitude pénale principale.

Par contre, pour le prévenu JONATHAN KUMONA, cette infraction ne sera pas dite établie en fait comme en droit dans son chef d'autant plus qu'aucune preuve n'a été fournie sur les faits lui reprochés et ce, en application à son bénéfice du principe général de droit « In dubio pro reo. »

Quant au crime de génocide par meurtre

Se référant aux éléments du crime de génocide tels que ci-haut retenus, le tribunal note que, dans le cas sous examen, il n'est relevé à l'endroit du prévenu JONATHAN KUMONA aucune preuve sur sa présence au lieu de meurtre mis à sa charge : il ne pouvait ainsi commettre cette infraction tout en étant absent du lieu de la commission des faits. Il lui sera appliqué le bénéfice du doute en vertu du principe général de droit « In dubio pro reo » et conséquemment il sera purement et simplement acquitté et renvoyé de toute fin de poursuites judiciaires.

S'agissant du prévenu ITEMBELE, le tribunal relève de sa propre déposition ci haut repris valant aveux et en considération de la plaie lui faite au front par le camp des kimbanguistes qui tentaient en vain de résister à l'agression leur réservée par leurs assaillants qu'il a été sur ce terrain où il y avait les jeunes de quartier d'un côté et les kimbaguistes de l'autre. Le fait par lui de reconnaitre qu'il était du coté des jeunes du quartier dénote à suffisance qu'il a participé criminellement non seulement à la destruction des biens de la dite paroisse mais aussi à la mort du pasteur kimbanguiste prénommé par lapidation et ce surtout que tout est parti suivant ses dires du mécontentement généralisé au quartier du fait que les kimbanguistes eurent soutenu le chef de l'Etat aux élections présidentielles de 2011.

Pour le tribunal, c'est ce mécontentement qui a entrainé la rancune et l'animosité dans le chef des jeunes du quartier parmi lesquels le prévenu ci haut identifié de provoquer par des coups de pierre de nature à entrainer la mort, la suppression des membres de la religion kimbanguistes de leur quartier ou mieux de la commune de Selembao.

C'est ainsi que le Tribunal dira établie à sa charge le crime de génocide par meurtre et le condamnera pour le génocide à la peine d'emprisonnement à perpétuité.

Le Tribunal dira pour droit que ces deux infractions de destruction méchante et de génocide retenues à charge du prévenu prénommé sont en concours matériel et par conséquent le condamnera au cumul des peines portée à la peine de servitude pénale à perpétuité.

S'agissant des postulations civiles

Concernant la dame MAKIESE, le tribunal note que ses prétentions n'ont pas été étayées en l'espèce par des preuves soit elle physique ou médicale de plaie lui causée par les prévenus et ce surtout qu'elle n'a pas comparu en personne. Le tribunal recevra son action civile et la dira non fondée et par conséquent l'en déboutera.

Quant à l'action civile du sieur NDONGALA Léon le tribunal par le fait que la mort de son fils n'est pas intervenue à la paroisse où les prévenus ci-dessus reconnus coupables ont eu à opérer mais par contre par arme à feu après pillage du sous commissariat NKULU dans la commune de Selembao la dira aussi recevable et non fondée et par conséquent l'en déboutera.

Par contre, l'action civile de l'église Kimbanguiste sera reçue et déclarée fondée. Ses biens tant mobiliers qu'immobiliers ayant subi la destruction et le pillage de la part des prévenus coupables. Ainsi, il lui sera alloué la somme de huit mille dollars américains fixés ex aequo et bono à titre de dommages et intérêts à lui payer in solidum par les prévenus retenus coupables ci-dessus identifiés.

L'action civile de NZEZA LALA NDUALU sera aussi dite recevable et fondée, le décès de son jeune frère par lapidation étant reconnu par quelques uns des prévenus et condamnera en conséquence les prévenus reconnus coupables ci-dessus identifiés de lui payer in solidum la somme de quinze mille dollars américains fixés es aequo et bono à titre des dommages et intérêts.

Les frais d'instance seront mis à raison de la moitié à charge de tous les prévenus ci avant prénommés retenus coupables en l'espèce qui payeront chacun le seizième (1/6) à défaut de payer, ils subiront chacun dix jours de contrainte par corps.

PAR CES MOTIFS

Le Tribunal statuant publiquement et contradictoirement à l'endroit de toutes les parties en procédure de flagrance :

Le Ministère public entendu dans ses réquisitions :

Vu le Statut de Rome du 17/7/1998, spécialement à ses articles 1er, 5,6 et 77 :

Vu la Constitution de la République, spécialement en ses articles 153 alinéa 4èm et 215 ;

Vu le code de l'organisation et de la compétence judiciaires :

Vu le code de procédure pénale ;

Vu le code pénal livre 1er , spécialement à ses articles 21 t 23

Vu le code pénal livre 2èm, spécialement à ses articles 43-45, 103, 110-112, 156-158 et 200

Vu le code civil congolais livre III, spécialement à son article 258 ;

En ce qui concerne le RP 11154

Dit non établies les infractions de meurtre, d'association des malfaiteurs, de pillage et d'incendie volontaire mise à charge des prévenus MPUTU MUTEBA Israel, LUZAYISU NZUZI alias Nodo, SOLWA Pierre, LUZOLO MVUMBI, MBAKI FUNGA, Constant ASANGA KATENDE Trésor, BINGONDA MAWETE, BENGANI Pascal, KIZAYAKO Blaise, KABASELE MUKONGA et Lusanga ngumbi Junior.

Par conséquent, les acquitte et les renvoies de toute fin des poursuites judiciaires :

En ce qui concerne le RP 11 156

Dit non établie les infractions de meurtre, de pillage et de génocide mises à charge des prévenus MAYUKULU Vincent et KALANGANGU Trésor :

Par conséquent, les acquitte et les renvoie de toute fin des poursuites judiciaires :

Par contre, dit établies le crime de génocide par meurtre et le pillage mise à charge des prévenus KUMBA Ado alias SHAKAZULU, NSIMBA KATUZAYAKO alias Jaentille MWADI KAPELE alias Mille esprits, BUNGU KINYAKA alias Eniawu, LUFUNDU NZOLAMESO Miguel, MAKELE ZONO Gauthier et NSEKA Merdi alias Pululu Cibor :

Par conséquent, les condamne chacun pour le génocide à la peine de servitude pénale à perpétuité et pour le pillage, avec admission de larges circonstances atténuantes à la servitude pénale à perpétuité :

Dit pour droit que ces deux infractions sont en concours matériel par conséquent, les condamne chacun au cumul des peines portées à la seule peine de servitude pénale à perpétuité :

En ce qui concerne le RP 11 155

Dit non établies les infractions de pillage, de destruction méchante, de génocide par meurtre mises à charge du prévenu Jonathan KUMONA :

Par conséquent, l'en acquitte et le renvoie de toute fin des poursuites judiciaires :

Dit aussi non établie l'infraction de pillage à charge du prévenu ITEMBILA LESSA

Par conséquent, l'en acquitte et le renvoie de toute fin des poursuites judiciaires :

Par contre, dit établis le génocide par meurtre et la destruction méchante mis à charge du prévenu ITEMBILA LESSA ;

Par conséquent, le condamne pour le génocide par meurtre à la pine d'emprisonnement à perpétuité et pour la destruction méchante à cinq ans de servitude pénale principale ;

Dit pour droit que ces deux infractions sont en concours matériel : par conséquent, le condamne au cumul des peines portées à la peine de servitude pénale à perpétuité ;

Statuant sur les intérêts civils :

Reçoit les actions de la dame MAKIESE et du Sieur NDONGALA Léon mais les déclare non fondées par conséquent, les en déboute :

Par contre, reçoit l'action civile de l'église kimbanguiste et la déclare fondée par conséquent, condamne les prévenus NSIMBA KATUZAYAKO alias Jeantilie MWADI KAPELE Fabrice, KUMBA Ado alias SHAKAZULU BUNGU KINYAKA alias Eniawu LUFUNDU NZOLAMESO Miguel, MAKELE ZONO Gauthier , NSEKA Merdi et ITEMBILA LESSA à lui payer in solidum la somme équivalent en franc congolais à huit mille dollars américains fixés ex aequo et bono à titre de dommage et intérêts.

Reçoit également l'action civile de NZEZA LALA NDUALU et la déclare fondée, par conséquent, condamne les mêmes prévenus ci-avant nommés à lui payer in solidum la somme de quinze mille dollars américains ou l'équivalent en franc congolais fixés es aequo et bono à titre des dommages et intérêts.

Statuant sur les frais :

Condamne les huit prévenus ci haut à payer la moitié des frais de la présente instance en raison d'un seizième chacun à défaut de payer dans le délai légal, chacun subira dix jours de contrainte par corps :

Ordonne l'arrestation immédiate de ces huit prévenus condamnés.

Le Tribunal de grande instance de Kinshasa/Kalamu siégeant en matière répressive au premier degré a ainsi jugé et prononcé à son audience publique du 17/12/2011 à laquelle ont siégé les magistrats Aimé ZANGISI MOPELE, Président, Marc OMARI MUTOMBO et Bernard DZOGOLO PANDA MOYA, juges avec le concours du magistrat ABEDI SIKOFO Deo Gratias, officier du ministère public et l'assistance de Mr LIKONGO LIYOKO, Greffier du siège

LE GREFFIER LES JUGES LE PRESIDENT

LE CONGO-BRAZZAVILLE
AUX ÉDITIONS L'HARMATTAN

Dernières parutions

VIH/SIDA, SOCIÉTÉ ET DÉVELOPPEMENT AU CONGO-BRAZZAVILLE
Sous la direction de Paul Nzete
Pour combattre efficacement le VIH/SIDA, il convient d'accorder une attention particulière aux mentalités, aux traditions, aux croyances, au système de valeurs et de susciter des changements de mentalités et d'adoption de comportements sans risque. Le présent ouvrage rend compte des réflexions que des chercheurs en sciences de l'homme et de la société ont menées en vue d'un éclairage pluridisciplinaire sur cette pandémie.
(39.00 euros, 398 p.)
ISBN : 978-2-296-96077-0, ISBN EBOOK : 978-2-296-53165-9

REGARDS SUR LA LANGUE FRANÇAISE AU CONGO
Actes du colloque international de Brazzaville du 18 au 19 mars 2011
Sous la direction de Mbanga Anatole
La République du Congo fait partie des pays francophones. La langue française, langue officielle porteuse de culture et de civilisation, est considérée par les Congolais comme un outil permettant à chacun d'exprimer et d'affirmer son identité. Les locuteurs, scripteurs et écrivains créent des styles s'écartant plus ou moins des canons esthétiques hexagonaux. Ce qui peut être considéré ailleurs comme déviance ou transgression est vu ici comme particularisme et forme d'appropriation de la langue.
(Coll. Études africaines, 28.50 euros, 276 p.)
ISBN : 978-2-336-29167-3, ISBN EBOOK : 978-2-296-53061-4

PROVERBES DE LA SAGESSE YAKA – Matsaba
Ikounga Martial De-Paul
Ce livre est un recueil de 758 «matsaba» ou proverbes et sentences yaka (langue utilisée à Sibiti au Congo-Brazzaville) traduits en français et annotés. Ces proverbes sont l'expression d'une sagesse à laquelle on peut se référer dans différents domaines de la vie, le comportement, la famille, etc.
(Coll. Harmattan Congo, 15.50 euros, 156 p.)
ISBN : 978-2-336-00364-1, ISBN EBOOK : 978-2-296-51601-4

AU SERVICE DU CONGO (2 tomes)
Entretien avec Cyriaque Magloire Mongo Dzon
Ngouélondélé Mongo Emmanuel
Le général Emmanuel Ngouélondélé Mongo, dans un entretien à bâtons rompus, sans tabou ni faux fuyant, évoque ses péripéties de jeunesse jusqu'à son expérience d'homme d'État puis d'homme politique. Témoigner pour le passé et prendre

position pour le redressement du Congo-Brazzaville qui connaît de continuelles dérives. Ouvrage d'une vie, d'une époque, d'un long parcours de services rendus à la nation, il ouvre aussi des perspectives.
(Coll. IREA (Institut de recherche et d'études africaines), Tome 1, 38.50 euros, 394 p.)
ISBN : 978-2-296-99343-3, ISBN EBOOK : 978-2-296-51326-6
(Coll. IREA (Institut de recherche et d'études africaines), Tome 2,28.00 euros, 274 p.)
ISBN : 978-2-296-99344-0, ISBN EBOOK : 978-2-296-51327-3

50 ANS DE POLITIQUE EXTÉRIEURE DU CONGO-BRAZZAVILLE
Diplomatie et démocratie
Nkouka-Tsulubi Alphonse
En revisitant l'histoire diplomatique contemporaine de son pays, l'auteur a voulu ouvrir le débat sur une question cruciale : la politique extérieure d'un petit pays, avec des ressources naturelles évidentes, mais qui ne pèse pas sur la scène internationale, peut-elle vraiment exister ? Diplomatie peut-il rimer avec démocratie ou les politiques extérieures des petits pays ne sont-elles rien d'autre que des officines-relais des grands intérêts qui guident le monde d'aujourd'hui ?
(Coll. Études africaines, 24.00 euros, 242 p.)
ISBN : 978-2-336-00627-7, ISBN EBOOK : 978-2-296-51243-6

MOUVEMENT (LE) PROPHÉTIQUE
Réveil spirituel ou manifestations démoniaques ?
Kali-Tchikati Edouard
Plusieurs communautés chrétiennes au Congo sont dirigées par des prophètes qui annoncent parfois des messages assez troublants. De même, on trouve des communautés qui font et défont les mariages à coup de prophéties. Le mouvement prophétique dans l'Assemblée évangélique commence timidement mais prend rapidement de l'ampleur. Cet ouvrage s'attache à comprendre s'il s'agit d'un réel réveil spirituel ou de simples manifestations démoniaques.
(Coll. Harmattan Congo, 20.00 euros, 208 p.)
ISBN : 978-2-336-00850-9, ISBN EBOOK : 978-2-296-51492-8

CONGO-BRAZZAVILLE ET SON ÉGLISE : LE DÉFI DE LA DÉMISSION
Mabiala Philippe - Préface de Dominique Ngoïe-Ngalla
Face à la grave crise que traverse son pays sur le plan politique, économique et religieux, face à une société qui se détourne de ses devoirs prioritaires, l'auteur s'interroge sur ce qu'il faut faire et comment s'y prendre. Il associe l'analyse critique du Congo-Brazzaville (voir), la réflexion théologique afférente à son Église (juger) et les résolutions concrètes qui en découlent (agir).
(Coll. Églises d'Afrique, 21.00 euros, 206 p.)
ISBN : 978-2-336-00649-9, ISBN EBOOK : 978-2-296-51246-7

DÉCENTRALISATION, DÉMOCRATIE ET DÉVELOPPEMENT LOCAL AU CONGO-BRAZZAVILLE
Gomes Olamba Paul Nicolas - Préface de Bernard Remiche
Depuis 2003, les institutions administratives congolaises vivent à l'heure de la décentralisation. L'adoption par le Parlement en 2003 des neuf lois qui organisent

l'administration du territoire et des collectivités locales au Congo a entraîné une mutation considérable dans la gestion des affaires locales. Cet ouvrage tend à démontrer que l'action publique ne cesse de se démultiplier territorialement et met en évidence l'équilibre entre l'administration d'État et l'administration territoriale décentralisée.
(Coll. Harmattan Congo, 21.00 euros, 212 p.)
ISBN : 978-2-336-00851-6, ISBN EBOOK : 978-2-296-51493-5

ÉLECTIONS (LES) LÉGISLATIVES AU CONGO
Enjeux du découpage électoral
M'Bissa Richard
Le découpage des circonscriptions électorales devrait se fonder invariablement sur le critère démographique, à savoir le nombre d'habitants, de villes, de villages, de hameaux. Au Congo-Brazzaville, cet aspect semble avoir été la référence commune affirmée par les différents gouvernements. Qu'en a-t-il été en réalité ? Quels sont les changements intervenus entre 1992, 2002 et 2007 ? Quel découpage électoral équitable proposer pour une organisation consensuelle des élections législatives futures ?
(Coll. Harmattan Congo, 18.50 euros, 190 p.)
ISBN : 978-2-336-00342-9, ISBN EBOOK : 978-2-296-51451-5

PERSONNES (LES), LES INCAPACITÉS ET LA FILIATION EN DROIT CONGOLAIS
Amboulou Hygin Didace
Ce livre se consacre à la protection de l'intégrité physique et morale de la personne, à la filiation naturelle, légitime et adoptive de reconnaissance d'enfants ou de recherche de paternité, à la protection des incapables mineurs et majeurs. Il contient 36 décisions de justice, 196 références de législations, de doctrines et de jurisprudence.
(Coll. Etudes africaines, 24.00 euros, 244 p.)
ISBN : 978-2-296-99762-2, ISBN EBOOK : 978-2-296-51420-1

UN CODE DU MARCHÉ DOMESTIQUE DU BOIS AU CONGO-BRAZZAVILLE
Ondele-Kanga André
Ce livre est un plaidoyer en faveur d'une procédure de codification des clauses et usages commerciaux pertinents du marché domestique du bois, afin de garantir la traçabilité et la légalité des produits forestiers vendus localement.
(Coll. Harmattan Congo, 11.50 euros, 80 p.)
ISBN : 978-2-336-00839-4, ISBN EBOOK : 978-2-296-51422-5

HISTOIRE DU FRANÇAIS AU CONGO-BRAZZAVILLE
Chance et défi de la francophonie
Mfoutou Jean-Alexis
Cet ouvrage présente le français, langue de l'ancien colonisateur, comme un parler qui, au contact des langues bantoues locales et dans l'épreuve de la culture congolaise, devient parole. Il témoigne ainsi d'un rapport singulier que cette langue entretient avec le lieu et l'image que les sujets parlants ont d'elle. Dans

l'observation, la description et l'explication des faits relatifs à la pratique du français, l'auteur est en effet conduit à considérer non seulement le langage mais aussi la culture des sujets parlants.
(Coll. Etudes africaines, 21.00 euros, 218 p.)
ISBN : 978-2-336-00698-7, ISBN EBOOK : 978-2-296-51356-3

DE L'ETHNIE À L'ÉTAT-NATION
Pouvoirs traditionnels et pouvoir politique au Congo-Brazzaville
Nzamba Brice
Préface de Calixte Baniafouna
Des tribus issues des formes d'organisations politiques antérieures à la colonisation se retrouvent dans un même espace géographique. Les élites issues de ces tribus se disputent le contrôle du pouvoir étatique, renforçant ainsi le sentiment tribal au détriment de celui de la nation. Il devient nécessaire d'obtenir le consentement des pouvoirs traditionnels, incarnés par les chefs coutumiers, en leur accordant de siéger au sein d'une des institutions de l'État.
(Coll. Points de vue, 12.50 euros, 114 p.)
ISBN : 978-2-336-00125-8, ISBN EBOOK : 978-2-296-51037-1

OEUVRE (L') MISSIONNAIRE DE MGR PROSPER AUGOUARD AU CONGO-BRAZZAVILLE (1881-1921)
Ibombo Armand Brice – Préface de Dominique Ngoïe-Ngalla
Ce livre se propose de faire une relecture sur l'activité missionnaire de l'un des pionniers de l'Église du Congo : Mgr Prosper Augouard. Missionnaire spiritain et vicaire apostolique du Haut-Congo, il a souvent été considéré comme «l'apôtre du Congo». Sa mission évengélisatrice sur le sol congolais a eu des résultats considérables.
(Coll. Eglises d'Afrique, 32.00 euros, 332 p.)
ISBN : 978-2-336-00315-3, ISBN EBOOK : 978-2-296-50973-3

DROIT (LE) DES PARCELLES DE TERRAIN AU CONGO (TOME 2) – L'immatriculation des parcelles de terrain
Iloki Auguste - Avec la collaboration de Mireille Iloki Gondo
L'origine des contentieux portant sur la propriété des parcelles de terrain déjà immatriculées se trouve dans l'inobservation des procédures légales tant d'acquisition des propriétés immobilières que de délivrance des titres fonciers. L'auteur étudie les mécanismes de délivrance et d'annulation du titre foncier, les conditions d'établissement du nouveau titre foncier, ainsi que la garantie de sécurité juridique qu'offre ce dernier. Il présente les statistiques de la délivrance du titre foncier et propose des solutions pour faciliter son obtention.
(Coll. Etudes africaines, 28.00 euros, 268 p.)
ISBN : 978-2-336-00682-6, ISBN EBOOK : 978-2-296-50801-9

L'HARMATTAN ITALIA
Via Degli Artisti 15; 10124 Torino

L'HARMATTAN HONGRIE
Könyvesbolt ; Kossuth L. u. 14-16
1053 Budapest

L'HARMATTAN KINSHASA
185, avenue Nyangwe
Commune de Lingwala
Kinshasa, R.D. Congo
(00243) 998697603 ou (00243) 999229662

L'HARMATTAN CONGO
67, av. E. P. Lumumba
Bât. – Congo Pharmacie (Bib. Nat.)
BP2874 Brazzaville
harmattan.congo@yahoo.fr

L'HARMATTAN GUINÉE
Almamya Rue KA 028, en face du restaurant Le Cèdre
OKB agency BP 3470 Conakry
(00224) 60 20 85 08
harmattanguinee@yahoo.fr

L'HARMATTAN CAMEROUN
BP 11486
Face à la SNI, immeuble Don Bosco
Yaoundé
(00237) 99 76 61 66
harmattancam@yahoo.fr

L'HARMATTAN CÔTE D'IVOIRE
Résidence Karl / cité des arts
Abidjan-Cocody 03 BP 1588 Abidjan 03
(00225) 05 77 87 31
etien_nda@yahoo.fr

L'HARMATTAN MAURITANIE
Espace El Kettab du livre francophone
N° 472 avenue du Palais des Congrès
BP 316 Nouakchott
(00222) 63 25 980

L'HARMATTAN SÉNÉGAL
« Villa Rose », rue de Diourbel X G, Point E
BP 45034 Dakar FANN
(00221) 33 825 98 58 / 77 242 25 08
senharmattan@gmail.com

L'HARMATTAN BÉNIN
ISOR-BENIN
01 BP 359 COTONOU-RP
Quartier Gbèdjromèdé,
Rue Agbélenco, Lot 1247 I
Tél : 00 229 21 32 53 79
christian_dablaka123@yahoo.fr

Achevé d'imprimer par Corlet Numérique - 14110 Condé-sur-Noireau
N° d'Imprimeur : 111164 - Dépôt légal : septembre 2014 - *Imprimé en France*

www.ingramcontent.com/pod-product-compliance
Lightning Source LLC
LaVergne TN
LVHW011306061026
849535LV00005B/1426